GUDJONS

NEUE UNTERRICHTSKULTUR – VERÄNDERTE LEHRERROLLE

NEUE UNTERRICHTSKULTUR – VERÄNDERTE LEHRERROLLE

von Herbert Gudjons

VERLAG
JULIUS KLINKHARDT
BAD HEILBRUNN • 2006

Cartoons: Roland Bühs, Bremen

Die Deutsche Bibliothek – Cip-Einheitsaufnahme
Ein Titelsatz für diese Publikation ist bei Der Deutschen Bibliothek erhältlich.

Druck und Bindung: AZ Druck- und Datentechnik.
Printed in Germany 2006.
Gedruckt auf chlorfrei gebleichtem alterungsbeständigem Papier.

ISBN 3-7815-1457-9

Inhalt

Einleitung:
Neue Unterrichtskultur?

Einleitung: Neue Unterrichtskultur?

Das Fragezeichen ist berechtigt. Schon wieder ein neuer Begriff, eine wissenschaftliche Schreibtischerfindung? Alter Wein in neuen Schläuchen? PISA-Panik?
Nicht ganz. Spätestens seit dem Einsetzen der Fülle bildungspolitisch relevanter empirischer Studien (von BIJU, IGLU, LAU und MARKUS über TIMSS, SCHOLASTIK und SALVE bis hin zu PISA 2000-2006, Übersicht bei Helmke 2004, 133ff.) kann es niemand mehr überhören: Unsere Unterrichtskultur in Deutschland ist veraltet, sie führt nicht zu den gewünschten Erfolgen, im Gegenteil: Sie beschert Deutschland untere Plätze im internationalen Vergleich. Wenn es stimmt, „dass es gut drei Viertel der Kinder und Jugendlichen nicht in den Sinn kommt, dass Lernen zu den positiven Erfahrungsmöglichkeiten in der Schule gehören könnte" (Zinnecker u.a. 2003, 43), dann wird es höchste Zeit für eine Reform der Lernkultur.
Inzwischen haben sich viele Pädagogen, Praktiker wie Theoretiker, in andern Ländern umgesehen – von Finnland über Schweden bis Kanada – und die Unterrichtskultur dort studiert. Gleichzeitig aber hat in Deutschland eine Besinnung auf die eigenen reformpädagogischen Traditionen stattgefunden, die heute zu einer neuen Unterrichtskultur weiter entwickelt werden können und müssen. Die Suche nach einer neuen Unterrichtskultur ist damit älter als der sogenannte PISA-Schock. Hier liegt der Ansatzpunkt des vorliegenden Buches: Es versucht, traditionelles reformpädagogisches Denken, aktuelle empirische Unterrichtsforschung und gegenwärtige konzeptionelle Innovationen zu integrieren.
So wertvoll Einzelinitiativen engagierter Lehrkräfte sind, sie reichen nicht. Eine neue Unterrichtskultur ist Mittelpunkt der Schulentwicklung, sie muss und kann die ganze Schule erfassen, wie zahlreiche gelungenen Beispiele zeigen (exemplarisch sei auf die in Reinhard Kahls Filmen vorgestellten Schulen verwiesen, die er „Treibhäuser der Zukunft" nennt, außerdem auf die zahlreichen „best-practice"-Bücher über deutsche Reformschulen).
Die Begriffe „Neue Lernkultur" und „Neue Unterrichtskultur" werden in der aktuellen didaktischen Diskussion und Literatur zunehmend selbstverständlich gebraucht – von führenden Didaktikern (z. B. M. Meyer 2005) bis zu den bekanntesten Vertretern der empirischen Unterrichtsforschung (z. B. Helmke 2004, 65 ff.).

Eine neue Unterrichtskultur (ich verwende den Begriff lieber als den der Lernkultur, weil er sich nicht auf allgemeine Lernprozesse bezieht, sondern explizit den Unterricht in der öffentlichen Schule meint) enthält einige immer wieder geforderte Kernelemente, z. B.

- das selbstständige, selbstorganisierte und selbstverantwortete Lernen der Schüler;
- Aufbau arbeits- und lernmethodischer Kompetenz;
- offene Unterrichtsformen;
- handlungsorientierte Unterrichtselemente;
- situiertes Lernen (d. h. lebensnahes und kooperatives Lernen);
- Berücksichtigung der neueren Kognitions- und Lernpsychologie bei der Entwicklung didaktischer Konzepte;
- eine stärkere Beachtung der empirischen Unterrichtsforschung;
- schließlich aber auch die Einführung von Bildungsstandards einschließlich deren Überprüfung in einer elaborierten Evaluationspraxis.

Dieses letzte Element allerdings ist nicht ungefährlich, weil eine neue Unterrichtskultur leicht von Bildungsmanagern und -politikern als funktionale Steuerungsgröße entdeckt werden kann, um die deutsche Bildungskrise zu Beginn des dritten Jahrtausends in den Griff zu bekommen (Meyer/Sander 2005, 3).

Für die Lehrerrolle bedeutet eine solche veränderte Unterrichtskultur einen grundlegenden Wandel: Weg vom Lehren im frontalen Gleichschritt, hin zur Gestaltung von Lernarrangements, weg vom bookisch learning hin zur Schaffung von learning environments (M. Meyer 2005, 8), weg vom Nürnberger Trichter, hin zur Unterstützung individueller, aktiver Lernprozesse. Die Beiträge beschreiben konkrete Aufgaben im Rahmen dieser grundlegenden Wandlungsprozesse; zudem werden im zweiten Teil zentrale Aspekte eigens in gesonderten Beiträgen dargestellt.

Allerdings wird auch gewarnt vor Gefährdungen und Schieflagen einer neuen Lernbzw. Unterrichtskultur (Helmke 2004, 67):

- Sie verleite dazu, die moderne Berufsrolle von Lehrenden nicht mehr als kompetente und verantwortliche Unterrichtsexperten, sondern als bloße Moderatoren autonomer Lerngruppen (miss)zu verstehen.
- Es drohe eine Romantisierung des lernenden Kindes, eine Idealisierung seiner Motivation und Neugier, seiner Lernfreude und seines Interesses. Können Heranwachsende wirklich autonom interessiert und motiviert sein, all das zu lernen, was sie lernen müssen, um später den vielfältigen Anforderungen in der modernen Welt gerecht werden zu können?
- Außerdem: Wird nicht der Lehrer stigmatisiert zu einer autoritären Kontrollinstanz des kindlichen Lernens? Wird der Lehrer dann womöglich das vermeiden, was er kompetenterweise tun sollte: der nachwachsenden Generation den Weg zur Bewältigung der aktuellen gesellschaftlichen, sozialen, ökonomischen und kulturellen Herausforderungen zu weisen?

- Und schließlich: Droht eine Dogmatisierung sogenannter „progressiver" Unterrichtsmethoden, – obwohl empirisch bewiesen ist, dass es kein Lehrverfahren und keine Lernstrategie gibt, die für alle und für alles gleichermaßen geeignet ist?

Bringt also die Chiffre einer neuen Unterrichtskultur lediglich einen neuen pädagogischen Dilettantismus? Mit diesem Buch möchte ich den Gegenbeweis antreten. Eine neue Unterrichtskultur lässt sich solide begründen, überzeugend didaktisch legitimieren und in der Praxis sehr wohl fein differenziert entfalten. Dabei werde ich allerdings instruktionale Ansätze und selbstorganisierte Lernprozesse der SchülerInnen miteinander verbinden. Neue Unterrichtskultur ist also mehr als ein modernistisches Schlagwort: Es geht um eine ebenso grundlegende wie praktische Reform des deutschen Bildungswesens. In diesem Buch werden über den Tag hinaus reichende Perspektiven aufgezeigt:

Der *erste Teil* behandelt die Themen:
- Neue Unterrichtskultur und veränderte Lehrerolle
- Methoden des Unterrichts im Wandel der Zeit – und der Weg zum selbstgesteuerten Lernen
- Merkmale effektiven Unterrichts, empirisch abgesichert
- Offener Unterricht – nicht nur naiv durchgeführt
- Handlungsorientierter Unterricht – nur ein Begriffskürzel mit Theoriedefizit?
- Freie Arbeit und Projektunterricht – ein Annäherung in kleinen Schritten
- In Gruppen lernen – warum nicht?
- Was wird in der Reform aus dem Frontalunterricht? Ein neues Konzept

Weiterführend für die Unterrichtspraxis sind folgende Aspekte:
- Wie können Präsentationen von Schülern gut gestaltet werden?
- Feedback-Techniken als Hilfe zur Entwicklung einer neuen Unterrichtskultur
- Intelligentes Üben – wie geht das?
- Wie können Lehrkräfte helfen, wenn Schüler unter Prüfungsangst leiden?

Um den historischen Wandel des Lehrerbildes geht es im *zweiten Teil:*
- Das Lehrerbild im Wandel der Zeit – was bedeutet dies für uns heute?
- Wie können Lehrer Kräfte sparen und Stress abbauen? Eine gute Arbeitsökonomie erhält die Lehrergesundheit
- Am Ende des Berufes: die Pensionierung – Ein lohnender Rückblick und ein optimistischer Ausblick in das Alter

Die Beiträge dieses Buches sind in sehr weit verstreuten, z. T. schwer zugänglichen

Veröffentlichungen bereits publiziert worden. Für dieses Buch wurden sie allerdings stark überarbeitet, neu formuliert, ergänzt und auf die neuere Diskussion bezogen. Der Beitrag über Feedback-Techniken ist ein Originalbeitrag. Ich habe absichtlich einzelne Überschneidungen riskiert und Wiederholungen nicht gestrichen, weil nicht zu erwarten ist, dass alle Leser sämtliche Beiträge lesen. Mein Anliegen mit dieser Zusammenfassung ist es, den Aufbau einer neuen Unterrichtskultur gezielt zu unterstützen, – in einer Schule, „die sich immer recht sperrig und resistent gegenüber reformpädagogischen Bemühungen um eine neue Lernkultur“ zeigt (M. Meyer 2005, 3).
Die Texte sollen nachdenklich machen und Anregungen vermitteln, die zu mehr Berufszufriedenheit führen, – Impulse, die Lehrersein auch heute noch sinnvoll und befriedigend erscheinen lassen.

Hamburg, Jahresanfang 2006 *Herbert Gudjons*

Literatur

Helmke, A.: Unterrichtsqualität erfassen, bewerten, verbessern. Seelze 2004, 3. Aufl.
Meyer, M. A.: Stichwort: Alte oder neue Lernkultur? In. Z. f. Erz.wiss. H.1/2005, S. 5-27
Meyer, M.A./Sander, U.: Editorial. In: Z. f. Erz.wiss. H.1/2005, S. 3
Zinnecker, J. u.a.: null zoff & voll busy: Die erste Jugendgeneration des neuen Jahrhunderts. Opladen 2003

Erster Teil:
Auf dem Weg zu einer neuen Unterrichtskultur und veränderten Lehrerrolle

Selbstorganisiertes Lernen! Pah! Keine Schüler mehr rumkommandieren! Das macht mich völlig fertig.

1. Neue Unterrichtskultur – Veränderte Lehrerrolle

„Neue Unterrichtskultur" ist ein Begriff, der in der neueren didaktischen Literatur jüngster Zeit verstärkt auftaucht (siehe Einleitung in diesem Buch). *Neu*, – das heißt Kontrastierung zu alten, heute nicht mehr als angemessen oder ausreichend angesehenen Vorstellungen von Unterricht. Unterrichts*kultur* bedeutet: Nicht nur ein paar Highlights methodischer Innovationen im Unterricht sind gemeint. Es geht vielmehr (so wie sich der Kulturbegriff auf die Gesamtheit der geistigen, künstlerischen, politischen, sozialen etc. Lebensäußerungen eines Volkes bezieht) um die Gesamtheit aller Vorgänge, die mit dem Lehren und Lernen in der Schule zusammenhängen. Neue Unterrichtskultur ist also eingebettet in einen umfassenderen Kontext: In die Schulentwicklung, in die gesamte bildungspolitische Diskussion der Gegenwart, in die Gestaltung der institutionellen Rahmenbedingungen der Schule von heute u.a.m.

Vor allem aber ist die neue Unterrichtskultur Ergebnis von 30 Jahren Forschung der neueren Lernwissenschaften (Kognitionspsychologie, Konstruktivismus, auch der aktuellen neurobiologischen Hirnforschung). Nicht bildungspolitischer Reformeifer oder Panik nach PISA oder die üblichen Modewellen sind also Grundlage der neuen Unterrichtskultur, sondern eine außerordentlich solide wissenschaftliche Forschung.

Zu dieser Forschungslage und zur didaktischen Literatur ist aber kritisch zu sagen: Umfassende Ziel- und Forderungskataloge für eine neue Unterrichtskultur sind durchaus vorhanden, ebenso solide Theorien und überzeugende Begründungen. Aber mit der praktischen Umsetzung hapert es: Schwach entwickelt sind qualitative Studien, noch weniger Arbeiten finden sich in der quantitativ-empirischen Forschung zur praktischen Verwirklichung. Weithin offen ist die Frage, wie Lehrkräfte in der Praxis die Postulate einer neuen Unterrichtskultur anbahnen und umsetzen können. Daher werde ich – gestützt auf theoretisch reflektierte Erfahrungen (z. B. Bauer 2003, Hepting 2004, Traub 2004) – im ersten Teil drei Kernelemente der neuen Unterrichtskultur skizzieren und dabei die Ergebnisse der neuen Lernforschung zusammenfassen. Das ist eine unverzichtbare Grundlage, um über eine neue praktische Unterrichtskultur zu reden. Im zweiten Teil werde ich an drei exemplarisch ausgewählten, aber höchst zentralen Wegen, aufzeigen, wie Lehrkräfte praktisch vorgehen und die neue Lernkultur anbahnen können. (Vgl. auch PÄDAGOGIK, H. 3/05: „Beim Lernen helfen")

1. Teil: Kernelemente der neuen Unterrichtskultur

1.1 Selbstgesteuertes Lernen fördern – oder: vom „Beybringen" zum Planen von Lernumgebungen

Lernen ist immer ein aktiver Prozess, oder es passiert überhaupt nicht. Ich kann als Lehrkraft *lehren* soviel ich will, was die Schüler *lernen*, passiert in deren Köpfen! Lernen enthält also immer ein gewisses Maß an Selbststeuerung oder es geschieht gar nicht! Die grundlegende Erkenntnis des Konstruktivismus lautet: Alle Erkenntnis wird vom Individuum selbst konstruiert. Konstruktivismus, kognitive Lernpsychologie und neuere Hirnforschung haben ein Konzept in den Mittelpunkt gestellt, nach dem das Handeln von Menschen zielgerichtet und von Denkprozessen organisiert erfolgt. Dabei ist „Lernen" Prozess und Ergebnis der aktiven Auseinandersetzung des erkennenden und handelnden Subjektes mit seiner äußeren Welt. Lernen ist also ein höchst individueller, konstruktiver Prozess.
Die didaktische Konsequenz daraus lautet, diesen aktiven Prozess des Lernens bei den Schülern so intensiv wie möglich zu unterstützen. Schulischer Unterricht zielt daher auf ein „Lernen-Machen", d. h. er muss die aktive, selbstorganisierende und eigentätige Rolle der Schüler und Schülerinnen beachten und ausdrücklich fördern.
Als Schüler selber beim Lernen *aktiv* zu sein ist gut, selber über sein Lernen *mitzubestimmen* ist noch besser, selber sein Lernen zu *steuern* und zu *regulieren*, ist am besten. Allerdings: Wenn ich beim Lernen zwar aktiv sein und selber bestimmen kann, mich dabei aber im unökonomischen Zick-Zack-Kurs bewege, mit der Zeit und mit den Ressourcen chaotisch umgehe und methodisch falsch plane, fehlt offensichtlich die Qualifikation für die Selbststeuerung des Lernens. Von entscheidender Bedeutung ist daher die Vermittlung von Lernstrategien, Arbeitsmethoden und -techniken. Schulen, die das Prinzip der Selbststeuerung fördern, legen daher größten Wert auf die Qualifikation der Schüler durch Training entsprechender Lernmethoden. Allerdings muss diese Vermittlung von Methoden fachspezifisch und gebunden an fachwissenschaftliche Zugänge vermittelt werden: Mit hermeneutischer Quellenkritik kann ich in Physik nichts anfangen, mit empirischen Beobachtungsprotokollen und tabellarischen Matrizen komme ich in der Bearbeitung eines Romans nicht weiter…
Fassen wir zusammen: In Übereinstimmung mit den Autoren der PISA-Studie (2001) verstehen wir unter Selbstregulation bzw. Selbstorganisation des Lernens folgendes:

Selbstorganisiertes Lernen

1. Lernende setzen sich selbstständig Lernziele,
2. sie wählen dem Inhalt und dem Ziel angemessene Strategien und Techniken aus und setzen sie auch ein,
3. sie erhalten ihre Motivation aufrecht,
4. sie bewerten die Zielerreichung während und nach dem Abschluss des Lernprozesses,
5. und sie korrigieren – wenn notwendig – die Lernstrategie.

KURZ: *Sie verfügen über*

- Elaborationsstrategien (z. B. „Wenn ich lerne, überlege ich, wie der Stoff mit dem zusammenhängt, was ich schon gelernt habe.")
- Kontrollstrategien (z. B. „Wenn ich lerne, versuche ich beim Lesen herauszufinden, was ich noch nicht verstanden habe.")
- Evaluationsstrategien (z. B. „Bin ich den richtigen Weg gegangen, habe ich mein Ziel erreicht, was kann ich nächstes Mal besser machen?") Ich lasse hier die auch wichtigen *Übungsstrategien* einmal weg.

Das ist nun das genaue Gegenteil der heute immer noch in den Köpfen vieler Pädagogen vorherrschenden „Kübeltheorie des Geistes" (nach der die Lehrenden in die anfangs noch leeren geistigen Kübel der Lernenden Wissen einzufüllen hätten) oder der Sender-Empfänger-Metapher (Lehrer sendet Stoff, Schüler empfängt Ergebnisse) oder des Transportbandverständnisses (ein Inhalt wird per Methode in das Lernergehirn transportiert). Lehren heißt vielmehr, *Lernumgebungen* für die Schüler und Schülerinnen planen, bereitstellen, gestalten sowie die Lernenden zu begleiten, zu beraten und zu unterstützen. Es geht dabei nicht um totale Selbststeuerung, sondern um eine Integration von Anleitung und Selbstständigkeit, Instruktion und Konstruktion (siehe 2. Teil).

Das selbstgesteuerte Lernen baut also auf eine Neugestaltung des Unterrichtes in Richtung der Gestaltung von Lernumgebungen. Diese sollen „*stark*" sein. Was heißt das? So oft wie möglich stehen im Mittelpunkt des Unterrichtes authentische *Themen* (d. h. *lebensnah* aus der Wirklichkeit der Schüler und Schülerinnen), *realistische Aufgaben und Probleme*, die situiert sind (d. h. auf den Lebenskontext bezogen und wenig vorstrukturiert), *multiple Kontexte* (Probleme, die aus möglichst unterschiedlichen Perspektiven betrachtet werden), *kooperative Arbeitsformen* (vom reziproken Lernen in Tandems bis zu verschiedenen Arten der Gruppenarbeit) und nicht zuletzt die Förderung der *intrinsischen Motivation* und der Schülerinteressen. Eine besondere Note bekommt das Prinzip der Selbststeuerung auch dadurch, dass in der neueren Lernpsychologie nicht nur Elemente wie Spaß beim Lernen, also eher das Lustprinzip, betont werden, sondern dass auch die *Volition* (= willentliches Element) erhebliche Bedeutung hat. Effektives eigenes Lernen ist gebunden an willentliche Kontrollprozesse innerhalb der Motivation:

- seine Aufmerksamkeit über längere Zeit kontrollieren zu können (also z. B. das auszublenden, was die Lernabsicht gefährdet),
- die Emotionen zu beherrschen (z. B. sich bei Pannen nicht zu ärgern, sondern einen andern Weg auszuprobieren),
- Misserfolgserlebnisse zu meistern (z. B. sich nicht enttäuscht abzuwenden, sondern es auf anderem Weg noch einmal zu versuchen),
- die unmittelbare Lernumwelt zu gestalten und zu kontrollieren (z. B. das Handy auszuschalten) u.a.m.

Schließlich hat dann das Prinzip der Selbstregulierung auch Konsequenzen für die *Leistungsbeurteilung* im Unterricht: Sie wird wohl ergebnis-, aber vor allem auch prozessorientiert sein, schließt alternative Formen gegenüber traditionellen Noten, Klausuren und Klassenarbeiten ein (Portfolio, Feedback, Projektprüfung, Selbstbeurteilung), auf jeden Fall die Entkopplung von Leistungsbeurteilung und Entscheidungen über die weitere Schullaufbahn. (Bohl 2004)

1.2 Konstruktion und Instruktion vereinbaren – oder: Warum Frontalunterricht unverzichtbar ist

Lernen ist also immer selbst konstruierte Kognition, individuell und einmalig. Könnte die Schule sich dann nicht auflösen und das Lernen der Schüler und Schülerinnen deren Autodidaktik übergeben/anheim stellen? Das würde nicht nur Millionen EURO an Lehrergehältern sparen, sondern auch endlich das Prinzip des selbstgesteuerten Lernens konsequent einlösen. Zielt die neue Lernkultur letztlich also auf die Abschaffung z. B. des Frontalunterrichtes, dessen Kern ja (jedenfalls der Idee nach) das kollektive, gemeinsame und einheitliche Voranschreiten im Lernprozess sein soll. Ist das Prinzip der Instruktion, das „Instructional Design" von Schülern am Ende? Oder?

Selbstgesteuertes Lernen bedeutet mitnichten den Tod des Frontalunterrichtes. Im Gegenteil, es belebt ihn, freilich in neuem Gewand! Frontalunterricht wird von der traditionellen, nahezu alleinigen Unterrichtsform mit Allzweckcharakter zu einer Unterrichtsphase, die in ein Gesamtkonzept schüleraktiven (und in großen Teilen selbstgesteuerten) Unterrichtes integriert ist. Beispiele finden sich u.a. im Rahmen des sog. Sandwichprinzips (eine Lage frontal, eine Lage individuell, in Tandems oder Kleingruppen, eine Lage frontal), wie es u.a. von Hepting (2004) beschrieben wird. (Vgl. auch den Beitrag über Frontalunterricht in diesem Buch.)

In einem solchen neuen Konzept haben Frontalphasen allerdings unverzichtbare Funktionen, z. B. Einführung eines neuen Themas, gedankliche Strukturierung mit einem Advance organizer vor aller Augen, strategische und arbeitsorganisatorische

Anleitung, Koordination und Planung usw.; dann aber auch nach Gruppen- oder Tandemarbeit oder im Anschluss an Gruppenpräsentationen die Einzelergebnisse systematisieren, vernetzen, vertiefen etc.

Denn: Gut abgespeichertes und verarbeitetes Wissen gleicht nicht zusammenhanglos erarbeiteten losen Fäden, die im Gehirn herumhängen, sondern sinnvoll geknüpften Netzen, sozusagen kognitiven Landkarten, die Zusammenhänge, Ordnungen, Verbindungen, „Verknotungen" deutlich machen, die multimedial gespeichert wurden, gut und gezielt abrufbar sind. Das bestätigt vor allem die Hirnforschung, die Prozesse des Wissenserwerbs und der Wissenskonstruktion untersucht hat.

Instruktion und Konstruktion sind nur ein vermeintlicher Gegensatz. Ein pragmatisches Konzept wird beide Ansätze integrieren. Dies geschieht im sog. *„wissensbasierten Konstruktivismus":* Hier wird nämlich Lernen interpretiert als eine persönliche Konstruktion von Bedeutungen, die allerdings nur dann gelingt, wenn eine ausreichende Wissensbasis vermittelt wurde und zur Verfügung steht. Zu deren Erwerb kann jedoch auf instruktionale Anleitung und Unterstützung nicht verzichtet werden. „Wissen" und „Konstruieren/Vernetzen" hängen untrennbar zusammen! Das Geschehen im Klassenraum entwickelt sich in einer so verstandenen Unterrichtskultur allerdings

- vom kreidelastigen Demonstrationsunterricht (mit Lehrermonopol der Steuerung) zur Integration unterschiedlicher Lernformen;
- vom Anfüllen der Schülerköpfe mit Wissensbruchstücken zur Vernetzung und Wissensanwendung;
- von der Dominanz des fragend-entwickelnden Unterrichtes zu selbstgesteuerten Lernprozessen bei den Schülern und Schülerinnen.

Einem solchen integrativen Methodenkonzept wird man m. E. aber nicht gerecht, wenn man (wie so oft propagiert) von einem Methoden-Mix, von Methodenvielfalt oder von dem althergebrachten „Methodenwechsel" innerhalb einer Unterrichtsstunde oder -einheit spricht. Methoden stehen keineswegs alle gleichberechtigt, gleichwertig oder zusammenhanglos nebeneinander. Sie müssen sich vielmehr konkret in ihrem jeweiligen Stellenwert bestimmen, in ihrem Bezug zum „vollständigen Lernen" ausweisen und innerhalb des Gesamtzusammenhanges eines Lehr-/Lernprozesses in ihrer Funktion definieren lassen. Das Element der Abwechslung kann durchaus neuen Schwung bringen und motivierend wirken, aber es geht bei der Verbindung von Methoden nicht um großzügig liberale Addition (alles hat seinen gleichen Wert) oder schülerfreundliche Abwechslung (öfter mal was Neues, das macht Spaß), sondern um systematischen Bezug unterschiedlicher methodischer Elemente zueinander. Eines ergibt sich aus dem andern, – erst das „Gesamtkonzert" der Unterrichtseinheit bringt diese Integration hervor. Auch für das selbstgesteuerte Lernen gilt: die erste Geige im Orchester taugt als Soloinstrument nur bedingt, erst das Zusammenspiel aller Instrumente bringt eine Musik zum vollen Klang...Die neue Unterrichtskultur wird also – einer Formulierung Andreas Helmkes (2003, 14) folgend – ausgewogen und balanciert sein „zwischen direkter und indirekter Instruktion, zwischen lehrer- und schülergesteuertem Unterricht, zwischen kognitiven und affektiven Lernzielen, zwischen lerntheoretischen, kognitionspsychologischen und konstruktivistischen Prinzipen".

1.3 Situiertes und intelligentes Wissen – oder: „träges Wissen" verhindern

Bekanntlich zielt Wissen auch – oder sogar vorwiegend – auf Inhalte. Daher nimmt das Konzept der „situierten Lernumgebungen" in der neueren Lernforschung breiten Raum ein. Allerdings weiß keiner so ganz genau, was mit situiertem Lernen gemeint ist…

Situiert heißt zweierlei:

1. Wissen wird in der Regel in Interaktion von Menschen gemeinsam geschaffen/entwickelt (kooperativ oder kontrovers), d. h. es sollte auch in sozialen Lernformen angeeignet werden. Statt die Schüler und Schülerinnen weitgehend isoliert arbeiten zu lassen und isoliert zu beurteilen, muss folglich das *kooperative Lernen* viel stärker betont werden.
2. Situiertes (oder „eingebettetes") Wissen legt großen Wert auf *authentische Kontexte.* Das meint, den Lernenden solche Aufgaben zur Verfügung zu stellen, die einen echten, wirklichen Bezug zur Alltagswelt der Lernenden haben; dabei erfahren sie zugleich mit dem Wissenserwerb die Anwendungsmöglichkeiten dieses Wissens. Erst dann wird Wissen bedeutungsvoll. Vor allem müssen die Lernenden angeregt werden, die Inhalte unter verschiedenen Gesichtspunkten zu betrachten (multiple Perspektiven).

Unter *intelligentem Wissen* wird verstanden: Ein Wissen, das man nicht einfach im Traum herunterbeten kann („aquadrat plus bequadrat gleich cequadrat" oder „Demokratie heißt Volksherrschaft" oder „Wasser gefriert bei 0 Grad"), sondern das man auch auf ungewohnte, zunächst unerklärlich scheinende Fälle anwenden kann. Flexibles Wissen also, das zur Lösung komplexer Aufgaben nützlich ist, das für Problemlösungsstrategien herangezogen werden muss, mit dessen Heranziehung man durch Nachdenken zur Lösung kommen kann. (Z. B. Pythagoras nicht nur für Dreiecke, sondern auch zum Aufschneiden eines Zylinders, bei dem Rechtecke entstehen, in die man Dreiecke eintragen kann, um einen Raum zu verstehen…) Intelligentes Wissen bewährt sich in multiplen Kontexten, weil es in multiplen Kontexten erworben wurde.

Das Gegenteil ist das in der Kognitionspsychologie so heftig kritisierte *„träge Wissen"*. Damit ist ein Typus von Wissen gemeint, der in der Schule häufig vorzufin-

den ist: Jenes isolierte Wissen, das vielleicht noch bis zur nächsten Klassenarbeit oder Klausur haftet, dann aber vergessen wird, weil es nicht zur Anwendung kommt, weil es in bestehendes Wissen nicht integriert wird, weil es zu wenig vernetzt und damit letztlich zusammenhanglos und bedeutungslos bleibt. Es ist vielleicht noch vorhanden, kann aber in andern Problemsituationen nicht angewendet oder abgerufen werden.
Ein wacher Blick in unsere Lebenswelt zeigt: Die Anforderungen im Alltag sind oft komplex, wenig strukturiert, nicht auf die Verwendung von Schulwissen zugeschnitten. Wir müssen Probleme lösen. Also müsste die Schule zweierlei tun:

1. Sie muss allgemeine Strategien vermitteln, wie man Probleme löst (z. B. eine klare Frage formulieren, Hypothesen bilden, diese mit Informationen oder Experimenten überprüfen, Ergebnisse formulieren und auf die Ausgangsfrage rückbeziehen).
2. Die Schule muss aber auch bereichsspezifisches Wissen so vermitteln, dass es auf komplexe Situationen angewendet werden kann. Schon bei der Wissensaufnahme müssen also multiple Kontexte eine Rolle spielen, sozusagen darf das Dividieren von Brüchen überhaupt nur vermittelt werden, wenn zugleich gezeigt wird, wo man es in der Wirklichkeit braucht. Kein 1x1 ohne Textaufgaben!!!

Die kognitive Lernpsychologie hat dafür einen anschaulichen Begriff entwickelt: *landscape-criss-crossing*, wie in einer Landschaft hin- und herfahren, um die multiplen Perspektiven des Themas zu vermitteln und es so auf viele Kontexte anwendbar zu machen. Ein Beispiel: Das Konzept „Apfel“ multiperspektivisch erkunden und abspeichern und später transferorientiert abrufbar machen heißt: Apfel aufschneiden, Bestandteile und ihre Funktionen klären, Geschmackssorten prüfen, Besuch beim Obstbauern zur Anpflanzung und Ernte, Apfeltee kochen u.a.m. Später kann man dann, wenn es um Äpfel geht, wie in einem Netz im Kopf hin- und herspringen und das Wissen anwenden.
Sehr hilfreich ist dabei z. B. die Technik des Advance organizer (Hepting 2004), einem begrifflichen Schaubild, das den laufenden Unterricht (immer im Raum aushängend) strukturiert, die Kontexte der einzelnen Wissensbausteine deutlich macht und immer wieder zur systematischen Einordnung der einzelnen Wegstrecke in landscape-criss-crossing hilft. So kann verhindert werden, dass Wissen „träge“ wird, dass Wissensbausteine wie Fäden isoliert im Gehirn herumhängen und vom Lernenden nicht zu einem intelligenten Verstehensnetz geknüpft werden.

2. Teil: Drei exemplarische Möglichkeiten, die neue Unterrichtskultur aufzubauen

2.1 Prozesssteuerung durch eine Feedback-Kultur

Als sehr wirksam nicht nur für effektiven Unterricht, sondern auch als Steuerungsinstrument für den Aufbau einer neuen Unterrichtskultur hat sich ein regelmäßiges Feedback über den gelaufenen Unterricht erwiesen. Dazu gibt es inzwischen auch empirische Belege, wie eine Untersuchung der Hamburger Universität an verschiedenen Schulen zeigt. (Bastian/Combe/Langer 2003) Statt des gelegentlichen „Na, wie war's denn so?" sind methodisch kontrollierte Verfahren sinnvoller, bei denen drei Fragen im Mittelpunkt stehen:

1. Was geschieht im Unterricht?
2. Wie können wir den Unterricht verbessern?
3. Was können Lehrer, was Schüler dazu beitragen?

Feedback ist keine Verurteilung, sondern eine gemeinsame Suchbewegung und damit ein wichtiger Bestandteil der Schul- und Unterrichtsentwicklung. Feedback bedarf unterschiedlicher Sender und unterschiedlicher Empfänger, ist also keine Einbahnstraße:

- Feedback kann *unter Schülern* erfolgen, d.h. die Lehrkraft hat Instrumente bereit gestellt, mit denen sich Schüler untereinander Feedback geben können (siehe Beitrag über Feedback-Techniken in diesem Buch);
- Feedback kann aber auch *vom Lehrer zu Schülern* erfolgen. Auch dafür gibt es inzwischen eine Fülle bewährter Techniken: einen Brief an einen Schüler schreiben; kurze verbale Rückmeldungen, die nicht einfach nur Lob enthalten (‚was ja bekanntlich anhängig macht!), sondern sich auf die Sache bezieht („Jens, ohne deine Idee für das Experiment wären wir überhaupt nicht weiter gekommen!"). Vor allem müssen solche Feedbacks auch fachbezogen sein und dem Schüler Informationen über seine Lernergebnisse und Sachleistungen geben, z. B. in der Form von „Rubrics", die das Erreichen vorgegebener Kriterien rückmelden. Rubrics sind eine hervorragende Technik, um Schüler auch metakognitiv zu beraten und das selbstgesteuerte Lernen zu fördern. (Schrempf 2002)
- Feedback ist auch wichtig *von Schülern zum Lehrer* über den gelaufenen Unterricht. Lehrer fragen sich viel zu selten: Bin ich überhaupt mit meinen Unterricht „angekommen"? Dafür gibt es inzwischen eine Fülle bewährter Techniken und praxiserprobter Verfahren, z. B. situativ einstreubare kleine Techniken wie der *Daumenprobe* („Spreche ich verständlich?" – Daumen hoch = ja, Daumen waagerecht = geht so; Daumen nach unten = Ich komme nicht mit), *Klebepunkte*

oder einfache *Kreidestriche* zu den einzelnen Phasen einer Unterrichtsstunde oder –einheit, die vorher ausgehängt wurden: „Wo habe ich mich am meisten angestrengt, was war das Interessanteste, wo habe ich mich am meisten an die geltenden Regeln gehalten, wo habe ich am meisten gelernt" u.a.m.). Ausführlicher sind visualisiert Rückmeldungen wie „Zielscheibe", auf der Punktangaben für einzelne Fragedimensionen der Lehrkraft Informationen über ihren Unterricht in der Wahrnehmung der Schüler/innen geben, bis hin zu ausführlicheren Fragebögen, die von der Lehrkraft ausgewertet werden und gemeinsamen Reflexionen über den Unterricht mit Verbesserungsvorschlägen.

Absichtlich verwende ich den Begriff Feedback-*Kultur*: Nur regelmäßiges Feedback als selbstverständlicher Bestandteil von Unterricht kann zu einem zentralen Steuerungsinstrument beim Aufbau der neuen Lernkultur werden.

Feedback der Lehrkraft an einzelne Schüler und Schülerinnen im Hinblick auf deren Lernstil, ihre Arbeitsmethoden, ihre Lern- und Arbeitsstrategien, aber auch über inhaltliche Fortschritte und ggf. Lücken/Defizite ist ferner die Grundlage für die Entfaltung der Meta-Kognition der Schüler, also des Bewusstseins und der Reflexionsfähigkeit über das eigene Lernen, vor allem über das „Wie" des eigenen Lernens.

2.2 Lernsteuerung durch Metakognition

Dieses in der neueren Lernpsychologie stark betonte Konzept bezeichnet das Wissen über das eigene kognitive System, also ein Bewusstsein von den eigenen Fähigkeiten und Stärken beim Lernen, – aber auch von den Lücken und Schwächen. Metakognitive Fertigkeiten sind trainierte Fertigkeiten zur Selbstüberwachung, die während des Lern- und Unterrichtsprozesses durch die Schüler/innen aktiviert werden. (Gage/Berliner 1996, 321)

Schüler und Schülerinnen verfügen z. B. über die Fähigkeit, sich z. B. folgende Fragen zu stellen:

- Was weiß ich bereits über ein Thema?
- Wie viel Zeit werde ich brauchen, um diesen Stoff zu lernen?
- Gibt es einen brauchbaren Plan, nach dem ich vorgehen kann?
- Wie kann ich feststellen, ob ich erfolgreich war?
- Wie und wodurch sollte ich meine Vorgehensweisen ändern (z. B. während des Arbeitsprozesses)?
- Wie entdecke ich einen Fehler (wenn ich einen mache)?
- Habe ich das gerade Gelesene auch verstanden?

In zahlreichen, bei PISA aufgegriffenen Untersuchungen, zeigte sich, dass gerade für das Lesen von Texten eine solche strategische Steuerung des Lern- und Leseprozesses ungemein hilfreich und sogar unabdingbar ist. Es besteht bei deutschen Schülern erheblicher Förderbedarf. Denn: Gute Leser z. B., aber überhaupt gute

Lerner, gehen strategisch vor, sie ziehen den Kontext heran, um sich eine Bedeutung zu erschließen, sie kramen in ihrem Gedächtnis nach relevantem Vorwissen, sie stellen Zusammenhänge zwischen verschiedenen Textstellen her u.a.m. Das bedeutet: Sie haben ein Bewusstsein davon, wie man sinnvoll mit einem Text umgeht, wie man lernt. Nichts anderes meint Metakognition.
Empirisch eindeutig nachgewiesen wurde die hohe Bedeutung einer praktizierten Meta-Kognition für den persönlichen Lernfortschritt. (Ebd. 322) Schüler und Schülerinnen konnten ihre Leistungen im Unterricht von 20 % auf 46 % steigern. Lernende zeigten in solchen *lerner*kontrollierten Umgebungen mehr Engagement, lernten eher intrinsisch motiviert (praktizierten also Tiefenstrategien des Lernens statt Aneignung des Lernstoffes nur in seinen Oberflächenmerkmalen), während umgekehrt ein hohes Maß an *Lehrer*kontrolle die Selbsteinschätzung der eigenen Kompetenz negativ beeinflusste. Neue Unterrichtskultur ist also ohne den Aufbau metakognitiver Fähigkeiten der Schüler und Schülerinnen nicht zu haben.

2.3 Innovative Methodenkultur im Unterricht

Eine neue, innovative Methodenkultur setzt einen grundlegenden Bewusstseinswandel der Lehrkräfte voraus. Man muss schon den Mut aufbringen, sich vom didaktischen Gewohnheitstier zum Unterrichtsinnovator weiter zu entwickeln. Subjektive Theorien der Lehrkräfte müssen sich wandeln, denn sie helfen bekanntlich als relativ stabile kognitive Strukturen im Lehrerkopf zu Situationsdefinitionen, Handlungsentwürfen, Erklärungen, Vermeidungen, bestimmten Erwartungen usw., sind also handlungsleitend. Im Kopf des Lehrers muss eine entscheidende Veränderung passieren: Lehren heißt nicht mehr „beibringen", sondern Lernumgebungen arrangieren, in denen die Schüler und Schülerinnen mit eigener Verantwortung arbeiten und lernen. Welche praktischen Konsequenzen dies für die neue Rolle von Lehrkräften hat, kann nicht mit wenigen Sätzen dargestellt werden, sondern ist durchgehendes Thema aller Beiträge dieses Buches.
Um vom Frontalunterricht als dominierender Sozialform des Unterrichtes schrittweise wegzukommen und vorsichtig das selbstgesteuerte Lernen anzubahnen, gibt es eine Fülle von methodischen Möglichkeiten zur Aktivierung der Schüler und Schülerinnen, die im Beitrag „Methoden im Wandel" in diesem Buch beschrieben sind.
Neue Unterrichtskultur? Allemal mehr als ein Schlagwort! Ein lohnendes Ziel, das nach anfänglicher Mehrbelastung der Lehrkraft bei einiger Praxis dann doch zu erheblicher Entlastung führt. Die Lehrkraft kann sich (wie unsere Hamburger Studien zur Schulentwicklung z. B. in der Max-Brauer-Schule belegen) mehr auf Beratung konzentrieren, muss nicht ständig den ungemein belastenden Stress des Frontalunterrichtes aushalten, ja kann sich auch mal zurücklehnen und ist – empirisch belegt – gesunder und mit mehr Freude dabei. (Bauer 2002)

Literatur

Bastian, J./Combe, A./Langer, R.: Feedback-Methoden. Weinheim 2003

Bauer, O.: Unterrichtsentwicklung, pädagogischer Optimismus und Lehrergesundheit. In: PÄDAGOGIK H. 1/2002, S. 48-50

Bauer, R.: Offenes Arbeiten in der Sekundarstufe I. Berlin 2003

Bohl, T.: Prüfen und Bewerten im Offenen Unterricht. Weinheim 2004

Gage, N. L./Berliner, D. C. (Hg.): Pädagogische Psychologie. Weinheim 1996, 5. Aufl.

Helmke, A.: Unterrichtsqualität erfassen, bewerten, verbessern. Seelze 2004, 3. Aufl.

Hepting, R.: Zeitgemäße Methodenkompetenz im Unterricht. Bad Heilbrunn 2004

Schrempf, R. M.: Rubrics. Ein Instrument zur Qualitätsentwicklung und Qualitätssicherung in Unterricht und Schule. In: PÄDAGOGIK H. 9/2002, S. 40-42

Traub, S.: Schrittweise zur erfolgreichen Freiarbeit. Bad Heilbrunn 2000

klassisches Methodentraining

2. Methoden im Wandel
Auf dem Weg zum Selbstgesteuerten Lernen

1. Ein Wandel zum „Anfassen“

Drückt ein Lehrer oder eine Lehrerin die Türklinke zum Klassenraum, fallen zwei wichtige Entscheidungen: *Was* mache ich heute mit ihnen, und: *Wie* mache ich es? „Türklinkendidaktik“ hat Hilbert Meyer (2001) dies treffend genannt. In jeder noch so spontanen Entscheidung spielt die Frage der Methoden eine zentrale Rolle, denn die Entwicklung der methodischen Kultur des Unterrichtens ist eine Daueraufgabe von Lehrern und Lehrerinnen. Beobachtet man z. B. Gespräche zwischen Kollegen und Kolleginnen, so stellt man fest: Der Austausch von Unterrichtstechniken, Hinweise auf Medien und Materialien, Erfahrungen mit methodischen Varianten nehmen einen breiten Raum ein. Vorsichtig bis neugierig schaut man auf KollegInnen, die neue Methoden erproben.
In der methodischen Gestaltung des Unterrichtes hat sich in den letzten Jahrzehnten ein stiller, kontinuierlicher, teils spektakulärer, teils leise schleichender Wandel abgezeichnet. Man könnte ihn zusammenfassen mit der Formulierung „weg vom frontal organisierten, lehrerzentrierten und lehrgangssystematischen hin zu subjektorientierten, offen strukturierten Unterrichtsformen“ (Seibert 2000, 18).
Diese Entwicklung verlief eher in Richtung einer „Methodik zum Anfassen“ als im Sinne einer wissenschaftliche Forschungsrichtung. Selten waren es hoch spezialisierte Curriculumwerkstätten oder Universitätsinstitute, die neue Methoden, Unterrichtskonzepte, Techniken usw. produzierten und implementierten; vielmehr entstand eine kreative Fülle von Ideen unmittelbar in der Praxis.
Andererseits: Neue methodischer Ideen stehen im Zusammenhang gesellschaftlicher Veränderungen. Es sind also nicht allein die kinderlieben und ideenreichen Praktiker, die sich Neues einfallen lassen. Vielmehr bilden Veränderungen des Unterrichtes immer auch Widersprüche zwischen der Wirklichkeit der Schule auf der einen Seite und tiefgreifenden gesellschaftlichen Veränderungsprozessen auf der andern Seite ab.

2. Methoden im gesellschaftlichen Wandel

Das zeigt ein Blick in die Geschichte. Von der Antike bis ins späte Mittelalter galt als „Methode“ vorwiegend: „Vormachen, Nachmachen und ggf. Prügeln, bis das Nachgemachte dem Vorgemachten entspricht“ (Terhart 1989, 13) Erst die schrittweise Durchsetzung der allgemeinen Schulpflicht vom Ende des 17. Jahrhunderts an, das enorme Bevölkerungswachstum, die Zunahme des erreichten Wissenstandes, die ökonomisch-technische Entwicklung, der beschleunigte gesellschaftliche Wandel – verbunden schließlich mit dem Recht auf Bildung für alle – machten ein höheres Qualifikationsniveau, aber auch eine stringentere Disziplinierung immer größerer Teile der Bevölkerung nötig. Folglich waren in der Schulwirklichkeit Unterrichtsformen mit entsprechender Methodik gefragt, die eine größere Anzahl von Kindern gleichzeitig zu unterrichten erlaubten. Das war historisch-gesellschaftlich gesehen die Geburtsstunde des Frontalunterrichtes.
Die aufkommende Wort- und Buchschule wurde dabei stark entsinnlicht, statt Berücksichtigung der Schülerindividualität drohten Anonymität und durchgeplanter Unterricht. Die „Kunst des Beybringens“ war entstanden, – mit ihren positiven und negativen Auswirkungen gleichermaßen. Sie dürfte bis heute große Teile der Schule methodisch beherrschen.

3. Tendenzen in einer veränderten Methodenkultur

Die Entwicklung der Methodenkultur in den letzten Jahrzehnten spiegelt eine gänzlich andere, gegenläufige Tendenz. Sie betont offene, schüleraktive, freie, lebensnahe, handlungsorientierte u.a. Elemente und umfasst eine kaum noch zu systematisierende Fülle. Sie lässt sich auch keinem einheitlichen didaktischen Prinzip zuordnen. Alle neuen Formen aber lassen erkennen, dass die einzelnen Methoden die aktive, selbstorganisierende Rolle des Lernenden zumindest beachten und meist gezielt fördern. Es sollen durch geeignete methodische Zugänge solche Erfahrungsmöglichkeiten bereitgestellt werden, die bei den Schülern und Schülerinnen einen aktiven Auseinandersetzungsprozess mit dem Lerngegenstand provozieren, strukturieren und in Gang halten. In guter reformpädagogischer Tradition seit Anfang des 20. Jahrhunderts sollen Interessen, Lernwege und Selbsttätigkeit der Schüler und Schülerinnen als Lernsubjekte im Mittelpunkt der Unterrichtsmethodik stehen. Warum eigentlich?

4. Gründe für den Wandel der Methoden

Ein *erster Grund* liegt (gemäß unserer Ausgangsthese vom gesellschaftlich-historischen Hintergrund methodischer Wandlungen) in gravierenden Wandlungsprozessen der gegenwärtigen Gesellschaft. Ohne auf diese detailliert eingehen zu können, muss hier der Hinweis auf veränderte Qualifikationsnotwendigkeiten der Menschen genügen: Die langen Kataloge der sog. „Schlüsselqualifikationen" (Beck 1993) spiegeln allein für den beruflichen Bereich eindrücklich wider, dass Qualifikationen im formalen Bereich wie Denken in komplexen Zusammenhängen, Problemlösungsfähigkeit und Abstraktionsfähigkeit ebenso grundlegend sind wie im personalen Bereich Zielstrebigkeit, Verantwortlichkeit, Zuverlässigkeit, Teamfähigkeit, Kontaktbereitschaft, – dies alles neben soliden fachlichen und inhaltlichen Kenntnissen und Fertigkeiten. Solche Kompetenzen können in der Schule nicht mit einer Methodik vermittelt werden, die sich auf einfache Wissens- und Fertigkeitsvermittlung beschränkt, die überwiegend auf die rezeptive Verarbeitung kognitiv-abstrakter Inhalte zielt und den Lernenden nicht zeigt, wie sie selbstorganisiert und eigenverantwortlich Neues erarbeiten können.

Als *zweiter Grund* sind die einschneidenden Veränderungen in den Aufwachsbedingungen der Kinder und Jugendlichen heute und ihre gewandelten Aneignung von Kultur zu nennen (Stichwörter: Handlungsarmut, Verlust sinnlicher Erfahrungen, Medienkultur, veränderte Zugänglichkeit zu Informationen, oberflächliche Verarbeitung und Repräsentation von Wissen durch neue Informations- und Kommunikationstechnologien u.a.m.). Schulunterricht muss durch schüleraktivierende Methoden hier kompensieren, was die Allgegenwart der Medien oft bereits hat erlahmen lassen: Handlungsorientierte Eigenaktivität statt rezeptiv-passiver Konsumorientierung.

Ein *dritter wichtiger Grund* für die Veränderung der Methodenlandschaft liegt in den Ergebnissen der neueren Kognitionspsychologie und der Berücksichtigung des Konstruktivismus. Auch hier muss ich mich auf wenige Hinweise beschränken. Die kognitive Lernpsychologie (Banyard/Gerstenmaier 1995) hat ebenso wie die neuere Hirnforschung (Spitzer 2002) das Bild des reizkontrollierten Verhalten des Menschen im Behaviorismus längst verlassen und ein Konzept in den Mittelpunkt gestellt, nach dem das Handeln von Menschen zielgerichtet und von Denkprozessen organisiert erfolgt. Dabei ist „Lernen" Prozess und Ergebnis der aktiven Auseinandersetzung des erkennenden und handelnden Subjektes mit seiner äußeren Welt. Der Mensch *muss* lernen, um diese lebenslange Auseinandersetzung zu bewältigen. Das heißt, er muss kognitive Strukturen in inhaltlichen Bereichen („Wissen") und in formalen Bereichen („Denken", „Fertigkeiten", „Können") aufbauen, immer wieder erweitern und erproben.

Fazit: Schulischer Unterricht zielt daher auf dieses „Lernen-Machen“, d. h. er muss die aktive, selbstorganisierende und eigentätige Rolle der Schüler und Schülerinnen beachten und ausdrücklich fördern. Die grundlegende Konsequenz für die Unterrichtsmethodik liegt also in der Berücksichtigung der aktiv erkennenden und aneignenden Rolle der Lerner, auch und gerade in angeleiteten Lernprozessen.

5. Und die „alten“ Methoden?

Nun klingt das alles, schaut man sich in der Wirklichkeit der Schulen um, wie eine völlig unrealistische Utopie. Brauchen wir nicht auch Methoden zur Anleitung des Schülerlernens, zur Instruktion und zur Vermittlung notwendiger Grundlagen, auf denen eigenständiges Lernen erst aufbauen kann? In der Tat betonen führende Vertreter der kognitiven Lerntheorie deshalb die Notwendigkeit der *Integration*, nicht des *Gegensatzes* von Anleitung, Instruktion, Wissensvermittlung einerseits und Selbststeuerung, Eigentätigkeit und Freiheit andererseits. Zwar wird Lernen grundsätzlich „als eine persönliche Konstruktion von Bedeutungen interpretiert, die allerdings nur dann gelingt, wenn eine ausreichende Wissensbasis zur Verfügung steht. Zu deren Erwerb kann jedoch auf instruktionale Anleitung und Unterstützung nicht verzichtet werden“ (Reinmann-Rothmeier/Mandl 2001, 626). Selbstgesteuertes Lernen kann daher leicht missverstanden werden.

6. Selbstgesteuertes Lernen – fahren ohne Führerschein?

Der Begriff der Selbststeuerung beim Lernen enthält ein anschauliches Bild: Der Lernende sitzt selbst am Steuer und fährt sein (Lern-) Auto selber, kein anderer tut dies (genau genommen heißt es natürlich „Lenkrad“, wie jeder Führerscheinbesitzer weiß). Und da fangen die Probleme an: Er kennt nicht einmal die wichtigsten Begriffe (verwechselt Lenkrad und Steuerrad). Kann er überhaupt selber steuern? Beherrscht er die notwendigen Techniken, die Regeln, weiß er überhaupt, wohin er will? Kennt er Ziele, Wege, beherrscht er die nötigen Fertigkeiten zum Selbststeuern, kann er mit den Ressourcen („Treibstoff“) sinnvoll umgehen, lässt er sich Ablenken beim Selbststeuern, kann er seinen Stil des Fahrens überprüfen, ist er sich überhaupt sicher, dass ihn nicht eine fremdgesteuerte Fahrt viel schneller und sicherer ans Ziel gebracht hätte? Ja, hat er überhaupt den qualifizierenden Führerschein für die Selbststeuerung? Die Bezüge zum Lernen in der Schule schimmern durch: Kann man Lernenden das überlassen, was eigentlich Aufgabe der Lehrer wäre? Können sie wirklich selbst ihre eigenen Lehrer sein? Sollen sie nicht erst für das qualifiziert werden, was bei der Selbststeuerung bereits vorausgesetzt wird? Müssen sie nicht instruiert werden, um lernen zu können?

7. Das Grundmuster des „Instructional Design"

Die Schule geht traditionell davon aus, dass die Lernenden von außen gesteuert werden müssen. Fremdsteuerung scheint bis heute immer noch der effektivste Weg des Lernens zu sein, – jedenfalls in der Vorstellung derer, die Schule veranstalten: Sie sind schließlich die Fachleute für das „Beybringen", sie organisieren das Lernen weitgehend nach dem Grundmuster des „Instructional Design" (Leutner 2001): Um Wissen zu vermitteln, übernehmen Lehrende den aktiven Part, Lernende eher den passiven. In der Anlage von Lehr-/Lernprozessen ist dann systematisch-schrittweise vorzugehen. Im Mittelpunkt steht eine Auffassung von Lernen, „die den Prozess des Wissenserwerbs als einen streng regelhaft ablaufenden Prozess der Informationsverarbeitung interpretiert, der sich eindeutig beschreiben und damit auch erfolgreich steuern lässt" (Reinmann-Rothmeier/Mandl 2001, 606). Die im Lehrplan festgehaltenen Inhalte sind möglichst systematisch darzubieten und zu organisieren. Das ist ohne Frage eine sehr technologische Lehrstrategie, – die allerdings mit einer durchdachten Vorgehensweise aufwarten kann und deren Erfolge in großen Teilen empirisch gut abgesichert ist. (Helmke/Weinert 1997, 136) Zudem ist bekannt, dass Schüler mit ungünstigen affektiven und kognitiven Voraussetzungen eher aus dem informationsvermittelnden, lehrerzentrierten Unterricht Nutzen ziehen, während Schüler mit guten Lernvoraussetzungen eher von offenen, wenig strukturierten Lernumgebungen mit Wahlmöglichkeiten profitieren (Konrad/Traub 1999, 60).

Andererseits enthält Lernen immer ein gewisses Maß an Selbststeuerung, – oder es passiert überhaupt nicht. In der gesamten modernen Lernforschung wird deshalb betont, dass Lernen grundsätzlich sowohl selbst- wie auch fremdgesteuert ist. (Schiefele/Pekrun 1997) Jeder Text, jedes Fachbuch, jedes Computerlernprogramm, jedes Bild usw. enthält Elemente der Fremdsteuerung. Lernen geschieht immer auf einem Kontinuum mit den Polen vollkommene Autonomie (was übrigens illusionär ist) und vollkommene Fremdsteuerung (was genauso wenig funktioniert). Das bedeutet: der Begriff „Selbststeuerung" meint eine Lernform, in der der Lernende mehr oder weniger (!) Initiator und Verantwortlicher seiner Lerntätigkeit ist und in dem für ihn passenden Maß Unterstützung und Hilfe erfahren und heranziehen kann (vgl. Konrad/Traub 1999, 12 f.).

Von entscheidender Bedeutung ist daher die Vermittlung von *Lernstrategien, Arbeitsmethoden und –techniken*. Schulen, die das Prinzip der Selbststeuerung fördern, legen größten Wert auf die vorherige Qualifikation der Schüler durch Training entsprechender Lernmethoden, – und zwar als Schulkonzept! (Blombach 2003, Arlt 2004)

8. Verantwortung, Wille, Verbindlichkeit – nicht nur Spaß

Eine besondere Note bekommt das Prinzip der Selbststeuerung auch dadurch, dass nicht nur Elemente wie Spaß beim Lernen, also eher das Lustprinzip, betont werden, sondern in der neueren Lernpsychologie auch die Volition (= willentliches Element). Gerade beim selbstorganisierten Lernen der Schüler darf nicht übersehen werden, dass erfolgreiches Lernen nicht immer nur in einem oberflächlichen Sinn „Spaß" macht. Lernen ist vielmehr auch verbunden mit Anstrengung und Überwinden von Widerständen; es bezieht sich auch auf Sachverhalte, die einen zunächst nicht zu interessieren scheinen, aber zum autonomen Bestehen in einer modernen Gesellschaft unabdingbar sind.

Selbststeuerung hat also auch zu tun mit Verbindlichkeit. „Verbindlichkeit setzen heißt, dass jede Schülerin und jeder Schüler in der Lerngruppe das Gefühl hat, es ist nicht egal, ob sie bzw. er arbeitet, das Produkt des Lernprozesses kann eingefordert werden." (Tscherkan 2002, 8) Der Lohn einer solchen Einbindung der Selbststeuerung in Verantwortlichkeit und Verbindlichkeit ist auf die Dauer eine Steigerung der Könnenserfahrung und damit des grundlegenden Gefühls der Selbstwirksamkeit.

Diese grundlegende Kompetenz der *self-efficacy* hat neuerdings der berühmte Lernpsychologe Albert Bandura (1997), Begründer des Modell-Lernens, mit beeindruckender Überzeugungskraft beschrieben. Bandura hat gezeigt, dass vor allem die Beherrschung von Modellen für das selbstgesteuerte Problemlösen zur self-efficacy führt, zum Grundgefühl der „Selbst-Wirksamkeit". Ohne dieses Gefühl, etwas selber bewirken zu können, sind wir nichts. Kompetenzerwartungen – d. h. Selbstsicherheit und Vertrauen in die eigenen Fähigkeiten – sind aber entscheidende Faktoren für die seelische Gesundheit des Menschen, vielleicht gerade in der Gegenwart, wo die Menschen eher von einem tief reichenden Gefühl der Einfluss-, Hoffnungs- und Machtlosigkeit gegenüber den gesellschaftlichen, technischen, ökologischen, wirtschaftlichen und sozialen Entwicklungen bestimmt werden.

Eine solche *Könnenserfahrung* der Schüler und Schülerinnen wächst mit ihrer methodischen Kompetenz. „Wenn jemand sich selber immer wieder als Ursache von Erfolgen erlebt, dann wächst sein Selbstvertrauen und damit seine Bereitschaft, Aufgaben selbstständig in Angriff zu nehmen." (Peterßen 2001, 170) Angemessene Selbstbewertung im Blick auf die eigenen Ziele, ein prozessbezogenes Feedback der Lehrkraft oder die Resonanz aus der Klasse, aber auch das selbstreflexive Überprüfen der eigenen Selbststeuerungsfähigkeit steigern das Vertrauen und Zutrauen des Lerners in seine eigene Person.

9. Notwendig: andere Lernumgebungen

Dazu müssen sich die Lernumgebungen ändern. Lernumgebungen, die das selbstgesteuerte Lernen fördern, werden eher offen statt geschlossen sein. Während *geschlossene* Lernumgebungen (Sacher 2002, 393) den Stoff hierarchisch gliedern, Informationen im schrittweisen Nacheinander präsentieren, eine enge Zeitstruktur haben, einem traditionellen Ablaufschema folgen und von der direkten Führung der Lehrkraft abhängen (s.o. „Instructional Design"), haben *offene* Lernumgebungen eine explorative Struktur, der Stoff ist „flacher" gegliedert, der Zeitrahmen flexibler, die Reihenfolge der Lernhandlungen und die Bemessung der Lernzeiten werden stärker den Lernenden selbst überlassen. Offene Lernumgebungen zeichnen sich aber auch durch qualitativ angemessene Lernhilfen und Unterstützungsangebote aus sowie durch gezielte Beratung seitens der Lehrkraft. Anders bringt selbstgesteuertes Lernen methodisch kompetente, motivierte und leistungsfähige Lerner nicht hervor! Fassen wir zusammen:

Selbstgesteuertes Lernen umfasst folgende Elemente:

1. Selbst- und Mitbestimmung der Lernenden bei der Auswahl von Inhalten, Arbeitsmitteln und Methoden, kein Gegensatz von Fremd- und Selbststeuerung!
2. Zurückhaltung der Lehrenden bei gleichzeitiger Förderung selbstgesteuerten Lernens,
3. Möglichst oft entdeckendes Lernen an problemhaltigen Aufgaben, aktive Auseinandersetzung, Volition,
4. selbstverantwortliche Arbeitsformen wie Freiarbeit, Stationenlernen, Wochenplan- und Projektarbeit; hohe Bedeutung der Metakognition; Vermittlung von Lern- und Arbeitsmethoden. (Vgl. Apel 2002, 221)

10. Selbstgesteuerte Lernformen – Praxisbeispiele

Um vom Frontalunterricht als dominierender Sozialform des Unterrichtes schrittweise wegzukommen und vorsichtig das selbstgesteuerte Lernen anzubahnen, gibt es eine Fülle von methodischen Möglichkeiten zur Aktivierung der Schüler und Schülerinnen. Anfangs ist die Lehrersteuerung noch stark, aber der Handlungs- und Gestaltungsspielraum der Lernenden wird sukzessive erweitert. Hier nur wenige Beispiele (zahlreiche weitere Ideen finden sich z. B. bei Peterßen 2001, Gudjons 2001, 2003 b, Janssen 2004, und in vielen Heften der Zeitschrift PÄDAGOGIK):

- *Murmelgruppen* (auch Bienenkörbe genannt) – jeweils drei bis fünf Schüler diskutieren wenige Minuten ein Thema, anschließend wird der Frontalunterricht mit Hilfe der eingebrachten Ergebnisse fortgesetzt – ein immer wieder erstaunlich aktivierendes Verfahren;
- *kurzfristige Kleingruppenarbeit* (feste Kleingruppen erhalten klar formulierte Arbeitsanweisungen, am besten schriftlich, und arbeiten lösungsorientiert an einer Aufgabe, die Ergebnisse werden ins Plenum eingebracht, der anschließende Unterricht baut darauf auf;
- *stummer Dialog*: auf vier Tischen liegen vier Wandzeitungen mit jeweils einem provokativen Satzanfang oder Statement, die Schüler und Schülerinnen schreiben ohne zu sprechen ihre Kommentare, Fragen, Meinungen dazu, wobei sie möglichst oft an bereits Geschriebenes anknüpfen sollen, so dass ein „nonverbales Gespräch" entsteht, anschließend Auswertung;
- zum Thema „Geschichte der Pädagogik" erhalten in meinem Seminar sechs Arbeitsgruppen Materialien zu den wichtigsten sechs Epochen, fertigen mit Wort und Bild jeweils eine Wandzeitung an, die unten eine Zeitleiste enthält, die Wandzeitungen werden nacheinander in der Höhe der Zeitleiste aufgehängt, vorgestellt und diskutiert, so dass sich am Ende ein beachtliches *Geschichtsfries* ergibt;
- zu existentiellen, religiösen oder gesellschaftlichen Themen lassen sich z. B. vorzüglich lebendige *Standbilder* bauen, die anschließend diskutiert und variiert werden (Scheller 1998);
- kontroverse Positionen z. B. werden von einzelnen Vertretern in einem *fish-bowl* diskutiert (Innenkreis von 6 Diskutanten, ein freier Stuhl für kurzfristige Voten aus dem Plenum, gezielte Beobachtungsaufträge für das Plenum), anschließend Gesamtreflexion;
- zu einem strittigen Thema wird eine *„Amerikanische Debatte"* geführt (Gudjons 2003 b, 201);
- Lernstoff wird durch die *Netzwerktechnik* eingeübt (zu einem Gebiet werden Begriffe auf Karteikarten geschrieben, verdeckt in Kleingruppen gezogen, nach individueller Kurzvorbereitung erläutert jeder seinen Begriff, wobei ein geistiges „Netz" des Themas entwickelt wird);
- schließlich können auch *Interaktionsspiele* (Gudjons 2003 a) die soziale Ebene der Lerngruppe und das (nach empirischen Untersuchungen für die Lernqualität hoch bedeutsame) Lernklima positiv beeinflussen.

Solche kleinen methodischen Arrangements führen weg vom frontalunterrichtlichen Unisono und stärken das Bewusstsein und die Kompetenz der Lernenden für eine Verstärkung eigenverantwortlicher und selbsttätiger Elemente im Unterricht. Wesentlich komplexer und dafür natürlich anspruchsvoller in der Selbststeuerung sind Verfahren wie wechselnde Tandem- oder Gruppenarbeit, z. B. als

- *Partner- oder Gruppenpuzzle*, bei dem nach individueller Vorbereitung der Schüler zu unterschiedlichen Themen kleine Expertengruppen zu den jeweiligen Themen gebildet werden, die den Stoff durch Austausch und Gespräch vertiefen; anschließend geht jeder Schüler in seine Stammgruppe zurück und „lehrt" dort die Novizen als Experte wie dies in der Lernpsychologie genannt wird). *Vorteil*: ein inzwischen auch empirisch als wirkungsvoll erforschtes Prinzip des „Lernens durch wechselseitiges Lehren";
- *Stationenarbeit* (in vier Ecken des Raumes sind unterschiedliche Pflicht- und Wahlaufgaben sowie entsprechende Materialien aufgebaut, die die Lernenden in freier Reihenfolge selbsttätig in eigener Verantwortung bearbeiten, wobei die Ergebnisse ins Plenum eingebracht werden, außerdem von der Lehrkraft überprüft, korrigiert und mit Feedbacks versehen zurückgegeben werden) (Bauer 2003). *Vorteil*: inhaltliche Wahlfreiheit, selbst Verantwortung übernehmen für Lernzeit, Reihenfolge und Art der Bearbeitung; Feedback bei Präsentation der Ergebnisse; unterschiedlicher Lernertypen können berücksichtigt werden;
- *Lernstraße* (ähnlich, nur sind die Aufgaben nacheinander geordnet und bauen aufeinander auf, werden aber ebenfalls mit individueller Zeit und frei gewählter Sozialform bearbeitet). *Vorteil*: roter Faden wird deutlich, Eigenverantwortung in der Lernzeit, Lehrer als Berater;
- *Wochenplanarbeit* (am Anfang einer Woche hat die Lehrkraft Aufgaben, Materialien etc. in Wahl und Pflicht eingeteilt und schriftlich ausgeteilt, wobei die Lernenden einzeln, in Tandems oder Kleinstgruppen arbeiten können, was einen recht hohen Grad der Selbststeuerung in der Arbeitsmethodik verlangt. Aufgabe der Lehrkraft ist vor allem die Beratung. Die Ergebnisse werden am Ende der Woche der Lehrkraft vorgelegt oder dem Plenum vorgestellt). *Vorteil*: Verantwortung für die Gestaltung des eigenen Lernens übernehmen, Planungskompetenz wird gefördert, Selbstorganisation des Arbeits- und Lernprozesses (weniger der Inhalte);
- hervorragend, aber anspruchsvoll ist für das Erlernen basaler Fähigkeiten zur Selbststeuerung des Lernprozesses die *Freiarbeit*, anfangs mit begrenzten Wahlmöglichkeiten, dann zunehmend offener in der Themenwahl und der Wahl von Arbeits-, Lern- und Handlungsformen, – mit Präsentationspflicht der Ergebnisse im Plenum (Traub 2000). *Vorteil*: in verschiedenen Stufen einführbar, hohe Selbstregulation, Lehrer als Coach, Förderung metakognitiver Fähigkeiten, Einsatz moderner Informationsmedien (Internet-Recherchen), Suche, Selektion und Verarbeitung von Informationen anspruchsvoll;
- schließlich die Hochform des selbstgesteuerten und handlungsorientierten Unterrichtes: der *Projektunterricht*, – nicht in der oft üblichen Kümmerform der Projektwoche, sondern als in den Unterricht integrierte und langfristig eingeübte methodische Großform. *Vorteil*: Weitgehend selbstständiges Lernen, Lehrer als Berater, Modell demokratischen Lernens, kooperatives Lernen.

- Den größten Freiheitsspielraum bietet die durch keine Vorgaben reglementierte *„Freie Forscherzeit"*, in der Schüler völlig selbstständig ihrem Interesse forschend nachgehen.

11. Selbstgesteuertes Lernen – kein Dogma

Dieses Bündel „fortschrittlicher" Unterrichtsmethoden kann leicht zum Dogma werden, das grundsätzlich und radikal auf die Abschaffung des Frontalunterrichtes zu zielen scheint. Aber selbstgesteuertes Lernen bedeutet keineswegs den Tod des Frontalunterrichtes und das Ende der Lehrerverantwortung für Unterricht. Frontalunterricht wird von der traditionellen, nahezu alleinigen Unterrichtsform mit Allzweckcharakter allerdings zu einer Unterrichtsphase, die in ein Gesamtkonzept schüleraktiven (und in großen Teilen selbstgesteuerten) Unterrichtes integriert ist. (Gudjons 2003 b)

In einem solchen neuen Konzept haben Frontalphasen allerdings unverzichtbare Funktionen: Kompetenzen der Selbststeuerung müssen zum Teil frontalunterrichtlich vermittelt werden, sei es im Informieren und Darbieten von unverzichtbaren Grundlagen-Informationen, in der vertiefenden Stoffarbeitung, die z. B. die Arbeit einzelner Gruppen vernetzt, in der Vermittlung von Lern- und Arbeitsmethoden (z. B. durch modellhaftes Vorführen), durch Vermittlung von Modellen, wie man Probleme löst, im Sichern von allgemein verbindlichen Ergebnissen, im gemeinsamen Wiederholen, Üben und Trainieren, in der gemeinsamen Planung oder Auswertung von Unterricht, in der Förderung der Lernatmosphäre des Gesamtkurses u.a.m.: Frontalunterricht behält damit zentrale Funktionen.

Das Geschehen im Klassenraum entwickelt sich in einem so verstandenen Frontalunterricht allerdings

- vom lehrerzentrierten Demonstrationsunterricht zur Integration unterschiedlicher Aktivitäts- und Lernformen;
- von der überbetonten Vermittlung des Fach- und Faktenwissens zum eigenständigen Denken und Arbeiten der Schüler und Schülerinnen;
- vom Anfüllen der Schülerköpfe mit Wissensbruchstücken zur Vernetzung und Wissensanwendung;
- von der Dominanz des fragend-entwickelnden Unterrichtes zur Unterstützung und Anregung selbstgesteuerter Lernprozesse bei den Schülern und Schülerinnen.

Kurz: Das Konzept des Lehrens tritt zugunsten des Lernens in den Hintergrund. Dabei gibt es nicht den „Königsweg" für selbstgesteuertes Lernen. Weder Gruppenarbeit, noch Freiarbeit oder Projekte sind Garanten für den Aufbau von Wissen, Kompetenzen und Motivation. Keine Sozialform allein macht effektiven Unterricht aus. Die effektivste Form des Unterrichtes ist die Integration von methodi-

schen Elementen der Fremdsteuerung mit Möglichkeiten der Selbststeuerung durch die Lerner.
Selbstgesteuertes Lernen setzt lernpsychologisch die Vereinbarkeit von *Instruktion* durch die Lehrkraft und *Konstruktion* der Lernprozesse durch die Schüler selbst voraus (Reinmann- Rothmaier 2001). Die Kunst besteht in der *Balance* von Instruktion und Konstruktion. *Anleitung* und *Selbststeuerung* sind zwei Säulen des Unterrichtes! Vernetzte und nachhaltige Wissensstrukturen entstehen durch diese beiden *unterschiedlichen* Zugänge zu einem Thema.
Eine solche Balance zeigt sich im systematischen Bezug unterschiedlicher methodischer Elemente zueinander. Ein Lehrer muss also z. B. nach der Stationenarbeit genau angeben, welchen Stellenwert und welche Reichweite eine anschließende frontalunterrichtliche Zusammenfassung hat; ein anderer wird dafür sorgen, dass der freien Arbeit der Erwerb notwendiger Sachkenntnisse als Grundlage für zu treffende Entscheidungen vorausgeht; ein Dritter klärt, warum und wann genau eine Phase des Übens und Wiederholens (sei es auch in spielerischer Form) einem Projekt folgt. Wie eine solche Integration von frontalunterrichtlichen Phasen und selbsttätiger Schülerarbeit praktisch aussehen kann, habe ich an anderer Stelle ausführlicher beschrieben. (Gudjons 2003 b)

Literatur

Apel, H. J.: Planung und Vorbereitung von Unterricht und Lernumgebungen – Planungstheorien. In: Apel, H.J./Sacher, W. (Hg.): Studienbuch Schulpädagogik. Bad Heilbrunn 2002, S. 211-253

Arlt, J.: Projektorientiertes Lernen und Lernen lernen. Ein Schulkonzept. In: PÄDAGOGIK H. 12/ 2004, S. 34-38

Bandura, A.: Self-efficasy: The Exercise of Control. New York 1997

Banyard, P./Gerstenmaier, J. (Hg.): Einführung in die Kognitionspsychologie. München 1995

Bauer, R. (Hg.): Offenes Arbeiten in der Sekundarstufe I. Berlin 2003

Beck, H.: Schlüsselqualifikationen. Darmstadt 1993

Blombach, J.: Lernkompetenzen aufbauen. In: PÄDAGOGIK H. 5/2003, S. 24-29

Gage, N.L./Berliner, D.C. (Hg.): Pädagogische Psychologie. Weinheim 1996, 5. Aufl.

Gudjons, H.: Handlungsorientiert lehren und lernen. Bad Heilbrunn 2001, 6. Aufl.

Gudjons, H.: Spielbuch Interaktionserziehung. Bad Heilbrunn 2003 (a), 7. Aufl.

Gudjons, H.: Frontalunterricht – neu entdeckt. Integration in offene Unterrichtsformen. Bad Heilbrunn 2003 (b)

Helmke, A./Weinert, F.-E.: Bedingungsfaktoren schulischer Leistungen. In: Enzyklopädie der Psychologie. Bd. 3. Göttingen 1997, S. 71-175

Janssen, B.: Kreative Unterrichtsmethoden. Braunschweig 2004

Konrad, K./Traub, S.: Selbstgesteuertes Lernen in Theorie und Praxis. München 1999

Landwehr, N.: Neue Wege der Wissensvermittlung. Aarau 1995, 3. Aufl. 1997

Leutner, D.: Instruktionspsychologie. In: Rost, D. (Hg.): Handwörterbuch Pädagogische Psychologie. S. 267-276. Weinheim 2001, 2. Aufl.

Meyer, H.: Türklinkendidaktik. Berlin 2001

Peterßen, W. H.: Kleines Methoden-Lexikon. München 2001, 2. Aufl.

Reinmann-Rothmeier, G./Mandl, H.: Unterrichten und Lernumgebungen gestalten. In: Krapp, A./ Weidenmann, B. (Hg.): Pädagogische Psychologie. S. 601-646. Weinheim 2001, 4. Aufl.

Sacher, W.: Schulische Medienarbeit. In: Apel, H.-J./Sacher, W. (Hg.): Studienbuch Schulpädagogik, S. 384-397. Bad Heilbrunn 2002

Scheller, J.: Szenisches Spiel: Handbuch für die pädagogische Praxis. Berlin 1998

Schiefele, U./Pekrun, R.: Psychologische Modelle des fremdgesteuerten und selbstgesteuerten Lernens. In: Enzyklopädie der Psychologie. Bd. 3, S. 249-278. Göttingen 1997

Seibert, N.: Vorwort. In: Ders. (Hg.): Unterrichtsmethoden kontrovers. S. 11-21. Bad Heilbrunn 2000

Spitzer, M.: Lernen. Gehirnforschung und die Schule des Lebens. Heidelberg 2002

Terhart, E.: Lehr-Lern-Methoden. Weinheim und München 1989, 3. Aufl. 2002

Traub, S.: Schrittweise zur erfolgreichen Freiarbeit. Bad Heilbrunn 2000

Tscherkan, K.: Guter Unterricht und der Weg dorthin. In: Schulleitung und Schulentwicklung. Handbuch des Raabe-Verlages. Berlin 2002, E 2.31, S. 1-16

Effektives Lernen

3. „Da lernt man wenigstens was!"
Sieben Merkmale effektiven Unterrichtes nach Ergebnissen empirischer Forschung

1. Unterricht – ein komplexes Gebilde

Welche Lehrkraft möchte nicht vor allem, dass ihre Schüler und Schülerinnen etwas lernen? Guter Unterricht ist immer noch die Mitte des Lehrerberufes.[1)] Wenn man die Überschrift dieses Beitrages „abhorcht", dann stößt man in diesem (offensichtlich von Schülern stammenden) Ausspruch aber auf eine Einschränkung. Sie könnte heißen: „Ihr Unterricht ist zwar autoritär, aber da lernt man wenigstens was!" Oder vielleicht auch: „Sie lenken zwar alles selbst, aber da..." Schüler haben trotz einer solchen negativen Einschränkung offenbar das positive Gefühl, in einem bestimmten Typus von Unterricht „etwas zu lernen".
Nun ist Unterricht aber ein viel zu komplexes Gebilde, um den Erfolg auf wenige oder einzelne Faktoren zu reduzieren: Unterricht hat vielfältige Ziele, – z. B.: kognitiven Lernzuwachs erreichen, Sozialverhalten fördern, Normen und Werte vermitteln, Problemlösekompetenz aufbauen, die Persönlichkeit entwickeln. Und: Wo bleibt die Frage nach der Sinnhaftigkeit der Inhalte? Schön, – „man lernt da wenigstens was". Aber was? Und wozu? Was ist der Sinn des Gelernten? Auf diese Fragen kann die empirische Unterrichtsforschung kaum Antworten geben. Das ist auch nicht ihre Aufgabe. Dafür ist sie sehr viel bescheidener in ihrem Selbstverständnis.

2. Empirische Unterrichtsforschung – was sie kann und was nicht

Für die unermessliche Fülle von Studien in der empirischen Unterrichtsforschung (hervorragender Überblick bei Helmke/Weinert 1997a und Helmke 2004) gelten erhebliche Einschränkungen, was didaktische Konsequenzen betrifft:

1. Die Mehrzahl der Untersuchungen hat nur kognitive Lernerfolge getestet, nicht aber z. B. soziale Kompetenzen oder einen Zuwachs an methodischen Fähigkeiten.

2. Der Grundtypus des untersuchten Unterrichtes ist „instruktionsorientiert", d. h. der Frontalunterricht mit seinen methodischen Mustern steht im Vordergrund.
3. Aus der Beobachtung „was ist" kann nicht 1:1 abgeleitet werden „was sein soll". Darum wehren sich die empirischen Unterrichtsforscher auch (mit Recht) vehement gegen präskriptive Konsequenzen, sie wollen also nicht vorschreiben, was sein soll. Das wäre Aufgabe der Didaktiker, die klären und begründen müssen, welche Lerneffekte wünschenswert sind und welche nicht.

Dennoch kann man aus der Fülle empirischer Untersuchungen zu effektivem Unterricht (unter den genannten Einschränkungen) eine Menge gewinnen, denn sie kommen im Prinzip zu gleichlautenden Aussagen über effektiven Unterricht. (Helmke/Weinert 1997a) Dabei ist die Häufung ganz bestimmter Merkmale – wenn auch in unterschiedlicher Ausprägung – erstaunlich. Ich werde versuchen, aus der Fülle der untersuchten Faktoren sieben Merkmale für guten Unterricht heraus zu filtern. Sie sind nützlich, sollten uns zu denken geben, müssen aber auf den eigenen Unterricht zugeschnitten werden. Sie können Prüfsteine des eigenen Unterrichtes sein und Anregungen zur Unterrichtsentwicklung geben, – eherne Gesetze sind sie nicht. Im Anschluss an jedes Merkmal werde ich Konsequenzen für eine Wandlung der Lehrerolle skizzieren.

3. Sieben Merkmale effektiven Unterrichts

1. Merkmal: Klare Strukturierung des Unterrichtsprozesses, deutliche Leistungserwartungen

Dieses Merkmal ist „Spitzenreiter", weil es empirisch am besten belegt ist.[2)] Im Einzelnen bedeutet es:

- Die didaktische Führung ist sehr klar, der Unterricht ist gut organisiert, sorgfältig und rechtzeitig geplant. Die stoffliche Arbeit steht im Mittelpunkt, es gibt schnelle und gleitende Übergänge zwischen den Arbeitsphasen, ein klarer roter Faden des Unterrichts ist erkennbar. Das Lernmaterial steht sofort zur Verfügung, der Stoff ist thematisch gut gegliedert.
- Eine klare Lehrersprache strukturiert den Unterricht, die Fragen, Anregungen, Hinweise und Aufgabenstellungen gehen nicht ins Leere, sondern sind treffend. Die Wartezeit nach einer Lehrerfrage (empirisch gemessen wurde ein Durchschnitt von 0,9 Sek.! Vgl. Gudjons 20003, 65f.) ist erheblich länger, weil dies nachweislich das kognitive Niveau der Antworten steigert.
- Zentrales Merkmal ist ferner ein gutes Classroom Management (Kounin 1976, Emmer, E.T. u.a. 2002, Helmke 2004). Classroom Management ist nicht gleichbedeutend mit „Disziplinierung", sondern meint eher eine „effiziente Klassenführung". Die Lehrkraft ist nicht autoritär, aber hat die Klasse im Griff,

sie ist durchsetzungsfähig und verfügt über eine breite Wahrnehmung aller Vorgänge während des Unterrichts („withitness“). Sie ist im Unterricht durchgehend präsent und die Klasse weiß dies auch. Kennzeichnend ist ein unterstützender Kontrollstil, nicht aber Bevormundung und Dauergängelung. Die Lehrkraft hat Strukturen mit den Schülern besprochen und entwickelt sie dann eingesetzt und eingeübt, was zu klaren Regeln, Ordnungen und Abläufen, notfalls Sanktionen, führt. Auch sinnvolle Rituale sorgen für Klarheit, geben Handlungssicherheit und fördern die Kohäsion. Der Klassenraum ist (im Sinne Montessoris) eine „vorbereitete Umgebung“, d. h. er enthält die wichtigsten Lernmaterialien, ist übersichtlich eingerichtet und geordnet, Material ist gut organisiert. Während des Unterrichtes hat die Lehrkraft die ganze Klasse im Blick (auch wenn sie sich kurzfristig mit Einzelnen beschäftigt), sie unterbindet Störungen nach Möglichkeit schnell und unspektakulär ohne großen Aufwand.

- Klare Leistungsanforderungen an die Schüler prägen das Bild. Vereinbarungen wurden getroffen über das Erreichen von Lernzielen und über das Niveau der Zielerreichung, manchmal gibt es Lernverträge. Klar ausformulierte Leistungserwartungen erhöhen – empirisch gut belegt – den Lernerfolg. Pauschaler Leitungsdruck und Angst indes behindern das Lernen! Leistungen müssen auch kontrolliert werden. Dies können durchaus die Schüler selbst tun. Aber auch für die Lehrkraft gibt es über die traditionellen und häufig kritisierten Formen hinaus inzwischen zahlreiche alternative Möglichkeiten der Leistungsrückmeldung, die von Lernentwicklungsberichten über Beobachtungsbögen und Beurteilung von Portfolios bis zu verbalen Beratungsgesprächen mit einzelnen Schülern und Schülerinnen reichen. Grundsätzlich ist empirisch eindeutig belegt, dass die Leistungserwartung die tatsächliche Leistung ganz entscheidend mitbestimmt.

Welche Konsequenzen hat dieses Merkmal für die Lehrerrolle?
Lehrkräfte sind zwar in einer zeitgemäßen Rolle eher Organisatoren und Arrangeure von Lernsituationen, aber verabschieden sich keineswegs vom Begriff der „pädagogischen Führung“. Historisch haben wir Deutschen mit Recht ein tiefes Misstrauen gegen den Führungsbegriff. Aber didaktisch gesehen besteht ein riesiger Unterschied zwischen autoritärem Führertum und effizienter Klassenführung: Classroom Management heißt eben keineswegs bloß äußere „Disziplinierung“, sondern sorgfältige Schreibtisch- und ggf. Erkundungsarbeit im Voraus, umsichtige Organisation von Lehr- und Lernmaterial, insistieren auf klaren Regeln, was die „Veröffentlichung“ z. B. als ständiger Aushang im Klassenraum und die Vereinbarung von Sanktionen bei Nichtbeachtung (dies alles nach gemeinsamer Diskussion und Überzeugungsarbeit mit SchülerInnen) einschließt.
Eine veränderte Lehrerrolle richtet sich auf die Anleitung zur Selbsttätigkeit der SchülerInnen. Es ist eben kein Widerspruch zwischen Anleitung und Hilfe durch

die Lehrkraft einerseits und selbstorganisiertem Lernen der SchülerInnen andererseits. Das Aushalten und Bejahen der Dialektik von Führen und Wachsenlassen ist seit Theodor Litts grundlegender Arbeit bereits in den 20er Jahren des letzten Jahrhunderts heute ein höchst aktuelles Element unseres pädagogischen Selbstverständnisses! Dies schließt ein, dass die Lehrkraft immer wieder an die Klasse, aber auch an einzelne Schüler und Schülerinnen, angemessene Leistungserwartungen richtet. Eine zu schnelle Zufriedenheit mit einem mittleren Leistungsniveau mag zwar der Lehrkraft ein gutes Gefühl vermitteln, fördert aber nicht den Lernerfolg der gesamten Klasse!

2. Merkmal: Effektiver Umgang mit der Lernzeit

Die Nutzung der Lernzeit als Faktor für den Lernerfolg steht (nach der klaren Struktur) an zweiter Stelle der empirisch gut abgesicherten Kriterien für effektiven Unterricht. Das bedeutet:

- Nicht gemeint ist Lernen im Akkord, Hetze und Stoffdruck. Aber: Wenn an einem *Thema* gearbeitet wird, dann wird gearbeitet, d. h. möglichst viel Zeit wird dafür genutzt.
- Dies wird in der empirischen Unterrichtsforschung „time on task“ genannt und meint die tatsächlich aufgewendete Netto-Zeit, in der an einer Aufgabe gearbeitet wird. Je höher dieser Zeitanteil im Unterricht – desto größer der Lernerfolg!
- Dieses Gütekriterium zeigt sich darin,

– dass die Lernenden aktiv bei der Sache sind, mit möglichst wenig Ablenkung,
– dass erkennbare Arbeitsergebnisse vorliegen, die auch der Aufgabenstellung genügen,
– dass es kaum Abschweifungen gibt, also keine Zeit „verdattelt“ wird,
– dass es klare Zeitabsprachen gibt (übrigens kann man die Schüler daran beteiligen!),
– dass „noninstructional activities“ (Organisatorisches, Geld einsammeln) ausgelagert werden (z. B. in eine spezielle Klassenlehrerstunde o.ä.),
– dass die Lehrkraft kleine Störungen unauffällig und unspektakulär unterbindet,
– dass auf Pünktlichkeit von Lehrern und Schülern geachtet wird.

Insgesamt kann als klar erwiesen gelten, dass die qualitative Zeitnutzung den Lernerfolg entscheidend mitbestimmt!

Welche Konsequenzen hat dieses Merkmal für die Lehrerrolle?

Der Umgang mit der Zeit ist ein traditioneller Schwachpunkt beim Unterrichten. Lehrkräfte schwanken meist zwischen zwei Polen: Einerseits empfinden sie erheblichen Stoffdruck bei kaum ausreichender Lernzeit. Andererseits gehen sie mit der Lernzeit wenig effektiv um, ja sie scheinen zu glauben, dass sie beliebig viel Zeit

hätten („Was ich heute nicht schaffe, mache ich halt in der nächsten Stunde."). Die zahlreichen unvermeidlichen Nebentätigkeiten (selbstverständlich haben sie ihr Recht, das vom Planen der Klassenreise über den Tafeldienst bis zum Besprechen des Konfliktes zwischen Mike und Jurij reicht) sollen deutlich von der Lernzeit getrennt werden. Sorgfältig muss verantwortet werden, wie viel Zeit dafür aufgewendet wird.
Jede Lehrkraft muss die Fähigkeit zu einem guten Zeitmanagement für den Unterricht einüben. Dies schließt eine Nachbereitung von Unterrichtsstunden ebenso ein wie eine Uhr auf dem Lehrerpult. Schließlich hilft auch eine moderne persönliche Arbeits- und Zeitökonomie erheblich zum Abbau von Zeitstress und anderen Belastungen. Lesen Sie bitte dazu den Beitrag über moderne Arbeitsökonomie und Zeitmanagement in diesem Buch!

3. Merkmal: Methodenvielfalt, funktionaler Wechsel der Arbeitsformen
Jede Referendarin lernt: Zu einer guten Unterrichtsstunde gehört der Methodenwechsel. Das ist durchaus sinnvoll, ist hier aber nicht gemeint. Es geht um mehr als bloße Abwechslung oder den „Mix" unterschiedlicher Sozialformen und methodischer Elemente.

- Entscheidend ist die *Integration*, z. B. von frontalunterrichtlichen Phasen und offenen Unterrichtsphasen, von Handlungsorientierung und systematischem Lernen, von Schüleraktivität und Lehrerinstruktion. Ich habe dies in einem eigenen Buch theoretisch begründet und mit vielen Beispielen praxisbezogen illustriert. (Gudjons 2003) Integration meint, dass sich die unterschiedlichen Elemente nahezu zwingend als Wechsel ergeben: In einer Unterrichtseinheit zum Pythagoras z. B. folgt auf eine handlungsorientierte Erprobungsphase der Dreieckskonstruktionen in Partnerarbeit notwendig die systematische Sammlung und Ordnung der Ergebnisse im Frontalunterricht. Die ungelösten Fragen werden anschließend in einer entdeckenden Gruppenarbeitsphase weitergeführt. Ihre Ergebnisse werden wiederum im Frontalunterricht diskutiert und als Ergebnissicherung in den Schülerheften in Einzelarbeit festgehalten. Usw.
- Allerdings: Angesichts von über 76 % Frontalunterricht (bei nur 7,4 % Gruppenunterricht und 2,8 % Partnerarbeit) müssen heute ganz sicher jene Sozial- und Unterrichtsformen gestärkt werden, die Eigenaktivität der Schüler, Selbstverantwortung und schließlich die Selbststeuerung des Lernens fördern.
- Es geht ganz einfach um die didaktische stimmige Komplementarität von Inhalts-, Ziel- und Methodenentscheidungen.

Es gibt deutliche empirische Belege dafür, dass sich ein solcher Variantenreichtum positiv auf die Lernergebnisse auswirkt.

Welche Konsequenzen hat dieses Merkmal für die Lehrerrolle?
Eine moderne Lehrerrolle setzt eine hohe methodische Kompetenz voraus. Lehrkräfte sind Fachleute für gelingenden Unterricht und müssen sich deshalb ständig fortbilden. Auch ältere KollegInnen können sich nicht allein auf ihre „Erfahrung“ berufen, denn die kann ja nach dem berühmten Beispiel Johann Friedrich Herbarts (1776-1841) auch die Erfahrung eines 90jährigen Schlendrians sein…
Allerdings: Die Sache der Schule ist die Sache! Methoden sollen dazu dienen, die Sachen zu klären (v. Hentig) und zu vermitteln. Methoden dürfen also keine Eigendynamik entwickeln: Was nützt ein noch so munteres und lebendiges Stationenlernen, wenn dabei auf der Sachebene nichts heraus kommt?
Dennoch: Lehrer zeichnen sich durch den professionellen Umgang mit Methoden aus. Sie setzen diese sach- und schülergemäß ein, sie erweitern ständig ihren methodischen Handwerkskoffer. Die unterschiedlichen Sozialformen werden funktional eingesetzt und begründet integriert, eben nicht nur wegen der Abwechslung mal hier und da „gemixt“ (siehe den Beitrag über einen veränderten Frontalunterricht in diesem Buch). Und sie beherrschen die einschlägigen Methoden ihres Faches, von den hermeneutischen Verfahren der Textbearbeitung im Deutschunterricht bis zum mathematischen Denken in Beweisen.
Manche Kollegien bauen ihre Methodenkultur in der Schule durch längerfristige Kooperation auf: Ein Archiv mit Ordnern und Kopiervorlagen wird erstellt, Erprobung und Reflexion von Feedback-Techniken sind Teil des Schulprogramms (siehe den Beitrag über Feedback-Techniken in diesem Buch), Klassen- und Fachkonferenzen widmen sich dem Erfahrungsaustausch über kreative Unterrichtsmethoden.

4. Merkmal: Gezieltes und sinnhaftes Üben
Üben meint nicht Drill und Pauken, es geht um intelligentes und effektives Üben. Vor allem dürfen die Schüler und Schülerinnen nicht beim Üben allein gelassen werden. Unterschieden werden zwei Grundformen des Übens: das mechanische Üben und das elaborierende Üben. Beide haben ihr Recht und ihre Grenzen.

- Im mechanischen Üben wird etwas auswendig gelernt (z. B. Vokabeln), es werden Mnemotechniken angewendet (z. B. zu Merkwörtern eine Geschichte bilden), es wird repetiert und wiederholt.
- Im elaborierenden Üben wird etwas vertieft, eine Regel übend angewendet, Transfer gesucht durch unterschiedliche Felder. Es werden multiple Beispiele verwendet, etwas wird erweitert und in größere Zusammenhänge gestellt usw.

– Auch hat die Lernpsychologie inzwischen gesicherte Übungsregeln entwickelt, die für die Lernenden außerordentlich hilfreich und nützlich sind, z. B.
– sofort anfangen,

- das Üben verteilen (nicht massiert üben),
- Overlearning (nach intensivem Üben den Stoff noch mal im Schnelldurchgang vergegenwärtigen),
- aktiv reproduzieren (nicht nur lesen, sondern jemandem erzählen),
- sich belohnen,
- Ähnlichkeitshemmungen vermeiden (englische und französische Vokabeln nicht direkt hintereinander lernen)
- das Geheimnis des Übens liegt in den abwechslungsreichen, immer neuen Varianten und Beispielen (H. Roth).

Welche Konsequenzen hat dieses Merkmal für die Lehrerrolle?
Üben und Wiederholen sind normale – wenn auch manchmal als unangenehm empfundene – Aufgaben jeder Lehrkraft. Wer sich in der Lehrerolle nicht mehr als „Beybringer" versteht, sondern offene Lernsituationen gestaltet, muss auch dafür sorgen, dass Ergebnisse langfristig gesichert werden. Es gibt dazu sinnvolle, moderne und lernpsychologisch abgesicherte Strategien, die unbedingt mit den Lernenden „eingeübt" werden sollten. Stupides Pauken kann in Formen intelligenten Übens überführt werden, sofern die Lehrkraft entsprechende Strategien den Lernenden vermittelt. Auch dazu der Hinweis auf den Beitrag zum Üben und Wiederholen in diesem Buch.

5. Merkmal: Positives Unterrichtsklima – förderliche Arbeitsatmosphäre
Obwohl der Begriff „Klima" sehr vage ist, gibt es doch einen breiten Zweig, der sich ausdrücklich Klimaforschung nennt. Grundlage ist der festgestellte enge Zusammenhang zwischen der Lernatmosphäre und den Lernleistungen. Ein positives Unterrichtsklima zeigt sich in der gemeinsamen Orientierung auf die im Unterricht zu bewältigenden Aufgaben, in einer angemessenen Arbeitshaltung und im verantwortlichen Umgang untereinander, aber auch mit Sachen und Materialien. Sehr günstig ist eine gute Kohäsion der Lerngruppe, ein Gefühl der Zusammengehörigkeit (z. B. die Integration von Außenseitern). Es geht aber nicht bloß um fun („alles ist locker, macht immer nur Spaß"), denn nach Untersuchungen hängen enjoyment (Lernfreude) und achievement (Leistungsfortschritt) nicht immer direkt zusammen.

Welche Konsequenzen hat dieses Merkmal für die Lehrerrolle?
Die wichtigste Konsequenz ist das Bemühen um ein ausgeglichenes Profil zwischen Lernfreude der Schüler und Leistungsanforderungen der Lehrkraft. Die Lehrkraft gestaltet die soziale „Miniwelt" ihrer Klasse ganz gezielt im Sinne einer förderlichen Atmosphäre. Sie beschränkt sich nicht einfach auf die Vermittlung von Stoff! Es

gibt eine Fülle von Befunden aus der neueren Gehirnforschung, die die enorme Bedeutung emotionaler Begleittöne beim menschlichen Lernen hervorgehoben haben (Limbisches System). Ihre Beachtung gehört unabdingbar zum Profil einer modernen Lehrerrolle.
Lehrkräfte sind Fachleute für die Gestaltung der emotionalen Lernatmosphäre, sei es durch die Pflege des Schullebens mit Klassenfahrten, Feiern, Festen, Feten, sei es durch den gezielten Einsatz von Interaktionsspielen, sei es durch die authentische Persönlichkeit in der Kommunikation mit Schülern. Und nicht zu vergessen: Humor ist ein wichtiges Ingredienz einer angenehmen Lernatmosphäre! Insgesamt: Der Aufbau einer guten Klassengemeinschaft dient nicht nur der Sozialerziehung, sondern hat Einfluss auf die Lernleistungen der Schüler und Schülerinnen.

6. Merkmal: Gesprächs- und Feedback-Kultur; Meta-Unterricht und Meta-Kognition
Über den bereits genannten Variantenreichtum von Gesprächsformen in der methodischen Vermittlung von Inhalten hinaus ist es wichtig, sich Zeit zu nehmen für Gespräche *über* den Unterricht – „Meta-Unterricht“ genannt.
Als sehr wirksam hat sich ein regelmäßiges Feedback über den gelaufenen Unterricht erwiesen. Statt des gelegentlichen „Na, wie war's denn so?“ sind methodisch kontrollierte Verfahren sinnvoller, bei denen drei Fragen im Mittelpunkt stehen:
1. Was geschieht im Unterricht?
2. Wie können wir den Unterricht verbessern?
3. Was können Lehrer, was Schüler dazu beitragen?
Feedback ist als gemeinsame Suchbewegung wichtiger Bestandteil der Schul- und Unterrichtsentwicklung. Feedback kann unter Schülern erfolgen, vom Lehrer zu Schülern, aber auch von Schülern zum Lehrer. Dafür gibt es inzwischen eine Fülle bewährter Techniken und praxiserprobter Verfahren (siehe den Beitrag in diesem Buch). Regelmäßiges Feedback der Lehrkraft an einzelne Schüler und Schülerinnen im Hinblick auf deren Lernstil, ihre Arbeitsmethoden, ihre Lern- und Arbeitsstrategien, aber auch über inhaltliche Fortschritte und ggf. Lücken/Defizite ist Grundlage für die Entfaltung der „Meta-Kognition“ der Schüler, also des Bewusstseins und der Reflexionsfähigkeit über das eigene Lernen, vor allem über das „Wie“ des eigenen Lernens. Empirisch eindeutig nachgewiesen wurde die hohe Bedeutung einer ausgeprägten Meta-Kognition für den persönlichen Lernfortschritt.

Welche Konsequenzen hat dieses Merkmal für die Lehrerrolle?
Neben der Stoffvermittlung steht gleichberechtigt die Lernprozessberatung und die Förderung der (selbstreflexiven) Metakognition der Lernenden. Das ist eine ungewohnte Konsequenz für eine neue Lehrerrolle, weil die Lehrerausbildung diesen Aspekt leider immer noch nicht begriffen hat. Und in der Fortbildung gibt es kaum Angebote für eine sinnvolle Lernberatung der SchülerInnen.

Ferner: Eine elaborierte Feedback-Kultur ist ein hervorragendes Instrument, um den Unterricht schülerorientiert zu gestalten. Feedback-Bereitschaft führt im Image einer Lehrkraft zu hohem Ansehen. Lesen Sie bitte dazu den Beitrag über Feedback-Instrumente in diesem Buch.

7. Merkmal: Individuelle Diagnostik und Förderung aller Lernenden

Regelmäßige individuelle Lernstandsdiagnosen (nicht nur für schwache, sondern auch für leistungsstarke Schüler und Schülerinnen!) führen zu unterschiedlichen Anforderungen, die den jeweiligen Lernvoraussetzungen der unterschiedlichen Schüler angepasst sind. Unterricht wird wesentlich stärker differenziert arbeiten müssen als üblich, wenn wir auch nur *eine* Konsequenz aus den PISA-Studien ziehen wollen. (PÄDAGOGIK H. 4/2003: Diagnostische Kompetenz) Kompetenzstufen müssen geklärt, individuelle fachliche Beratungen verstärkt und „passende" Lernstrategien vorgeschlagen werden. Möglichst rasch sollten individuelle Fehlvorstellungen einzelner beim Lernen korrigiert, Lernende bei der Arbeit beobachtet und durch gezielte Hinweise unterstützt werden. Vor allem die Vermittlung und Verbesserung individueller Arbeitsmethoden (in der Schule wird das methodische Training immer noch sträflich vernachlässigt!), die Berücksichtigung unterschiedlicher Lerntypen, der Aufbau von Wiederholungs- und Übungsstrategien (s. o.!), Hilfen zur Metakognition der eigenen Lernwege sind solche förderlichen Faktoren für die Leistungsentwicklung.

Welche Konsequenzen hat dieses Merkmal für die Lehrerrolle?

Die individualdiagnostische Kompetenz einer Lehrkraft ist genauso wichtig wie ihre Fähigkeit, im Frontalunterricht den gemeinsamen Lernprozess zu planen, zu koordinieren und auszuwerten, d.h. alle SchülerInnen zum Lernen anzuleiten. Aber: Die Zeit muss sein, auf einzelne SchülerInnen mit gestuften Lernherausforderungen einzugehen, sie in ihrem Lernfortschritt zu bekräftigen und sie bei Lücken und Defiziten zu beraten. Der Umgang mit Heterogenität wird in Zukunft eine der entscheidenden Kompetenzen jeder Lehrkraft sein! (Vgl. PÄDAGOGIK H. 9/2003: Heterogenität und Differenzierung)

Fassen wir zusammen.

1. Auch bei unterschiedlicher Ausprägung in der Wirkungsstärke gibt es Merkmale für effektiven Unterricht, die sich in der empirischen Unterrichtsforschung immer wieder finden. Treten sie gemeinsam auf, könnte man sogar einen Synergie-Effekt erwarten.
2. Da Unterricht notwendig äußerst komplex ist, reduziert die empirische Forschung zwangsläufig. Vorsicht also vor einer einfachen „Ableitung" didaktischer

Kriterien. Dennoch helfen die genannten Merkmale zur Überprüfung der eigenen Bilder von „gutem Unterricht", zur Anregung und Weiterentwicklung.

3. Die Effektivität eines Unterrichtes, der durch die genannten Merkmale gekennzeichnet ist, wird von Helmke/Weinert (1997a, S. 135f.) in dem derzeit wohl gründlichsten Forschungsüberblick ausdrücklich betont: „Die Wirksamkeit dieses Verfahrens, insbesondere für jüngere Schüler und für Schulfächer mit ausgeprägtem, hierarchischen Lehrzielaufbau... ist wissenschaftlich gesichert."

Aber dieselben Forscher betonen gleichzeitig: „Die Befunde zum offenen, schülerzentrierten Unterricht insgesamt sind pädagogisch sehr ermutigend. Sie belegen zumeist günstige Auswirkungen auf die Lernleistungen und sehr starke Effekte auf die Motivation, das soziale Verhalten und die persönliche Selbständigkeit." (Ebd. S. 136) Guter, erfolgreicher Unterricht braucht beides: lehrergelenkte, instruktionsorientierte und klar strukturierte Elemente und deren Integration in offene, schülerzentrierte und selbstgesteuerte Unterrichtsformen.

Anmerkungen

1) Über unzählige Arbeiten zur Frage, was denn guter Unterricht sei, hinaus verdanke ich die Grundlage dieses Beitrages Hilbert Meyer: Merkmale guten Unterrichts. In: PÄDAGOGIK. H. 10/2003. Mein Beitrag erschien allerdings vor der Langfassung Meyers, die inzwischen als Buch vorliegt: Hilbert Meyer: Was ist guter Unterricht? Berlin 2004 – Während Hilbert Meyer 10 Merkmale guten Unterrichtes identifiziert, habe ich diese systematisch gestrafft und zu sieben Merkmalen zusammengefasst.
2) Ich verzichte hier aus Platzgründen auf die Nennung einzelner Belegstellen. Nachweise finden sich differenziert in der genannten Literatur, ferner in Gudjons 2003.

Literatur

Emmer, E.T. et al.: Classroom management for secondary teachers. Boston 2002, 6. Aufl.
Gudjons, H.: Frontalunterricht – neu entdeckt. Integration in offene Unterrichtsformen. Bad Heilbrunn 2003
Helmke, A.: Unterrichtsqualität erfassen, bewerten, verbessern. Seelze 2004, 3. Aufl.
Helmke, A./Weinert, F.: Bedingungsfaktoren schulischer Leistungen. In: Enzyklopädie der Psychologie. Bd. 3. S.1-35. Göttingen 1997a
PÄDAGOGIK H. 4/2003: Diagnostische Kompetenz
PÄDAGOGIK H. 9/2003: Heterogenität und Differenzierung
Weinert, F./Helmke, A. (Hg.): Entwicklung im Grundschulalter. Weinheim 1997b
Kounin, J. S.: Techniken der Klassenführung. Stuttgart 1976

Neulich, als jemand mit seinem offenen Unterricht offene Türen einrannte.

4. Was ist eigentlich „offen" am Offenen Unterricht? *Eine Warnung vor Naivität*

1. Goodwill statt Theorie

Offenen Unterricht zu fassen ist schwerer als einen Pudding an die Wand zu nageln. Die Definitionsbemühungen sind nicht mehr überschaubar (Wallrabenstein 1991, Jürgens 1995), die Materialflut ist stark angeschwollen und Schulprogramme bekennen sich immer öfter zum Offenen Unterricht. Aber: Der praktische Pudding ist immer noch nicht an die theoretische Wand genagelt. Es gibt weder eine stringente Systematik noch eine differenzierte didaktische Theorie, dafür aber umso mehr goodwill-Erklärungen, verbunden mit einem Plädoyer für ein Bündel innovativer Unterrichtsformen (wie Stationenlernen, Freiarbeit, Wochenplan und Projektlernen). Manche sprechen sogar von einer „Bewegung" des Offenen Unterrichtes, und diese „konnte sich in der zurückliegenden Dekade nicht nur auf einem qualitativ hohen Niveau in den Schulen etablieren, sondern hat sich auch ständig ausgeweitet."(Jürgens 2004, 9) Trotz dieses positiven Gesamtbildes muss Offener Unterricht immer noch als ein zartes Reformpflänzlein betrachtet werden, wie die meisten empirischen Untersuchungen zur Häufigkeit neuerer Methoden feststellen (zusammenfassend Bohl 2004, 36f.).

Angesichts der aktuellen Entwicklung in der Bildungspolitik und in der Schulpraxis bedarf dieses zarte Reformpflänzlein besonderer Pflege. Wenn nicht alles täuscht, hat die Flut der empirischen Bildungsstudien (BIJU, IGLU, TIMSS, PISA, LAU, MARKUS u.a. – Übersicht bei Helmke 2004,133 ff.) auch zu Tendenzen geführt, die sich zur Wieder-Auferstehung der alten Pauk-, Stoff- und „Beybringe"-Schule verdichten könnten. So heißt es z. B. in einer Zusammenfassung der BIJU-Studie: „Formen der *direkten Instruktion* (effiziente Klassenführung, hohe Regelklarheit, angemessenes (nicht zu hohes) Unterrichtstempo sowie ein klar strukturierter und sequenzierter Unterrichtsablauf) erwiesen sich als besonders leistungsförderlich ..., *offene Ansätze* ... dagegen als lernmindernd..." (Helmke 2004, 135) Obwohl andere Untersuchungen zu anderen Ergebnissen kommen (ebd.), wusste mancher ja schon immer, dass die Bewegung zur Öffnung des Unterrichtes einschließlich der neueren methodischen Mätzchen das Leistungsniveau nur gesenkt und uns die hinteren Plätze im Ländervergleich beschert haben.

2. Offener Unterricht – eine undurchschaute Manipulation

Sicher wurden in der Vergangenheit in der Diskussion um die Öffnung des Unterrichtes Fehler begangen: Ausufernde Definitionsversuche bzw. umfangreiche Kataloge von Komponenten sind noch lange keine schlüssige didaktische Theorie, außerdem machen Forderungskataloge eher Angst. In einem ebenso klassischen wie präzisen Artikel hat der Regensburger Pädagoge Helmut Heid bereits 1996 angemahnt, statt der pauschalen Rede von „der" Öffnung des Unterrichtes genau zu klären, „was, von wem, in welcher Hinsicht, wie lange, aus welchen Gründen, zu welchem Zweck bzw. wofür unterrichtlich offen zu halten sei" (Heid 1996, 159).

Im Zuge der allgemeinen Begeisterung für den Offenen Unterricht wird allzu leicht seine innere Widersprüchlichkeit übersehen. Es sind ja doch letztlich die Lehrkräfte, die jene Definitions- und Sanktionsmacht haben, über das zu entscheiden, was denn offen sein soll. Und diese Entscheidungen sind immer eine „selektive Zubilligung" (167) an die Lernenden, keineswegs die gesamte oder totale Öffnung des Unterrichtes. Lehrer behalten immer die Gesamtverantwortung für das, was die Schüler und Schülerinnen lernen und wie sie es sich aneignen. Die Lehrenden haben Intentionen und Ziele, in die die Schüler hineinwachsen sollen; denn „wo Schüler (bereits) können und wollen, was und wie sie sollen, sind Erziehung und Unterricht überflüssig." (162) Auch Offener Unterricht hält also an der grundsätzlichen Funktionsteilung des Unterrichtes fest: Lehrer haben die Aufgabe zu lehren und Schüler die Gelegenheit (oder auch die Pflicht) zu lernen (160). Unverzichtbare Aufgabe bei der Öffnung der Unterrichtes bleibt es also, den Grad der Öffnung und der Anleitung, das Verhältnis von Selbstbestimmung und Fremdbestimmung, von Freiheit und Notwendigkeit (ja Zwang) der Schüler offen zu legen, wenn der Offene Unterricht nicht der „Gefahr undurchschauter Manipulation" (164) erliegen will.
Aus der Falle: „Lernende dürfen und können selbst wollen und tun, was sie bis dahin gesollt haben" (ebd.) gibt es kein Entkommen: Das freie Wählen von Aufgaben, die selbstständige Durchführung und die Entscheidung für bestimmte Arbeitsformen durch die Schüler im Offenen Unterricht sind Zielvorstellungen der *Lehrkraft* (= was die Schüler *sollen*); wenn sie im Rahmen des Offenen Unterrichtes diesen Lehrerabsichten nachkommen, können sie es *selbst wollen*. Wo Schüler aber plötzlich den Freiheitsspielraum nutzen, etwas zu wollen, was sie *nicht* sollen (z. B. Petting „handlungsorientiert" zu erproben im Rahmen einer Freiarbeitseinheit zu Sexualität), dort werden sie durch Grenzsetzung der Lehrkraft rasch zurückgeführt das zu wollen, was sie sollen. Es gilt also auch im Offenen Unterricht: Schüler sollen das wollen, was sie sollen. Etwas anderes wäre nicht Schule. Offener Unter-

richt kann diese institutionellen Bedingungen nicht sprengen, sondern ist ihr Teil. Öffnung kann deshalb immer nur eine Teil-Öffnung sein: Das ist ernüchternd und entlastend zugleich.

3. Angriff auf die schulische Wahrheitsverwaltung

Dennoch ist Offener Unterricht ein wirksamer Angriff auf die traditionelle Schule als Einrichtung „eines 'heiligen Offiziums' der Wahrheitsverwaltung, -verkündigung und -überwachung, die exploratives Probieren, Spekulieren, Experimentieren und produktives Fehlermachen oder gar die Entwicklung einer 'Kultur des Fehlermachens' von vornherein ausschließt.“ (Ebd. 167) Dennoch gilt: „Offener Unterricht ist nicht planungsfrei, sondern relativiert den Verbindlichkeitscharakter der Planung durch die Lehrkraft bzw. bezieht die Schülerinnen und Schüler in die Planung ein.“ (Bauer 2003, 16)

Statt einer (immer strittigen) Definition von Offenheit oder umfangreicher Kataloge von Rahmenbedingungen und Dimensionen (gleichwohl sehr hilfreich dazu Bohl 2004, 16 und Bauer 2003, 41 ff.) scheint es mir völlig ausreichend zu sein, sich über einige wesentliche Merkmale Offenen Unterrichtes zu verständigen, wie sie z. B. der Bayreuther Schulpädagoge Hans Jürgen Apel (2002, 221) vorschlägt:

Was kennzeichnet offenen Unterricht?

- „Selbst- und Mitbestimmung der Lernenden bei der Auswahl von Inhalten, Arbeitsmitteln und Methoden,
- Zurückhaltung der Lehrenden bei gleichzeitiger Förderung selbstorganisierten Lernens, entdeckendes Lernen an problemhaltigen Aufgaben,
- selbstverantwortliche Arbeitsformen wie Freiarbeit, Stationenlernen, Wochenplan- und Projektarbeit.“

Was bedeuten diese sehr weit gefassten Merkmale im Einzelnen?

1. Zunehmend vom Stationenlernen über den Wochenplan und dann über freie Arbeit bis hin zu Projekten sind *Lernziele* nicht wasserdicht vorgegeben, sondern aushandelbar. Lernende können und müssen zunehmend lernen, selbst zu definieren, was sie lernen wollen, ein entscheidendes „Lernziel“, das im Offenen Unterricht oft übersehen wird! Lehrer müssen hier unbedingt helfen: „Was möchtest du lernen? Was möchtest du am Ende können? Was möchtest du herausfinden? Woran kannst du erkennen, ob du dein Ziel erreicht hast?“
2. Die themenbezogene Wünsche und Interessen der Lernenden spielen eine wichtige Rolle: *Inhalte* sind aus einem Angebot der Lehrkraft wählbar, in Grenzen sogar auch ganz frei bestimmbar. Grundlage dafür sind Materialien und Vor-

schläge der Lehrkraft. Die Verarbeitung von Materialien wird nur sinnvoll, wenn sie langfristig geübt worden ist: Das oft von Lehrkräften beklagte blinde und niveaulose Abschreiben von Texten aus einem selbst gesammelten oder vorgegebenen Materialhaufen kann verhindert werden, wenn Schüler gelernt haben, wie man einen Text produktiv verarbeitet. Aber auch andere Handlungsformen (z. B. Erkundungen, Interviews, Experimente, etwas herstellen, spielen, Diskussion im Klassenunterricht u.a.m.) müssen hinzukommen.

3. Diese Methoden und Arbeitsmittel, also die *Lernverfahren* sind nicht starr und vorfixiert, sondern variabel. Angesichts unterschiedlicher Lerntypen und Lernwege der Schüler und Schülerinnen eröffnen sie die Chance, individuelle Wege zu gehen. Dabei sind auch Umwege und Fehler erlaubt, – sofern sie fruchtbar ausgewertet werden und keine frustrierenden Sackgassen darstellen! Von größter Bedeutung ist hier die Beratungspflicht der Lehrkraft: Sie kennt den Lerntypus des Einzelnen am besten, weiß, wie er lernt, welche Tür zum Thema ihm am besten entspricht, weiß um seine Stärken und Schwächen. Offener Unterricht funktioniert nicht ohne diese anspruchsvolle Aufgabe der Individualisierung. Unverzichtbar ist dabei die Förderung der Metakognition der Schüler, also die begleitende Reflexion der eigenen Lern- und Arbeitsstrategien (z. B. mit Hilfe des Lerntagebuches), in dem die Schüler und Schülerinnen regelmäßig – angeleitet durch Hilfsfragen – Eintragungen zu ihrem allgemeinen wie fachbezogenen Lernverhalten und seiner Entwicklung machen.
4. Statt herkömmlicher *Leistungsbewertung* ist *Kontrolle und Evaluation* der Arbeit durch die Lerner selbst entscheidend: z. B. differenzierte Selbstverantwortung statt platter fremder Ziffernbenotung, Feedback für individuelle Lernprozesse und Diagnose von Lernschwierigkeiten (aber auch von Lernfortschritten und Lernpotenzialen!) (Bohl 2004)
5. Offen und flexibel ist auch das Arrangement der *Sozialformen*: Unterschiedliche Sozialformen wie Einzelarbeit, Tandems, Kleingruppen, Unterplena zu Themen, Klassenunterricht ergänzen sich funktional.
6. Trotz der oben betonten Gesamtverantwortung ergeben sich neue *Rollenanteile der Lehrkraft*: Traditionelles Instruieren, Anleiten, Führen, Unterweisen stehen gleichberechtigt neben zurückhaltendem Beraten, Helfen, Ermutigen und Unterstützen.
7. Unterschiedliche *Lernzeiten* der Lerner sind erlaubt: Lernzeit ist nicht kollektiver Einheitstakt, sondern „Eigenzeit" für Bildungsprozesse. Dennoch darf auch Offener Unterricht nicht zerfallen in eine beliebige Addition von Einzel-Lernprozessen mit chaotischer Zeitstruktur. Die Gesamtverantwortung dafür behält die Lehrkraft.

Damit ist der Offene Unterricht Teil eines unterrichtlichen Gesamtarrangements, ja er hat nur (!) einen Stellenwert im Rahmen einer „*Gesamtchoreografie*“ des Unterrichtes. Um es ganz deutlich zu sagen: Lehrerzentrierung und Frontalunterricht bilden in einem integrativen unterrichtlichen Gesamtkonzept ebenso tragende Säulen wie Schülermitbestimmung und freie, offene Phasen.
Entgegen weit verbreiteter Vorurteile kann der Frontalunterricht sogar selbst durchaus zentrale Merkmale des Offenen Unterrichtes realisieren, wenn z. B. an offenen Problemen gearbeitet wird, wenn Lösungen (auch der Lehrkraft, in jedem Fall aber den Schülern) nicht bekannt sind, wenn jeder sich mit seinen Ideen, Gedanken und Vorschlägen einbringen kann, wenn sich die Klasse abarbeitet an einem Problem, wenn der Unterricht den Lernenden echte Probleme wirklich zumutet. Vor allem aber haben frontale Phasen (ich spreche lieber von frontalen Phasen als von Frontalunterricht...) anregenden, modellbildenden und für eigene Lernwege der Schüler instruierenden Charakter. Frontalunterricht und Offenheit sind nicht notwendig Gegensätze!

4. Offener Unterricht ohne Niveau ?

Ein katastrophaler Fehler des Offenen Unterrichtes liegt darin, das Niveau der Anforderungen ausschließlich durch die Schüler und Schülerinnen bestimmen zu lassen. Neuere Forschungsarbeiten zum Prinzip der *Selbstwirksamkeit* (=die Überzeugung, durch eignes Können etwas bewirkt zu haben) haben herausgearbeitet, dass eine gesunde Selbstwirksamkeitsüberzeugung von einem klar definierten (und zwar zugleich hohen und der Person angemessenen) Anspruchsniveau abhängt. „Ich bin etwas, ich kann etwas, ich habe Erfolg“, – diese Überzeugung stellt sich nur ein, wenn man eine Herausforderung gemeistert hat („mastery-experience“!) (Fuchs 2004). Der Weg dazu führt über die ständige Beratung der einzelnen Lernenden: „Was tust du gerade, was lernst du dabei, genügt das deinen Ansprüchen?“
Nur bei diesem Anspruchsniveau wird das empirische Fazit der wohl bekanntesten Unterrichtsforscher der Gegenwart zum Offenen Unterricht weiterhin gültig sein: „... die Befunde zum offenen, schülerzentrierten Unterricht insgesamt sind pädagogisch sehr ermutigend. Sie belegen zumeist günstige Auswirkungen auf die Lernleistungen und sehr starke positive Effekte auf die Motivation, das soziale Verhalten und die persönliche Selbständigkeit.“ (Helmke/Weinert 1997, 136f.)
Ziel ist es, aufbauend auf dieses Fazit die Diskussion des Offenen Unterrichtes weiter zu fördern, falsche Schlüsse aus den vorliegenden Bildungstudien zu verhindern und exemplarische Anregungen zur praktischen Entwicklung zu vermitteln. Dazu sollen die Beiträge dieses Buches Anregungen bieten.

Literatur

Apel, H. J.: Planung und Vorbereitung von Unterricht und Lernumgebungen – Planungstheorien. In: Apel, H.J./Sacher, W. (Hg.): Studienbuch Schulpädagogik. Bad Heilbrunn 2002, S. 211-253

Bastian, J.: Offener Unterricht. In: PÄDAGOGIK H. 12/1995, S. 6-11

Bauer, R. (Hg.): Offenes Arbeiten in der Sekundarstufe I. Berlin 2003

Bohl, T.: Prüfen und Bewerten im Offenen Unterricht. Weinheim 2004, 2. Aufl.

Fuchs, C.: Selbstwirksames Lernen im schulischen Kontext. Phil. Diss. Hamburg 2004

Gudjons, H.: Frontalunterricht – neu entdeckt. Integration in offene Unterrichtsformen. Bad Heilbrunn 2003

Heid, H.: Was ist „offen" im offenen Unterricht? In: Z. f. Päd., 34. Beiheft 1996, S.159-172

Helmke, A.: Unterrichtsqualität erfassen, bewerten, verbessern. Seelze 2004, 3. Aufl.

Helmke, A./Weinert, F.-E.: Bedingungsfaktoren schulischer Leistungen. In: Enzyklopädie der Psychologie. Bd. 3. Göttingen 1997, S. 71-175

Jürgens, E.: Die neue Reformpädagogik und die Bewegung Offener Unterricht. St. Augustin 1995, 2. Aufl.

Jürgens, E.: Vorwort des Herausgebers. In: Bohl, T. , a.a.O. S. 9-10

Wallrabenstein, W.: Offene Schule – offener Unterricht. Reinbek 1991

Was soll das? Früher bei Coca Cola habe ich Flaschen abgefüllt. Jetzt fülle ich Schüler ab.

5. Handlungsorientierter Unterricht
Begriffskürzel mit Theoriedefizit?

1. Ein Sammelname

Handlungsorientiertes Lernen in der Schule wurde nicht von theoretisch versierten Wissenschaftlern entwickelt und dann in die Schulen eingeführt, sondern entstand in den letzten – sagen wir 20 Jahren – an der „Basis“, als Impuls von unten, eher im Ausprobieren denn als Anwendung theoretischer Vorgaben.
Es ist daher nachvollziehbar, wenn der Begriff „handlungsorientierter Unterricht“ zunächst einmal als eine Art Sammelname für recht unterschiedlicher methodische Praktiken verwendet wurde und wird. Diese Methoden sind nicht gänzlich neu, sie sind auch nicht klar abgrenzbar von verwandten Ansätzen (Freiarbeit, Offener Unterricht, entdeckender Unterricht, erfahrungsorientierter Unterricht u.a.m.). Ihr gemeinsamer Kern ist die eigentätige, viele Sinne umfassende Auseinandersetzung und aktive Aneignung eines Lerngegenstandes. Obwohl es inzwischen zahlreiche Arbeiten gibt, die sich um Klärung und sogar Entwicklung eines Konzeptes des handlungsorientierten Unterrichtes bemühen (weiterführende Literatur bei Gudjons 2000), so fehlt doch bis heute eine umfassende Begründungstheorie auf der Grundlage moderner Handlungstheorie(n), kognitiver Lernpsychologie oder subjektorientierter Didaktik.
Insofern ist der Begriff eher ein recht grobes Verständigungskürzel für einen an den Rändern unscharfen Methodenkomplex, weniger aber Ausdruck eines theoretisch konzisen didaktischen Modells. Er hat bisweilen stark appellativen Charakter, erscheint aber auch als konkrete Utopie einer veränderten Schule und als Antwortversuch auf veränderte Lernstile von Schülern und Schülerinnen.

2. Begründungsargumente

Wenngleich es also gegenwärtig noch ein Theoriedefizit gibt, so ist doch die Fülle von Argumenten und Theorien erstaunlich, die für eine Konzeptentwicklung des handlungsorientierten Unterrichts fruchtbar gemacht werden können. Ich greife nur wenige zentrale Ebenen/Dimensionen heraus (ausführlicher bei Gudjons 2000).

2.1 Lern- und Kognitionspsychologie

Sie hat im Anschluss an Piaget deutlich gemacht, dass sich Denkstrukturen aus verinnerlichten Handlungen entwickeln. Selbst in Begriffen stecken noch Elemente von Handlungsschemata. (Man kann sich leicht z.B. am Begriff „Tarnfarbe" klarmachen, welches Schema von Tätigkeiten in diesem Begriff stecken.) Wenn aber Denken (nicht isoliertes Faktenwissen, sondern vernetzte, handlungsrelevante kognitive Wissensstrukturen) aus dem Handeln hervorgeht und wiederum regulierend auf das Handeln einwirkt, dann kann man Wissen, Begriffe und „Stoffe" nicht einfach in fertiger Form weitervermitteln oder wie Ziegelsteine von Generation zu Generation weiterreichen (John Dewey). Es kommt vielmehr darauf an, Lerngegenstände soweit wie möglich in Handlungen zu übersetzen, handelnd Denkstrukturen aufzubauen. Das bedeutet auch, dass es im handlungsorientierten Unterricht gerade nicht um schlichtes manuelles Tun, Hantieren mit Dingen oder um „action" geht (wie manche Kritiker befürchten – Kashnitz 1993), sondern dass Handeln, Denken und Lernen sich wechselseitig verschränken. Bekanntlich hat der amerikanische Philosoph und Pädagoge John Dewey bereits in der ersten Hälfte des 20. Jahrhunderts für diesen Sachverhalt die Formel der „denkenden Erfahrung" und des „learning by doing" gebraucht.

2.2 Gehirnforschung und Wissenspsychologie

Wir wissen inzwischen einiges darüber, wie unser Gehirn als „System-Gigant" (Miller-Kipp 1993, Engelkamp 1990, Roth 2000) arbeitet: Es speichert Informationen nicht einfach in Schubladen, sondern ordnet es zu komplexen Netzen. Wichtig für eine solche netzwerkartige Verarbeitung (und eine entsprechend vielfältige spätere Abrufbarkeit!) ist, dass motiviert und interessiert aufgenommene Informationen in ihren Tiefenmerkmalen gespeichert werden, während anderes sich nur an der Oberflächenstruktur ansiedeln. Für eine multiple Eincodierung (die Verbindung verschiedener Eingangskanäle) ist der „Tu-Effekt" – also die Unterstützung des Lernens durch Handeln – von großer Bedeutung (Einsiedler 1996). Handelnd zu lernen in lebensnahen Problemen, durch Forschen, Entdecken und Erkunden, fördert den Aufbau solcher Netzwerke im Gehirn, weil vielfältige Bezüge eines Problems/einer Sache deutlich werden.

2.3 Didaktische Theorie

Wenn also unterschiedliche (besonders handlungsorientierte) Formen der Aneignung Inhalte besser im Gedächtnis verankern (Aebli 1980, Möller 1987, Einsiedler 1996), so müssen wir bei der Inhaltsanalyse eines Themas fragen, wo die unterschiedlichen Schichten des Themas eben solche handlungsorientierten Zugänge ermöglichen und umgekehrt, welche besonderen Schichten einer Thematik sich überhaupt erst durch handlungsorientierte Zugänge erschließen. Handlungsorientierung eröffnet oft erst einen „zweiten Blick“: So zeigt sich z. B. im Lateinunterricht ein umfassenderes Verständnis der augustäischen Ära erst dann, wenn die – durch Lektüre von Klassikern erschlossene – Dimension des „glänzenden“ Roms ergänzt wird durch handlungsorientierte Formen des Kennenlernens der meist „elenden Alltagskultur“ der Mehrheit der Menschen (von Wulffen 1997). Unser Gehirn konstituiert nämlich für alle eingehende Informationen Bedeutungen (Otto 1995), und je mehr kognitive Verarbeitungsnetze aufgebaut werden, desto „bedeutsamer“ wird eine eingehende Information, desto mehr Zusammenhänge können hergestellt werden und desto „runder und wirklichkeitserfüllter“ wird unser Bild von einer Sache. Diese Perspektive gilt in der gesamten neueren Didaktik als nicht mehr umstritten. (Jank/Meyer 2002)

2.4 Motivationspsychologie

Fast schon banal ist der Hinweis auf die Erfahrung, dass handlungsorientierte Lernprozesse in der Regel den Schülern und Schülerinnen einfach mehr Spaß machen. Dahinter steht der inzwischen gut erforschte Zusammenhang von Emotion und Kognition (Mandl/Huber 1983). Emotional wichtige Informationen werden z. B. besser behalten, denn das „Limbische System“ im Gehirn (das eng mit der für Denkprozesse bedeutsamen Großhirnrinde verknüpft ist – Otto 1996, Edelmann 2000) sorgt für die ständige emotionale Tönung von Denkprozessen, wobei Sinnhaftigkeit und subjektive Bedeutung stark motivierende Kräfte sind. Wenn sich Schüler und Schülerinnen mit einem selbstgewählten Vorhaben identifizieren können, gewinnt ihre Tätigkeit für sie einen subjektiven Sinn und wird persönlich bedeutsam. Vor allem aber erfährt das unsere Motivation leitende Bestreben nach Kompetenzerweiterung eine hohe Befriedigung durch gelungene Handlungserfahrungen, – z. B. in der herstellenden Anwendung (eines Textes, der veröffentlicht wird, eines Filmes, der vorgeführt wird). Diese Kompetenzen werden heute als Schlüsselqualifikationen (Beck 1993) diskutiert und reichen von der Organisation und Durchführung einer Arbeitsaufgabe über Kommunikation, Kooperation, Problemlösungs- und Entscheidungskompetenz bis zu Selbstständigkeit, Verantwortung, Belastbarkeit, Kreativität, Flexibilität und Lernfähigkeit. Wie anders sollen die Schüler sonst auf das vorbereitet werden, was im Berufsleben heute von ihnen erwartet wird?

2.5 Die neue Didaktik-Diskussion

Schließlich legen neuere Arbeiten zur „subjektiven Didaktik“ (Kösel 1993), aber auch Klaus Holzkamps subjektwissenschaftliche Lerntheorie (Holzkamp 1993) sowie Überlegungen zu einer konstruktivistischen Didaktik (Reich 1998) nahe, *Lehren* nicht weiter mit *Lernen* zu verwechseln, d.h. so zu tun, als würden Schüler/innen lernen, was der Lehrer lehrt. Es ist vielmehr davon auszugehen, dass Verstehen eine begriffliche Operation des Lerners selbst ist, dass er sein Denken selbst baut und konstruiert, wobei jeder höchst individuell lernt. Wenn aber ein Schüler ein solcherart sich selbst organisierendes „autopoietisches System“ ist, kann ein Lehrer ihn allenfalls anregen und begleiten, spezifische Lernprozesse in Gang zu setzen, seine Lernwelt zu „modellieren“ (Kösel 1993). Mit dem Lernen ist es wie mit dem Handeln: Es ist subjektorientiert, – ich handle, weil ich es will oder muss (auch wenn es mir von außen nahegelegt wird, ich bleibe *ich* der Handelnde!).

2.6 Handlungstheorie

Es liegt darum nahe, Lernvorgänge als Handlungen zu begreifen und ein allgemeines Handlungsmodell, wie es z. B. von Aebli (1980, 1981,1983) entwickelt wurde, zugrunde zu legen. Die Grundstruktur eines solchen Handlungsmodells (das die Grundlage für einen handlungsorientierten Lernprozess bildet) ist relativ einfach:

1. Es gibt ein Problem/eine Dissonanz/einen Anlass, mich zielgerichtet mit einer Sache auseinander zu setzen und zu lernen;
2. eine Planung wird entwickelt, wie dabei vorzugehen ist;
3. diese Planung wird (auch mit Sackgassen und Rückkopplungen zum Ziel) durchgeführt;
4. das Ergebnis wird überprüft und der Handlungsverlauf reflektiert.

Wenn das Lernen der Schüler so verläuft, könnte dies im konsequentesten Fall das Ende des traditionellen Unterrichtes im Sinne einer „Lehr-“Veranstaltung sein. Bissig gesagt: Damit würde das Lehren als Behinderung des Lernens verschwinden ...

2.7 Sozialisationsbedingungen

Nur kurz erwähnt werden sollen die Ansätze zur Begründung handlungsorientierten Lernens, die sich aus der bekannten Veränderung der Sozialisationsbedingungen ergeben (vgl. Gudjons 2000), aus der Forderung nach Lebensnähe und Öffnung der Schule, nach Humanisierung und Demokratisierung des Lernens und vieler anderer pädagogischer Postulate der aktuellen Diskussion.

Man sieht bereits nach dieser kurzen Skizze: So schlecht steht es durchaus nicht um theoretisch ableitbare Begründungen handlungsorientierten Unterrichts.

3. Essentials eines Konzeptes

Was wird in der wissenschaftlichen Diskussion unter handlungsorientiertem Unterricht eigentlich verstanden? Die Enzyklopädie Erziehungswissenschaft (1986, Bd. 3, 600) gibt Auskunft: „Mit dem Begriff «handlungsorientierter ... Unterricht« wird ein Unterrichtskonzept bezeichnet, das den Schülern einen handelnden Umgang mit den Lerngegenständen und -inhalten des Unterrichts ermöglichen soll. Die materiellen Tätigkeiten der Schüler bilden dabei den Ausgangspunkt des Lernprozesses.“ Es ist „das Ziel eines handlungsorientierten Unterrichts, durch die aktive Auseinandersetzung und durch den handelnden Umgang der Schüler mit der sie umgebenden gesellschaftlichen Wirklichkeit Erfahrungs- und Handlungsspielräume zu schaffen und dadurch die Trennung von Schule und Leben ein Stück weit aufzuheben.“

3.1 Denkendes Tun statt action

Materielle Tätigkeiten sollen also („nur“) den *Ausgangspunkt* für Lernprozesse bilden. Das bedeutet, dass sich Lernen nicht im praktischen Tun erschöpft. Schüler und Schülerinnen sollen also z. B. nicht die Papierherstellung und die Druckkunst erlernen, sondern die Bedeutung der Schriftkultur verstehen. Handlungsorientierter Unterricht zielt damit nicht auf „Tun“ und materielle Produkte, sondern auf Kognition, auf Denken, Verstehen, Lernen. Schon im Entwickeln der Planung, aber auch in der Steuerung der Bearbeitung (insbesondere bei Pannen und unvorhergesehenen Schwierigkeiten) und dann in der Überprüfung des Ergebnisses und der Reflexion des Gesamtprozesses stecken erhebliche kognitive Leistungen (Bönsch 1991, 186). Es würde den Verdacht auf schnellen Aktionismus abbauen, wenn man durchaus auch benennen kann, was man gelernt hat, ja sogar kritisch fragen, ob das ausreicht. Die Kritik am handlungsorientierten Unterricht (Kashnitz 1993) ist dann berechtigt, wenn vergessen wird, dass *Denken* als Metatätigkeit über dem konkreten Handeln liegt (Aebli 1980,22). *Im* handelnden Aneignungsprozess wird gelernt. Handlungsprodukte (einen Elektromotor bauen, ein Theaterstück aufführen, eine Ausstellung erarbeiten) erfordern gleichermaßen Kopf- wie Handarbeit: Denken, Lernen und praktisches Tun stehen in einem sinnvollen Zusammenhang. Das schließt nicht aus, dass vor, in oder nach einem Handlungsprozess spezifische „Lernschleifen“ sinnvoll sind, z.B. wenn Sachinformationen erarbeitet werden müssen, wenn Fertigkeiten fehlen, wenn Zusammenhänge systematisch hergestellt werden müssen.

3.2 Selbststeuerung statt Anweisung

Neuerdings hat G. Wöll (1998) zur Begründung des handelnden Lernens die Habermassche Unterscheidung von instrumentellem und kommunikativem Handeln herangezogen. Im Mittelpunkt steht dabei die von einer Lerngruppe verantwortete Auseinandersetzung mit einer Situation, die Identifizierung der Lerngruppe mit Zielen, Planung und Durchführung, also die Partizipation. Ich würde eher von Mitbestimmung der Schüler und Schülerinnen sprechen, denn anfangs wird diese sicher noch sehr begrenzt sein, aber Zielpunkt ist die Selbststeuerung der Handelnden. Das ist m.E. von großer Bedeutung für ein pädagogisch gefülltes Verständnis des Handlungsbegriffes. Formal wäre eine Handlung z. B. auch das Abschreiben eines Tafeltextes.

Ein pädagogisch bestimmter Handlungsbegriff

Wesentlich für einen inhaltlich-pädagogisch bestimmten Handlungsbegriff sind drei Merkmale:

1. Der Handelnde bestimmt selbst (und/oder mit andern) über das Vorhaben, er ist an der Planung beteiligt, identifiziert sich mit dem Sinn des Ganzen. *Das* Thema wird zu *unserem* Thema.
2. Am Anfang jeder Handlung steht eine „Dissonanz“, d.h. eine echte Fragestellung, ein Auseinanderklaffen von aktueller und gewünschter Kompetenz, eine vom Aktor selbst wahrgenommene Diskrepanz zwischen einem nicht befriedigten Bedarf und der Vorstellung eines erreichbaren Zustandes, in dem diese Diskrepanz beseitigt ist, – kurz: ein zu lösendes Problem (Volpert 1992, 14). Erst der Wunsch nach Behebung dieser „Dissonanz“ setzt kognitive Prozesse in Gang (Aebli 1980, 20 f.) und ist Voraussetzung für die Übernahme von Verantwortung.
3. Es sind nicht die traditionellen Lernziele, sondern *Handlungsprodukte*, von denen her sich der Unterricht strukturiert. Der Unterricht wird nicht im Kopf des Lehrers allein – vorwegnehmend und undurchschaubar für die Schüler und Schülerinnen – strukturiert, sondern vom gemeinsam gewünschten Ergebnis her organisiert. Damit ändert sich auch die Rolle des Lehrers vom Instrukteur eher in Richtung Berater und Helfer.

3.3 Handeln lernen statt Beschäftigungstherapie

Dass die Schule dazu befähigen soll, in Lebenssituationen handlungsfähig zu sein, ist ebenso unbestritten wie folgenlos für das „Schulehalten“. Da hilft es auch nicht, wenn gelegentlich den Schülern und Schülerinnen die Möglichkeit gegeben wird, selber aktiv etwas zu machen, statt rezeptiv Informationen aufzunehmen. Eigen-

tätigkeit ist gut, aber Handeln ist mehr. Schüler und Schülerinnen sollen nicht beschäftigt werden, sondern Handlungskompetenzen aufbauen. Eine Handlung ist Tätigkeit mit besonderer Qualität, sie hat eine bestimmte Struktur.
Wir hatten oben schon gesehen, dass eine Handlung ihren Ausgang nimmt von einer selbst wahrgenommenen „Dissonanz". Es gilt, ein Problem zu bearbeiten oder zu lösen. Die Handlung hat also ein (selbst oder gemeinsam mit andern) gesetztes Ziel, sie ist eine bewusste und gewollte Tätigkeit. Sie ist eine entdeckende Auseinandersetzung mit der den Menschen umgebenden Welt (in weitestem Sinn), wobei diese wiederum auf die Person zurückwirkt. Damit sind Handlungen nicht nur kognitiv bestimmt, sie entspringen auch aus emotional eingefärbten Motiven und sind von Gefühlen begleitet.
Dem Handlungsziel folgt ein Plan, wie man dieses Ziel verwirklichen könnte. Eine Handlung strebt also nach Ordnung und Struktur. (Aebli 1980, 16) Teilhandlungen sind hierarchisch (auch mit Rückkopplungsschleifen) aufgebaut, von ständiger Prozesswahrnehmung und denkender Steuerung begleitet. Handlungen vollziehen sich nach gelernten Handlungsschemata und deren Neu-Kombination. Während „reines Denken" als Probehandeln verstanden werden kann, erweist sich die Handlungskompetenz erst im Handlungsvollzug. Zum Erwerb von Handlungskompetenz gehört vor allem die Fähigkeit des Menschen, seine Handlungen zu reflektieren, – zu lernen. Ein mit Wissen vollgestopfter Kopf nützt den Schülern und Schülerinnen nichts, wenn sie sie nicht das *Handeln* lernen. Und Handeln lernt man nur durch Handeln und seine Reflexion, – so wie man Autofahren eben nicht allein aus dem Lehrbuch lernt, sondern durch (die vom Fahrlehrer angeleitete) praktische Erfahrung und Übung.
Wir hatten ferner schon gesehen, dass „inneres Handeln" (Denkoperationen) und „äußeres Handeln" (materielle Operationen), Aktion und Kognition, eng aufeinander bezogen sind. Genetisch betrachtet besitzen sie dieselbe Struktur, weil Denken aus dem Handeln hervorgeht und auf dieses steuernd zurückwirkt (Aebli 1980,26). Man könnte sagen, dass Begriffe – zentrale Mittel unseres Denkens – Abkömmlinge und Werkzeuge des Handelns zugleich sind. Da weiterhin unser Wissen netzwerkartig gespeichert ist und unsere Begriffe sich in Clustern oder Begriffshierarchien aufbauen, die durch handlungsorientiertes Lernen besser gefördert werden als durch isolierte Informationsaufnahme, liegt es nahe, durch Handlungsprozesse eher „kognitive Landkarten" aufzubauen als enzyklopädisches Wissen zu vermitteln. Das Abrufen und Fruchtbarmachen von „sinnvoll" geordneten Wissensbeständen aber ist wiederum eine zentrale Bedingung dafür, handeln zu können. Denn im Handeln ziehen wir sozusagen die Fäden unseres assoziativen Wissens zusammen, zu einem Knoten gleichsam, der zielgerichtet eingeordnetes Wissen anwendet und für die Bewältigung der Handlung fruchtbar macht. Einfacher gesagt: Sachwissen ist gut und nötig, aber für eine Handlungskompetenz ist es

wichtig, dass unser Sachwissen schon im Hinblick auf das Handeln organisiert ist. Und das geschieht am besten, wenn es handelnd erworben wurde.

3.4 Zielperspektive statt Methoden-Spielerei

Gelegentlich eingestreute einzelne Angebote an die Schüler und Schülerinnen, selbst im Unterricht aktiv zu werden, genügen nicht dem anspruchsvollen Konzept des handlungsorientierten Unterrichts: hier einmal ein Rollenspiel, ein Schülerexperiment, eine selbstgebaute Flöte, dort einmal eine Exkursion oder ein Lernspiel. Spielerei mit Methoden, um die Lernenden bei der Stange zu halten, ist zu wenig.

Dennoch plädiere ich entschieden dafür, mit solchen einfachen methodischen Elementen zu beginnen, um die gewohnte Haltung der Schüler/innen abzubauen, dass der Lehrer die Lernprozesse organisiert und sie selbst nur Container sind, in die der Stoff zum Zwecke der Wiedergabe in der Leistungsbewertung eingefüllt wird. Einzelne aktivierende Verfahren und „aktologischen Methoden" (Arnold 1995, 19) haben einen nicht zu unterschätzenden Wert dabei, den Unterricht mehr und mehr zu einem Prozess des Lernens und Handelns der Schüler/innen selbst umzugestalten. Dazu gehört auch das Training von arbeitsmethodischer Kompetenz.

Wenn Schüler/innen Rhetorik nicht durch Arbeitsblätter des Lehrers lernen, sondern in einem Debattenwettbewerb praktisch erproben, wenn sie aus Vorschlägen des Lehrers zur Freiarbeit Erkundungsaufgaben frei wählen können, wenn Gruppenarbeit in eine sorgfältig vorbereitete Präsentation der Ergebnisse mündet (vgl. den Beitrag über die „gute Präsentation" in diesem Buch), dann zeichnet sich der Weg zum eigentlichen Ziel deutlich ab: Die „Reinform" handlungsorientierten Unterrichts ist das Lernen in Projekten. Projektunterricht ist die Hochform handlungsorientierten Unterrichtes, die der langfristigen Vorbereitung – auch unter Abstrichen am Konzept (Bönsch 1991, 191ff.) – bedarf.

Allerdings muss als Zielperspektive klar sein: Es geht nicht um eine Erweiterung des Methodenrepertoires der Lehrkraft (diesmal als neueste Modewelle eben mal um handlungsorientierte Verfahren), sondern um ein grundlegend neues Verständnis von Lernen. Dabei ist der handlungsorientierte Unterricht ein praktisches Konzept, aber theoretisch gut begründbar, in seiner Relevanz für die Schulreform bedeutsam, aber kein Patentrezept, in seiner Grundstruktur einfach, aber nicht simpel.

Literatur

Aebli, H.: Denken: Das Ordnen des Tuns. Bd. 1: Kognitive Aspekte der Handlungstheorie. Bd. 2: Denkprozesse. Stuttgart 1980, 1981
Aebli, H.: Zwölf Grundformen des Lehrens. Stuttgart 1983
Arnold, R.: Lebendiges Lernen – Auf dem Weg zu einer neuen Lernkultur. In: Neuland, M. (Hg.): Schüler wollen lernen, S. 1-30. Eichenzell 1995
Beck, H.: Schlüsselqualifikationen. Bildung im Wandel. Darmstadt 1993
Bönsch, M.: Variable Lernwege. Paderborn 1991
Edelmann, W.: Lernpsychologie. Weinheim 2000, 6. Aufl.
Einsiedler, W.: Wissensstrukturen im Unterricht. Neuere Forschung zur Wissensrepräsentation und ihre Anwendung im Unterricht. In: Z. f. Päd., H.2/1996, S. 167-191
Engelkamp, J.: Das menschliche Gedächtnis. Göttingen 1990
Enzyklopädie Erziehungswissenschaft, hg. von D. Lenzen, Bd. 3, Stuttgart 1986
Gudjons, H.: Handlungsorientiert lehren und lernen. Bad Heilbrunn 2000, 6.Aufl.
Gudjons, H.: Didaktik zum Anfassen. Bad Heilbrunn 2003, 3. Aufl.
Holzkamp, K.: Lernen. Subjektwissenschaftliche Grundlegung. Frankfurt/M. 1993
Jank, W./Meyer, H.: Didaktische Modelle. Berlin 2002, 5. Aufl.
Kashnitz , Handlungsorientierter Unterricht – Lernen oder action? In: Bundesfachgruppe für ökonomische Bildung (Hg.): Handlungsorientierung und ökonomische Bildung. Bergisch Gladbach 1993
Kösel, E.: Die Modellierung von Lernwelten. Elztal-Dallau 1993, 3. Aufl.
Mandl, H./Huber, G. (Hg.): Emotion und Kognition. München 1983
Miller-Kipp, G.: Wie ist Bildung möglich? Die Biologie des Geistes unter pädagogischem Aspekt. Weinheim 1992
Möller, K.: Lernen durch Tun. Frankfurt/M. 1987
Otto, B.: Ist Bildung Schicksal? Gehirnforschung und Pädagogik. Weinheim 1995
Reich, K.: Thesen zur konstruktivistischen Didaktik. In: PÄDAGOGIK H. 7/8 1998, S. 43-46
Roth, G.: Das Gehirn und seine Wirklichkeit. Frankfurt/m. 2000
Volpert, W.: Wie wir handeln – was wir können. Heidelberg 1992
Wöll, G.: Handeln: Lernen durch Erfahrung. Baltmannsweiler 1998
Wulffen, D. v.: der zweite Blick. Handlungsorientierung im Lateinunterricht. In: PÄDAGOGIK H. 1/1997, S. 16-18

Theatralisch veranlagter Kollege

6. Kleine Schritte zu Freiarbeit und Projektunterricht *Kein Verrat am Ziel*

Resignation vor zu hohen Ansprüchen?

Vermutlich ist es der Anforderungscharakter der „großen" Konzepte und didaktischen Innovationen, der – gelegentlich auch noch maximalistisch und dogmatisch vertreten – eher Ängste auslöst als Mut zum Ausprobieren macht: Projektunterricht, Freie Arbeit, Wochenplanunterricht, Selbstgesteuertes Lernen, situiertes Lernen, Methodenkompetenz usw., – das ist im normalen Alltagsunterricht mit seinen steigenden Leistungsanforderungen doch kaum zu verwirklichen. Begleitet wird diese Resignation gelegentlich von dem Totschlagargument: „Dafür bin ich überhaupt nicht ausgebildet!" Anderen wiederum erscheinen die neuen Konzepte als Modewellen, hinter denen sich längst bekannte methodische Praktiken verbergen.
In der Tat: Ob man sich in der konstruktivistischen Didaktik umsieht, neuere Forschungen zum Wissenserwerb studiert, neurobiologisch fundierte Lernpsychologien untersucht oder auch in postmodernen didaktischen Theorien herumstöbert, – die als neuartig und zentral ausgegebenen Lernprinzipien kommen einem verdächtig bekannt vor: Selbsttätiges Lernen, Selbststeuerung, Handlungsorientierung, situatives und kontextorientiertes Lernen, autonome Wissenskonstruktion usw., – so ähnlich hatte es bereits die Reformpädagogik im ersten Drittel des letzten Jahrhunderts mit anderen Worten formuliert, um sich gegen das „Abfüllen" von Schülern in einem reinen Instruktionsunterricht zu wehren. Kein Wunder, dass auch in der wissenschaftlichen Diskussion mit Sorge gefragt wird: „Ist die Allgemeine Didaktik saturiert, ... stagniert sie?" (Meyer/Schulze 1999, 8) Nichts Neues also unter der Sonne? Nicht ganz.
Die alten, vielleicht ein wenig romantisch anmutenden Unterrichtsvorstellungen der Reformpädagogik sind heute sprachlich in neuen Begriffen formuliert, die es erlauben, altbekannte Probleme schulischen Lehrens und Lernens neu zu fassen. Vor allem aber sind neue Begründungen auf theoretischer Ebene, alte Postulate stützende empirische Forschungen und inspirierende Impulse für Forschung und Praxis gewonnen worden. (Terhart 1999, 645f.) So rücken denn auch drei altbekannte Einsichten, die für unser Thema der „Kleinen Schritte zur Freiarbeit und Projektunterricht" bedeutend sind, in ein neues Licht.

1. Jeder braucht seine eigenen Lernwege

Der Reformpädagoge Hugo Gaudig (1860-1923) hat den berühmten Satz geprägt: „Es kommt darauf an, den Schüler vom Passivum in das Aktivum zu übersetzen." Freie geistige Arbeit, Schülerselbsttätigkeit und Methoden in der Hand des Schülers waren die Schlagworte. Heute wissen wir: Alles Lernen hängt von den aktiven Konstruktionsprozessen des Lerners ab, passives Lernen ist ein Widerspruch in sich selbst. Darauf muss jede Art von Unterricht Rücksicht nehmen. Die konstruktivistische Didaktik hat – bei aller notwendigen Kritik an ihren Überzeichnungen (Terhart 1999) – klar gemacht, dass Lernen letztlich nicht von außen zu determinieren ist, dass Lernen ein je individuelles, aber auch in sozialen Kontexten stattfindendes Konstruieren und Umkonstruieren innerer Welten ist. Man kann es zwar anstoßen, aber nicht präzise steuern. Und auch jede Klasse braucht – je nach ihren Vorbedingungen – ihre eigene „Kleinschrittigkeit" auf dem Wege zu Freier Arbeit und zu Projekten.

2. Durch Anleitung zur Freiheit

In neueren Forschungen zum Wissenserwerb, zur Wissenskonstruktion und zur Wissensvermittlung wird zu Recht betont, dass Selbststeuerung und Fremdsteuerung der Schüler keine unvereinbaren Gegensätze beim Lehren und Lernen sind: „Das Erleben von Autonomie und Selbstbestimmung einerseits und die äußere Anleitung andererseits müssen sich ... nicht ausschließen; auch in gestalteten Lernumgebungen ist es möglich, dass intrinsisch motiviert und selbstbestimmt gelernt wird." (Reinmann-Rothmeier/Mandl 1998, 462)
Allgemeinpädagogisch hatte Theodor Litt dieses Problem bereits 1927 unter dem Buchtitel „Führen oder Wachsenlassen" benannt und analysiert. Didaktisch gesehen muss jede Unterrichtsplanung eine an den Schülern orientierte Passung erarbeiten, in der die Balance jeweils neu austariert wird. Es kommt also darauf an, situationsspezifisch Fremdsteuerung und Selbststeuerung angemessen ins Verhältnis zu setzen, ohne dabei das Ziel einer möglichst hohen Selbststeuerung aus den Augen zu verlieren. Dazu sind Zwischenschritte nicht nur legitim, sondern unabdingbar: Wer gleich in die Freiarbeit einsteigen will, ohne den SchülerInnen verbindliche Wahlen innerhalb eines festen Rahmens abzuverlangen, wird ebenso scheitern wie der, der Projekte in einem kleinschrittig geplanten Frontalunterricht durchführen will. Freie Formen müssen langsam angebahnt werden, enge Rahmen müssen vorsichtig verlassen werden. Eine Fülle von Beispielen, wie solche kleinen Schritte praktisch aussehen können, hat unlängst S. Traub (2004) entwickelt.

3. Die Lernmethoden müssen den Schülerfähigkeiten angepasst werden, nicht umgekehrt

Kleine Schritte beim Aufbau von Kompetenzen selbstständigen Lernens sind kein Widerspruch zum Ziel, dem eigenständigen Lernen der Schüler mehr Raum zu geben. Der schon erwähnte Reformpädagoge Hugo Gaudig hat für ein „geduldiges Hinleiten" plädiert. Heute sprechen wir vom adaptivem Lernen, z. B. der Aptitude-Treatment-Interaction, und meinen damit, dass Personmerkmale des Schülers und verwendete Lehr-/Lern-Methoden einander angepasst werden müssen. (Helmke/Weinert 1998, 137) Einfacher gesagt: Die Gestaltung der Lernumgebungen (traditionelle Aufgabe des Lehrers) muss sich schrittweise den Bedürfnissen und Fähigkeiten der Lernenden anpassen. Mitgebrachte Bedingungen sind dabei nicht statisch, vielmehr können sich die Fähigkeiten der Lerner kontinuierlich erweitern. Die empirische Unterrichtsforschung hat herausgearbeitet, „daß nicht mehr nur relativ stabile Fähigkeiten von Schülern oder stabile Umweltfaktoren in Schule und Elternhaus als Bedingungen des Lernerfolgs im Vordergrund stehen. Vielmehr betont die Forschung zum selbstgesteuerten Lernen die Beeinflußbarkeit des Lernergebnisses durch selbstinitiierte Aktivitäten des lernenden Individuums." (Schiefele/Pekrun 1998, 256) So ist zu erklären, „warum manche Schüler trotz beschränkter Fähigkeiten, nachteiligem sozialen Hintergrund oder schlechtem Unterricht zu guten Lernergebnissen kommen." (Ebd. 257)
Heute sind zwar Freiarbeit und Projektunterricht als Konzepte inzwischen etabliert, aber immer noch scheut sich manche(r), sich an diese hohen Ansprüche heranzuwagen, weil die SchülerInnen nicht auf selbstständiges Arbeiten vorbereitet sind, weil die „Hochformen" der Konzepte zu komplex und schwierig erscheinen, nicht mit großen Klassen realisierbar scheinen, nicht in die Zwänge der Unterrichtsorganisation passen, weil man unter Zeitdruck steht und man sich keine zeitaufwendigen Experimente leisten kann u.a.m. Vielleicht haben sich auch Mutlosigkeit und Skepsis breit gemacht, denn Utopien machen keineswegs nur Hoffnung, sondern auch Angst. Umso wichtiger ist eine Ermutigung zu „kleinen Schritten" auf der Grundlage erprobter Möglichkeiten. SchülerInnen können nur langsam an diese Unterrichtsformen herangeführt werden.

Adaptiv beginnen
Adaptives Lernen heißt in diesem Sinn eben vor allem, dass jede Lehrkraft getrost von den augenblicklichen Lernbedingungen der SchülerInnen ausgehen kann und nur *die* Freiheit und Selbstständigkeit gewähren darf, die hier und jetzt möglich sind. „Auch selbstgesteuertes Lernen ist nur bedingt in Reinform realisierbar", so lautet das Fazit eines einschlägigen Forschungsberichtes über Modelle des fremdgesteuerten und selbstgesteuerten Lernens (Schiefele/Pekrun 1998, 249). Das bedeutet aber nicht, beim Hier und Jetzt stehen zu bleiben und keine Schritte der Veränderung einzuüben.

Der Aufbau einer Kompetenz zu selbstgesteuertem Lernen ist erheblich mehr als eine Modemasche, eine pädagogische Welle, die sich bald am Strand ausgerollt haben wird. Hinter dieser Forderung steht ein Wandel des Menschenbildes der gesamten Psychologie der Gegenwart: Vom passiven, extern gesteuerten (so z. B. im Behaviorismus) zum aktiv-reflexiven, intern gesteuerten Menschen (so z. B. im Konstruktivismus und in der Kognitionspsychologie). (Schiefele/Pekrun 1998, 256) Doch die Schule und ihre Didaktik scheinen daraus immer noch nicht hinreichende methodische Konsequenzen für das Lehren und Lernen gezogen zu haben, – ganz abgesehen davon, dass selbstgesteuertes Lernen eine Grundvoraussetzung für das Lernen außerhalb der Schule im späteren Leben ist.

4. Drei Wege zum Wissenserwerb

Ziehen wir aber keine voreiligen Schlüsse. Der Wissenserwerb kann in durchaus unterschiedlichen Lernumgebungen gefördert werden. Reinmann-Rothmeier/Mandl (1998, 475ff.) unterscheiden drei Modelle.

4.1 Systemvermittelnde Lernumgebungen

Hier geht es um die Vermittlung fertiger Systeme von Wissensbeständen, die Lernenden erwerben Faktenwissen, wobei sie stark von außen angeleitet und auch kontrolliert werden. Lernziele werden operational definiert, insbesondere reproduktives Wissen und automatisierte Fähigkeiten werden angestrebt. Der Unterricht gleicht der Instruktion, wobei den Lernenden systematisch aufbauend Informationen dargeboten werden, um das festgelegte Instruktionsziel zu erreichen. Ein solches Modell dürfte weitgehend dem traditionellen Frontalunterricht entsprechen. Es ist aber durchaus dann sinnvoll, wenn die Lernenden z. B. zunächst einen systematischen Überblick über ein neues Gebiet brauchen, zu dem sie noch wenig Vorkenntnisse haben. Umgekehrt kann es aber auch angezeigt sein, bei Lernenden mit umfangreichem Vorwissen (z. B. Experten) Informationen über ein neues Spezial-

gebiet rasch und ökonomisch zu vermitteln.
Die *Kritik* liegt aber auf der Hand: Systemvermittelnde Lernumgebungen orientieren sich an einer weitgehend rezeptiven Auffassung vom Lernen. Ganzheiten werden in Teile zerlegt und dann getrennt voneinander vermittelt, – ein reduktionistisches Vorgehen. Es ist aber auch deterministisch, indem angenommen wird, dass die angewendeten Methoden (z. B. Lehrerdarbietung) schnurstracks und ohne Umwege die Schülerköpfe erreichen und dort wie vom Lehrer geplant verarbeitet werden, bei allen Lernern gleich und ohne individuelle Verfälschungen. Vor allem aber birgt ein solches Vorgehen die Gefahr, dass das erworbene Wissen nicht auf neue Situationen angewendet wird, weil es losgelöst vom Kontext vermittelt wird und sich nur an der engen Systematik der Sache orientiert. Kontextabhängigkeit meint: die Kontexte des Wissenserwerbs müssen die realen Anwendungsmöglichkeiten des Gelernten widerspiegeln, um das Problem des „trägen Wissens" zu vermeiden, eines Wissens, das zwar abstrakt gelernt wurde, aber wegen der fehlenden Anwendungsrelevanz in realen Problemsituationen nicht abrufbar ist. Erst ein relevanter Kontext macht das zu erwerbende Wissen bedeutungsvoll und sichert seine Nachhaltigkeit. (Reinmann-Rothmeier/Mandl 1998, 469) Das zweite Modell setzt ganz andere Akzente.

4.2 Problemorientierte Lernumgebungen

Kerngedanke ist das Konzept des explorativen Lernens: Die Lernenden sind aktiv und erarbeiten sich neues Wissen, wobei die Lernumgebung ihnen geeignete Probleme anbietet. Mit möglichst wenig Anleitung und Steuerung von außen erwerben sie Problemlöse- und Selbststeuerungsfertigkeiten, setzen sich selbst intensiv mit neuen Inhalten auseinander. Zunehmend übernehmen sie Verantwortung für den Verlauf und das Ergebnis des Lernens. Aufgabe der Lehrenden ist es, Probleme und „Werkzeuge" zur Problembearbeitung zur Verfügung zu stellen und auf eventuelle Bedürfnisse der Lernenden entsprechend zu reagieren. Man könnte dieses Modell auch die Hochform freier Arbeit nennen.
So stark dieses Modell den Erkenntnissen der modernen Wissenserwerbsforschung entspricht, – so wenig darf *kritisch* übersehen werden, dass ein solches exploratives Lernen bisweilen sehr zeitaufwendig ist. Es kann auch bei größeren Stoffmengen unökonomisch werden und zur Orientierungslosigkeit führen. Untersuchungen zu diesem Ansatz haben gezeigt, „dass Lernende zwar auf der einen Seite genügend Freiraum für konstruktive (Lern-)Aktivitäten brauchen, auf der anderen Seite aber auch – in Abhängigkeit von ihren bestehenden Lernvoraussetzungen – Unterstützung benötigen, wenn Probleme auftreten, die für Lernende (ohne Hilfe) die Gefahr der Überforderung mit sich bringen." (Reinmann-Rothmeier/Mandl 1998, 485)

4.3 Adaptive Lernumgebungen

Der Begriff adaptiv meint, dass sich die gesamte Gestaltung der Lernumgebung stärker als im vorherigen Modell stärker an die Bedürfnisse, Vorkenntnisse und Fertigkeiten der Lernenden anpasst. Die Rolle der Lehrenden ist unterstützender, aber auch lenkender als in rein problemorientierten Lernumgebungen, es ist die des „facilitators", der den Wissenserwerb durch geeignete Schritte erleichtert. Ferner ist wichtig, dass Lernende nicht nur wissen erwerben, sondern dass ihnen auch realistische Probleme geboten werden, bei denen sie den Anwendungskontext des Wissens kennen lernen. Und schließlich wird großer Wert gelegt auf die soziale Gestaltung der Lernumgebung, d. h. es soll auch in Gruppen gelernt werden.

Eng damit zusammen hängen die sog. metakognitiven Fähigkeiten, d. h. der Erwerb von Vorstellungen darüber, wie man lernt, welche Strategien man für welche Problemlösungen anwenden kann und wie man den eigenen Lernvorgang steuern kann. (Hofer 1998, 240f.) Es geht also um die Fähigkeit zu lernen, wie man sich den eigenen Lernprozess reflexiv vergegenwärtigt. Dabei hat sich herausgestellt, dass z. B. zu viele Wahlmöglichkeiten den Lerner verunsichern, wenn er über die Bedeutung der Optionen nicht ausreichend Bescheid weiß (ebd. 240). Legt man also den Akzent auf die schrittweise Vermittlung von Fähigkeiten zu freier und selbstbestimmter Arbeit, so kann man den Lernenden helfen, sich unterschiedliche Verfahren in ihrer Reichweite und ihren Möglichkeiten bewusst zu machen.

Der Lehrer kann also solche metakognitiven Fähigkeiten bei den Schülern aufbauen, indem jeweils transparent gemacht wird, warum man z. B. zur Vorbereitung von Projektunterricht das Planen lernen muss, bestimmte Organisationstechniken sinnvoll sind, wie man Aktivitäten im Projekt abstimmt und koordiniert, wie man Versuchsaufbauten anlegt, damit auch etwas herauskommt, wie man das Zeitbudget im Wochenplan einteilt, wie man die eigene (Frei-)Arbeit evaluiert und Konsequenzen für künftiges Vorgehen zieht.

Der Erwerb solcher strategischen Fähigkeiten eines zunehmenden selbstgesteuerten Lernens kann sich dabei auf die *Zielstellung* beziehen (realistische und bearbeitbare Ziele auswählen), auf die während des Lernprozesses durchzuführenden *Operationen* (vom Anfertigen von Notizen über das gezielte Lesen von Texten bis zur Vorbereitung einer mediengestützten Ergebnispräsentation) und auf *Kontrollprozesse* (was haben wir gelernt, welche Qualität haben unsere Ergebnisse).

Kritisch ist zum Modell adaptiver Lernumgebungen nicht viel anzumerken, denn per definitionem werden die Verfahren den individuellen Voraussetzungen und (Lern-) Bedürfnissen der Lernenden optimal angepasst. Ein Fazit der empirischen Lernpsychologie lautet denn auch: „Das gleichermaßen variable, wie flexible Modell des adaptiven Unterrichts ist gegenwärtig das wissenschaftlich fundierteste und didaktisch aussichtsreichste unterrichtliche Konzept, um auf die großen und stabilen interindividuellen Unterschiede der Schüler in didaktisch angemessener Form

zu reagieren." (Helmke/Weinert 1998, 137)
Gleichwohl haben alle drei Modelle ihren spezifischen Anwendungskontext und einen eigenen Sinn. Wie ist nun unser Plädoyer für hinführenden Formen zu Freiarbeit und Projektunterricht, zu mehr Selbststeuerung der Lernenden innerhalb dieser drei Ansätze zu verorten?
Es liegt auf der Hand, dass streng systemorientierte Wissensvermittlung kaum Ansatzpunkte bieten kann. Aber auch hier kann die vorsichtige Eröffnung kleiner Möglichkeiten zu selbstgesteuertem Lernen, z. B. für eine kurze Zeit der eigenständigen Arbeit, angebahnt werden. Der Weg führt dann vom entdecken-lassenden Lernen zum selbstgesteuerten entdecken der Schüler. Andererseits setzt das Modell der problemorientierten Lernumgebungen bereits das voraus, was langsam gelernt werden soll: die Fähigkeit zu autonomer und kooperativer Arbeit. Es birgt zudem die Gefahr, dass notwendige Instruktionsmomente zu kurz kommen. So bleibt als Bezugsrahmen das Modell der adaptiven Lernumgebung, die über den Erwerb inhaltlich-kognitiver Wissensbestände den Akzent auf den Aufbau des prozeduralen Wissens und Könnens legt. Wissen, wie man etwas macht, – darauf kommt es bei allen kleinen, hinführenden Formen zu den „großen" Konzepten wie Freiarbeit und Projektunterricht an.

5. Sachansprüche und Schülerorientierung – ein Scheingegensatz

Löst sich damit der Kern jeder Didaktik, nämlich zwischen Sachanspruch und schülerorientierten Lernwegen zu vermitteln, in eine reine Prozessdidaktik auf? Ist das „Was" der Sache weniger wichtig als das „Wie" des Lernprozesses? Steht am Ende gar eine neue weiche Harmonie, die die Sachansprüche auflöst zugunsten des Mottos „Hauptsache eigenständig gelernt, was dabei herauskommt, ist weniger wichtig"?

Methodenspaß oder Sachansprüche?
Auch auf dem Weg zu mehr Selbststeuerung der Lernprozesse durch die Lernenden gilt (Terhart 1999): Die Sache der Schule ist die Sache!

Bei allem Bemühen um prozedurale Elemente des Lernens bleibt eine Bildungstheorie unverzichtbar, die sich um die Begründung, die Auswahl und die Anordnung der Sachen, der Inhalte müht. Wenn sich das Subjekt immer auch an Widerständen und Herausforderungen bildet (Holzbrecher 1999), wenn Lernen die Dialektik von Außenanforderungen und Neugier der Subjekte einschließt, wenn Bildung ein nicht-linearer, manchmal widersprüchlicher, immer aber dynamischer Vermittlungsprozess zwischen Ansprüchen der zu klärenden Sachen und den eigenen Vorstellungen der Subjekte ist, dann wird Schule nicht aufgelöst in einen allein durch Schülerautonomie bestimmten Selbstbedienungsladen von Bildungsinhalten. In den Bildungsprozess des schulischen Unterrichtes jene unverzichtbaren selbsttätigen und selbstständigen Lernelemente einzubauen, das ist das Gegenteil eines unkritischen neuen Subjektivismus und zugleich die zentrale Herausforderung der Schule der Gegenwart.

Das vorliegende Buch bietet dazu einen ausgewählten Strauß an, hinführende Formen unterschiedlichster Art. Sie sind Ausdruck eines notwendigen Wandels der schulischen Lernkultur, – weg vom belehrenden Unterricht, hin zur Erkenntnis, dass nur das gelernt wird, was selbstständig angeeignet wird, ohne der Illusion zu verfallen, dass dieses nur mit den großen Konzepten eines Offenen Unterrichts, der Freien Arbeit oder des Projektunterrichtes usw. erreicht werden kann. Im Gegenteil: Grundlage selbsttätigen Entdeckens und Forschens sind zunächst ganz einfache Fähigkeiten, die es zu lernen gilt, z. B. das langsame und genaue Hinsehen und Wahrnehmen, oder Mut, auch Umwege produktiv in Kauf zu nehmen, auch die Überwindung der herkömmlichen engen Auftragstypen zugunsten eines freieren „Agendatyps", der die Selbstverantwortung und Planungsfähigkeit, verantwortliches Handeln, Entwicklung von Motivation und Durchhaltevermögen der Schüler und Schülerinnen ungleich stärker herausfordert.

Literatur

Helmke, A./Weinert, F.E.: Bedingungsfaktoren schulischer Leistungen. In: Enzyklopädie der Psychologie, Bd. 3, S. 71-176. Göttingen 1997

Hofer, M.: Lehrer-Schüler-Interaktion. In: Enzyklopädie der Psychologie, Bd. 3, S. 215-252. Göttingen 1997

Holzbrecher, A.: Subjektorientierte Didaktik. Lernen als Suchprozess und Arbeiten an Widerständen. In: Die Deutsche Schule, 5. Beiheft 1999: Neue Wege in der Didaktik? S. 141-168

PÄDAGOGIK H. 11/2000: Freie Arbeit und Projektunterricht

Reinmann-Rothmeier, G./Mandl, H.: Wissensvermittlung: Ansätze zur Förderung des Wissenserwerbs. In: Enzyklopädie der Psychologie, Bd. 6, S. 457-500. Göttingen 1998

Schiefele, U./Pekrun, R.: Psychologische Modelle des fremdgesteuerten und selbstgesteuerten Lernens. In: Enzyklopädie der Psychologie, Bd. 3, S. 249-278. Göttingen 1997

Terhart, E.: Konstruktivismus und Unterricht. Gibt es einen neuen Ansatz in der Allgemeinen Didaktik? In: Z. f. Päd. H.5/1999, S. 629-647

Traub, S.: Unterricht kooperativ gestalten. Bad Heilbrunn 2004

He, Mann! Warum werfen deine Schüler mit Obst?
Die befruchten sich gegenseitig!

7. In Gruppen lernen – Warum nicht?

Einleitung: Gruppenunterricht – Schattendasein trotz Potenzial

Lange Zeit war es still geworden um die Gruppenarbeit im Unterricht. Zwar entstand in den 80er und 90er en eine Fülle von praxisbezogener Literatur zu didaktischen Einzelthemen des Gruppenunterrichtes, aber die wissenschaftliche Pädagogik hat sich dieses Themas kaum angenommen. Erst in jüngster Zeit mehren sich Forschungsarbeiten, die die Thematik vor allem auch empirisch untersuchten (z. B. Dann/Diegritz/Rosenbusch 1999, A. Huber 1999, für den anglo-amerikanischen Raum Cohen 1994, Johnson/Johnson/Holubec 1994, Slavin 1995) und schulpraktische Konsequenzen entwickelten (G.L. Huber 1993, Nürnberger Projektgruppe 2001, Gudjons 2003, Weidner 2003).
Vermutlich liegt die Funkstille um den Gruppenunterricht daran, dass man sich an einen grundlegenden Widerspruch langsam gewöhnt hatte. Auf der einen Seite galten die Vorzüge der Gruppenarbeit in der Theorie nahezu als unbestritten, auf der andern Seite führt der Gruppenunterricht in der schulischen Wirklichkeit bis heute immer noch ein Schattendasein. Von Klafkis bildungstheoretisch fundiertem Plädoyer für den Gruppenunterricht als Prinzip demokratischen und humanen Lernens (Klafki 1993) über die klassischen didaktischen Arbeiten E. Meyers (Meyer/Winkel 1991) bis zu neuesten Veröffentlichungen über Teamentwicklung im Klassenraum (Mitschka 1999, Klippert 2001) besteht Einigkeit über die Potenziale des Gruppenunterrichtes (vor allem gegenüber einem überwiegenden Frontalunterricht). Alle preisen seine Vorteile. Ich nenne „nur“ sieben:

Sieben Vorteile des Gruppenunterrichtes

1. In der höheren Interaktionsdichte unterrichtlicher Kleingruppen liegt eine gute Voraussetzung für den Erwerb kommunikativer Kompetenz;
2. die Kommunikation kann sich wegen des Wegfalls der permanenten Lehrersteuerung offener, individueller und kreativer gestalten;
3. die Gruppenmitglieder sind auf Selbststeuerung angewiesen und können so wichtige Fähigkeiten wie Selbstständigkeit, Eigenverantwortung und Konfliktregulierung lernen;
4. durch den (im Vergleich zum Klassenplenum) geringeren Grad von „Öffentlichkeit" kann sich initiatives Handeln gleichsam in einem eher „privaten" Schonraum besser entfalten;
5. erhöhte Selbstlenkung ermöglicht ergebnisoffenere Strategien;
6. die Kleingruppe ist Kindern und Jugendlichen als peergroup mit ihrem überschaubaren Beziehungsgefüge vertrauter als größere soziale Gebilde, die auch höhere Risiken des Misserfolgs, des Scheiterns und der Verunsicherung bieten;
7. Kooperationsfähigkeit, Verantwortungsbereitschaft, Initiative im Team sind heute unverzichtbare Qualifikationen in der beruflichen Welt. (Dann/Diegritz/Rosenbusch 1999, 359f.)

Angesichts solcher Potenziale ist der geringe Einsatz gruppenunterrichtlicher Verfahren in der Schule eigentlich verwunderlich: Bekannte Untersuchungen sprechen – je nach Schulstufe und Schulart – von zwei bis elf Prozent Unterrichtszeit in Gruppen (z. B. Hage u.a. 1985) oder haben festgestellt, dass nur sieben Prozent der Lehrkräfte regelmäßig Gruppenunterricht durchführen, 26% häufiger und die meisten selten oder gar nicht (Rotering-Steinberg/von Kügelgen 1986, ähnlich Kanders 2000, Bohl 2000). Viele Lehrkräfte schrecken vor dem Gruppenunterricht zurück: „Sie befürchten insbesondere, dass sich Klassenführungs- bzw. Disziplinprobleme ergeben, dass sich einige Schüler der Arbeit entziehen, dass sich mangelnder Lernerfolg einstellt und dass sie mit Kollegen oder der Schulleitung Schwierigkeiten bekommen könnten." (Renkl/Mandl 1995, zit. nach Nürnberger Projektgruppe 2001, 14). Solche „Mythen" (ebd.) konnten z. T. empirisch widerlegt werden (Dann/Diegritz/Rosenbusch 1999), dürfen aber nicht darüber hinwegtäuschen, dass sie einen wahren Kern enthalten, der vier Aspekte umfasst.

1. Gruppenunterricht ist systemwidrig

Der erste Aspekt zielt auf Systembedingungen der Schule. Die genannten Vorbehalte sind nämlich nicht lediglich einer verkrusteten Lehrermentalität anzulasten, sondern sind Ausdruck der historisch gewordenen Bedingungen des Systems Schule. Von seiner historischen Entstehung her sind in diesem System Zusammenarbeit, Selbstständigkeit, aber auch Kreativität und Solidarität weniger hoch angesehen als Korrektheit, Pflichtbewusstsein, individuelles Vorwärtskommen, Fehlervermeidung und Anpassung. Der Schüler ist traditionell weitgehend ausführendes Organ. Zudem ist die Schule mit ihrem Prinzip der Individualbenotung, der Auslese und individuellen Fachleistung eher an Konkurrenz als an Kooperation und Solidarität ausgerichtet. „Insofern ist kooperatives Lernen bzw. Gruppenunterricht geradezu systemwidriges Verhalten im Rahmen der Schule ...“ (Dann/Diegritz/Rosenbusch 1999, 365). So nimmt es denn auch nicht Wunder, dass den SchülerInnen der Sinn von Gruppenunterricht und seine Potenziale – sofern er überhaupt praktiziert wird – oft nicht bekannt sind; nicht selten wird Gruppenarbeit lediglich als mehr oder weniger willkommene Abwechslung im methodischen Normalgang des Unterrichtes aufgefasst. Dies zeigt sich z. B. daran, dass die Chance der Selbstständigkeit oft dadurch unterlaufen wird, dass die SchülerInnen ihre Lehrkräfte während des Gruppenunterrichtes fortwährend befragen und nicht angemessen die Möglichkeit nutzen, selbstständig, kreativ mit eigenen Denk- und Lösungsansätzen *ihre* Ideen und Strategien zu produzieren. Sie sind es eben gewohnt, es den *Lehrern* recht zu machen.

Dies kommt wiederum der ausgeprägten Neigung der Lehrkräfte zum schnellen Helfen, Eingreifen, Kontrollieren und Überwachen, ihrem Bedürfnis nach Sicherheit und Berechenbarkeit entgegen. So wurde empirisch festgestellt, dass Lehrkräfte viel zu häufig intervenieren, z. B. vier mal in achteinhalb Minuten, das Maximum lag bei zehn Lehrerinterventionen pro Gruppenarbeit; der durchschnittliche Zeitanteil aller Interventionen in der Gruppenarbeitsphase lag bei rund 12 %, wobei die Spannweite sich zwischen 1,5 % und 29 % bewegte. In den meisten Fällen (rund 70 %) intervenierten die Lehrkräfte, ohne dass die SchülerInnen sie dazu aufgefordert haben. (Nürnberger Projektgruppe 2001, 48) Natürlich ist die methodische Grundspannung, die Schüler durch Anleitung zur Selbstständigkeit führen zu sollen, nicht einfach weg zu organisieren, aber innerhalb einer Gruppenarbeitsphase besteht doch die erhöhte Chance, sie zumindest teilweise aufzuheben.

2. Zwischen Kontrolle und Ohnmacht

Der zweite Aspekt, warum Mythen über Gruppenunterricht sich so hartnäckig halten, bezieht sich auf die persönlichen „subjektiven Theorien" über Unterricht. Die genannten Mythen signalisieren Angst vor Ohnmacht, konkret: die Befürchtung, Ineffektivität und Disziplinprobleme würden den guten Willen der Lehrkraft zunichte machen. Das ist verständlich, vor allem, wenn man negative Erfahrungen mit der Gruppenarbeit hat.

Gruppenunterricht setzt Vertrauen in die Selbstregulierungskräfte einer Gruppe ebenso voraus wie eine konsequente Lösung des immer wieder beobachteten Dilemmas von Eingreifen und Nicht-Eingreifen in Richtung einer verstärkten Beobachtung statt unverlangter Intervention. Es ist eben unendlich schwer, die im Frontalunterricht praktizierte Rolle in einer Gruppenarbeitsphase plötzlich abzulegen und darauf zu verzichten, durch Kontrollieren, Lenken und Alles-im-Griff-Haben dem eigenen, als unerträgliches Risiko erlebten Ohnmachtsgefühl entgegenzusteuern. Hilbert Meyers Empfehlung, die Lehrkraft möge sich während der Gruppenarbeit an das Pult zurückziehen und frühstücken (so eine Karikatur in Meyer 1987, 268), mag zunächst befremden, trifft aber durchaus den Kern der Sache: Die Schülerinnen möglichst wenig stören, zunächst also Rückzug, Beobachten, nur nach Aufforderung zu den Gruppen gehen und auch dann die eigenen Ressourcen der Arbeitsgruppe mobilisieren statt eigene Vorstellungen ausführen zu lassen. Denn Gruppenunterricht ist nach der Studie von Dann/Diegritz/Rosenbusch (1999, 334f.) problematisch und wenig effizient, wenn der Grundkonflikt Eingreifen vs. Nicht-Eingreifen tendenziell (d. h. in der Regel) zugunsten von Eingreifen entschieden wird, wenn die Ziele allein von der Lehrkraft festgelegt, die Arbeit der Gruppe laufend kontrolliert und inhaltlich gelenkt und überwiegend nur die Leistung der SchülerInnen bewertet werden.

Häufig haben sich die Lehrkräfte nicht genügend über den Stand der Gruppe und das Intragruppengeschehen informiert, sondern intervenieren „invasiv" (ebd. 145), d.h. ohne Aufforderung durch die Gruppe selbst, sie setzen eigene Vorstellungen durch (z. B. nachträgliche Präzisierung oder Erweiterung des Arbeitsauftrages, Korrekturen der Aufgabenstellung) und unterbrechen das Gespräch in der Gruppe, ohne sich um das Vorher und Nachher in der Gruppe zu kümmern. Vor allem ein solcher fehlender Situationsbezug, d. h. ein Nicht-Erfassen der konkreten, aktuellen Situation in der betreffenden Gruppe (übrigens auch beim Loben!), ist für Gruppenarbeit kontraproduktiv. Solche invasiven Interventionen führen zur Verschlechterung der inhaltlichen Progression, im Unterschied zu den „responsiven", d. h. von der Gruppe selbst eingeforderten, unterstützenden und ermutigenden Interventionen, die nach dem Prinzip der minimalen, situationsbezogenen Hilfe vorgehen. Nicht gemeint ist das Eingreifen der Lehrkraft, wenn sich zwei prügeln, invasiv hin oder her.

3. Keine Front zum Frontalunterricht

Im dritten Aspekt wird das Verhältnis verschiedener Sozialformen angesprochen. Hinter den Vorbehalten, Ängsten und Befürchtungen gegenüber dem Gruppenunterricht, die sich zu den o.a. Mythen verdichten, steht die berechtigte Sorge, gruppenunterrichtliche Verfahren würden ausgespielt gegenüber einem instruktionsorientierten Unterricht, z. B. dem Frontalunterricht, der damit seine Berechtigung verliere. (Vgl. dazu den Beitrag über einen gewandelten Frontalunterricht in diesem Buch)

Zunächst einmal ist festzuhalten, dass auch der Gruppenunterricht in der Regel eingebettet ist in Frontalunterricht (z. B. inhaltlich, wenn sich aus einem Thema eine vertiefende Gruppenarbeit anbietet, Kontroversen analysiert, Probleme gelöst, Fertigkeiten vertieft und eingeübt werden sollen, oder methodisch, wenn im Rahmen einer frontalunterrichtlichen Phase Arbeitsaufträge gestellt und erklärt werden, schließlich auch, wenn Gruppenarbeitsergebnisse dem Klassenplenum vorgestellt, diskutiert und in größeren Zusammenhängen verarbeitet werden).

Vor allem darf nicht übersehen werden, dass sich für den Erwerb inhaltlichen Wissens – variable und flexibel eingesetzte – Formen der direkten Instruktion als besser geeignet erwiesen haben als der (alltägliche, unspezifische, relativ kurzfristige) Gruppenunterricht. In einem Forschungsüberblick zu Bedingungsfaktoren schulischer Leistung resümieren Helmke und Weinert (1997, 136) denn auch: Die Wirksamkeit eines direkt-instruktiven Verfahrens, bei denen die Lehrkraft die Ziele vorgibt, sie sorgfältig auf den Kenntnis- und Fähigkeitsstand der SchülerInnen abstimmt, den Stoff in kleine, überschaubare Einheiten zerlegt, das notwendige Wissen vermittelt, Fragen unterschiedlicher Schwierigkeit stellt, damit die antwortenden Schülerinnen die richtige Lösung mit großer Wahrscheinlichkeit finden, für ausreichende Übung sorgt, den Lernfortschritt der Kinder kontrolliert und bei Lernschwächen sofort und unauffällig unterstützt, für angemessenen Wechsel der Arbeitsformen sorgt, ist „insbesondere für jüngere Schüler und für Schulfächer mit ausgeprägtem hierarchischem Lehrzielaufbau (wie Mathematik, Naturwissenschaften) ... wissenschaftlich gesichert."

Sind allerdings grundlegende Bedingungen des Gruppenunterrichts erfüllt (vor allem „individuelle Verantwortlichkeit" und „Gruppenbelohnung"), so ist nach einer abweichenden Metaanalyse empirischer Untersuchungen von Slavin (1998) der Gruppenunterricht überlegen. Geht es hingegen um lebenspraktisches Anwendungswissen, um die viel zitierten Schlüsselqualifikationen, um metakognitive Kompetenzen (d.h. ein Bewusstsein von den eigenen Lernpotentialen und deren Wachstumsbedingungen) oder um Strategien des Lernen-Lernens, dann ist Gruppenunterricht angezeigt (Dann/Diegritz/Rosenbusch 1999, 362).

Über die unterschiedlichen Ergebnisse empirischer Forschung zu Unterrichtsmethoden hinaus ist festzuhalten, dass diejenigen Lehrkräfte erfolgreichen Gruppenunterricht zeigten, die über elaborierte „Subjektive Theorien" verfügen, d.h. fachliches und pädagogisch-didaktisches Wissen zu einem reichen persönlichen Repertoir von Handlungsmöglichkeiten verbinden konnten (ebd. 325, 371). Erfolgreicher Unterricht ist nicht allein Gruppenunterricht, sondern beruht auf der Kompetenz, unterschiedliche Methoden so einzusetzen, dass sich Lehren nicht mehr vorwiegend als „Sender-Empfänger-Metapher" verstehen lässt, sondern als Zur-Verfügung-Stellen von Lerngelegenheiten begreifbar wird. Anders gesagt:

Der erfolgreiche Lehr-Experte
Nicht die Anhängerschaft zum Gruppenunterricht zeichnet den erfolgreichen Lehr-Experten aus, sondern – wie es Bromme zusammenfassend in seiner Analyse von Forschungsarbeiten zur Lehrerkompetenz feststellt – eine situationsangemessene, ebenso stabile wie flexible Verfolgung eines elaborierten Repertoires von Zielen und entsprechenden Sozialformen und Methoden. (Vgl. Bromme 1987, 188)

4. Gruppenunterricht – komplex und störanfällig

Vierter Aspekt: Für die Mythenbildung (s. o.) ist möglicherweise auch ein Gefühl verantwortlich, nicht über eben diese elaborierten Subjektiven Theorien zu verfügen, also auch methodisch überfordert zu sein.
Nicht die Beherrschung einzelner Tricks und Kniffe macht die Qualität des Gruppenunterrichtes aus, sondern das Bewusstsein vom Beziehungsgeflecht zwischen Arbeitsauftrag, Prozessen der Intragruppenkommunikation, Lehrerinterventionen, Arbeitsergebnissen und deren Integration in den weiteren Unterricht. Präzise und verständliche Arbeitsaufträge (mündlich und schriftlich, einschließlich der Absicherung, ob alles verstanden worden ist) bestimmen entscheidend die Prozesse in den Gruppen. Diese Arbeitsprozesse hängen wiederum von der Art der Lehrer-(Nicht)Intervention ab, die bereits durch die Qualität der Arbeitsaufträge auf ein Minimum beschränkt werden kann. (Dann/Diegritz/Rosenbusch 1999, 108ff.)
Aber nicht nur Arbeitsaufträge und Lehrerintervention bestimmen das Geschehen in einer Schülergruppe. Auch die grundlegenden Prozesse der Gruppendynamik laufen in jeder Gruppe ab, sie werden variiert je nach Gruppe, sind aber durch keine Intervention einfach zu „beseitigen". Gerade deswegen sind Phasen der Metakommunikation, z. B. Betrachtung und Reflexion abgelaufener Gruppenunterrichtsabschnitte, sowie speziell eingesetzte Übungen und Trainingselemente zur Förderung aufgabenbezogener Interaktion (Vorschläge in PÄDAGOGIK H. 1/

2002) hilfreich und nützlich. Ausgesprochen kontraproduktiv allerdings ist dabei ein perfekt geordnetes und streng einzuhaltendes Regelwerk der Kleingruppenkommunikation: Es bremst die kreative Spontaneität und verschlechtert die Qualität der Gruppenarbeitsergebnisse (Dann/Diegritz/Rosenbusch 1999, 344). Günstiger ist es, aus Unsicherheiten, Versuch und Irrtum, Fehlern zu lernen. Eigene Erfahrungen zu machen ist auch in der Gruppenarbeit erfolgreicher als schulische Regelbelehrung...

Schließlich wird der Erfolg des Gruppenunterrichtes entscheidend auch dadurch bestimmt, wie die Gruppenergebnisse dem Plenum vermittelt werden und wie sie dann verarbeitet werden. Günstig ist, möglichst viele SchülerInnen an der Präsentation der Gruppenergebnisse zu beteiligen, unterschiedliche Formen der Präsentation zu wählen (vom fish-pool, der Expertenbefragung über die Ausstellung bis zum Referat – vgl. den Beitrag über die gute Präsentation in diesem Buch). Ferner wird empfohlen, nicht einzelne, sondern immer Gruppen „aufzurufen“. Wichtig ist auch, dass die Lehrkraft über die Lösungen der Gruppen hinaus geht und die Ergebnisse in größere Zusammenhänge einordnet, Verbindungen zwischen den einzelnen Gruppen herstellt. Geht es um Ergebnissicherung, sollte sie auch zentrale Aspekte von den SchülerInnen rekapitulieren lassen und in der Auswertungsphase mediale Möglichkeiten (Tafel, Overhead, Arbeitsblätter, Folienmitschrift, Textverarbeitung mit dem PC, Wandzeitungen u.a.m.) umfassend nutzen. Zuletzt wurde in der bereits genannten Untersuchung von Dann/Diegritz/Rosenbusch (1999, 351ff.) auch die Notwendigkeit von Metakommunikation empirisch bestätigt: positives soziales Klima und Lerngewinne gehen offenbar Hand in Hand.

Angesichts dieser Fülle von modernen Aspekten zum Gruppenunterricht will dieser Beitrag Impulse vermitteln und Mut machen, dem Gruppenlernen mehr Raum zu geben. Soziales Lernen wird dabei nicht als Anhängsel der inhaltlichen Unterrichtsvorbereitung verstanden, sondern als integrierter Bestandteil jeder Planung. Fachliches Lernen, sachliche Leistung und der Aufbau sozialer Kompetenz sind gleich wichtige Säulen, die das Dach „Unterricht“ tragen. Gruppenunterricht ist darum nicht eine gelegentlich willkommene Sozialform, die vor allem der Abwechslung dient („Methodenwechsel“), sondern grundlegender Bestandteil eines Konzeptes zum sozialen Lernen. Zahlreiche Praxisvorschläge zur Gestaltung des Gruppenunterrichtes finden sich im Handbuch Gruppenunterricht (Gudjons 2003), auf das ich abschließend verweisen möchte.

Literatur

Bohl, T.: Unterrichtsmethoden in der Realschule. Bad Heilbrunn 2000

Bromme, R: Kompetenzen, Funktionen und unterrichtliches Handeln des Lehrers. In: Enzyklopädie der Psychologie. Bd. 3. Göttingen 1997. S.177-212

Cohen E. G.: Restructuring the Classroom: Conditions for productive small groups. In: Review of Educational Research. 64. S.1-35

Dann, H.-D.; Diegritz, T.; Rosenbusch, H.S. (Hrsg.): Gruppenunterricht im Schulalltag. Realität und Chancen. Erlangen 1999

Gudjons, H. (Hrsg.): Handbuch Gruppenunterricht. Weinheim und Basel 2003, 2. Aufl.

Hage, K.: Das Methoden-Repertoir von Lehrern. Opladen 1985

Helmke, A.; Weinert, F.-E.: Bedingungsfaktoren schulischer Leistungen. In: Enzyklopädie der Psychologie. Bd. 3. Göttingen 1997. S. 71-176

Huber, A.: Bedingungen effektiven Lernens in Kleingruppen unter besonderer Berücksichtigung der Rolle von Lernskripten. Schwangau 1999

Huber, G. L. (Hrsg.): Neue Perspektiven der Kooperation. Ausgewählte Beiträge der Internationalen Konferenz 1992 über Kooperatives Lernen. Baltmannsweiler 1993

Johnson, D. W.; Johnson, R. T.; Holubec, E. J.: Cooperative Learning in the Classroom Alexandria, Virginia 1994

Klafki, W.: Lernen in Gruppen. Ein Prinzip demokratischer und humaner Bildung in allen Schulen. In: Gudjons, H. (Hg.), a.a.O. S. 54-71

Kanders, M.: Das Bild der Schule aus der Sicht von Schülern und Lehrern II. Dortmund 2000

Klippert, H.: Teamentwicklung im Klassenraum. Übungsbausteine für den Unterricht. Weinheim 2001, 5. Auflage

Meyer, H.: UnterrichtsMethoden. Bd. 2. Frankfurt/M. 1987

Meyer, E./Winkel, R. (Hrsg.): Unser Konzept: Lernen in Gruppen. Begründungen. Forschungen. Praxishilfen. Baltmannsweiler 1991

Mitschka, R.: Die Klasse als Team. Ein Wegweiser zum Sozialen Lernen in der Sekundarstufe. Linz 1999, 2. Auflage

Nürnberger Projektgruppe: Erfolgreicher Gruppenunterricht. Praktische Anregungen für den Schulalltag. Stuttgart 2001

PÄDAGOGIK H. 1/2002 In Gruppen lernen

Rotering-Steinberg, S.: Kügelgen, T. v.: Ergebnisse einer schriftlichen Befragung zum Gruppenunterricht In: Erziehungswissenschaft-Erziehungspraxis, 2, 26-29

Slavin, R. E.: Cooperative learning: Theory, research and practice. Boston 1995, 2nd ed.

Slavin, R. E.: Research on cooperative learning and achievement: A quarter century research. In: Fachgruppe Pädagogische Psychologie in der DGfP (Hg.): Newsletter, I/S. 13-45

Weidner, M.: Kooperatives Lernen im Unterricht. Seelze 2003

klassischer Frontalunterricht

8. Frontalunterricht im Wandel
Integration in offene Unterrichtsformen

1. Frontalunterricht – veraltet und heftig kritisiert

Der Frontalunterricht wird in der Diskussion um eine „Neue Unterrichtskultur" in der Regel heftig kritisiert. Er unterliege z. B. einem grundlegenden didaktischen Kurzschluss: Lehrer glauben, dass Schüler genau das lernen, was Lehrer frontal für alle lehren und mit ihnen erarbeiten. Aber lehren und lernen seien zwei Dinge, niemals wird etwas 1:1 vermittelt. Außerdem sei der Frontalunterricht undemokratisch, orientiere sich an einem imaginären Durchschnittsschüler (den es überhaupt nicht gibt), verhindere Selbstverantwortung im Lernen der Schüler, vermittle lernen im Gleichschritt, fördere eine rezeptive und passive Lernhaltung, befriedige schließlich überwiegend das Überwachungs- und Kontrollbedürfnis der Lehrenden und sichere ihnen ihre „Bühne" zur Lehrerselbstdarstellung.
Angesichts dieser massiven Kritik ist klar, dass die Diskussion um eine neue Unterrichtskultur, vor allem um den Wandel der Unterrichtsmethoden, den Frontalunterricht direkt betrifft. Offene, schülerorientierte, selbstgesteuerte Formen des Lernens haben Rückwirkung auf den Frontalunterricht und führen zu einer neuen Funktionsbestimmung dieser immerhin mit über 76 % führenden Sozialform des Unterrichtes (Hage u.a. 1985, Kanders 2000, Bohl 2001) Und wie ich meine: Nicht zu seiner Abschaffung! (Grundlegend und ausführlich Gudjons 2003)
Frontalunterricht als solcher ist allerdings noch keine Methode. Er gehört vielmehr (als eine methodische Variante) zu den Sozialformen des Unterrichtes, welche zunächst nur die Kommunikationsverläufe, Interaktionen und Beziehungsstrukturen festlegen. Im Frontalunterricht werden diese weitgehend von der Person vorne („frontal" vom lat. frons = Stirn) bestimmt. Frontalunterricht ist auch von anderen Formen des Klassenunterrichtes zu unterscheiden (z. B. Kreisgespräch mit dem „Rede-Ei", Amerikanische Debatte u.a.m. – Konkretisierende Praxisvorschläge finden Sie in: Gudjons 2003, 151 ff. und 255 ff.).

2. Frontalunterricht: zwei Varianten

In der Diskussion um den Frontalunterricht unterscheide ich zwei Varianten:
a) „traditioneller Frontalunterricht": Er ist auf weiten Stecken die einzige, zumindest

die überwiegende Sozialform des Unterrichtes, man kann ihn daher auch als dominierenden oder isolierten oder alleinigen Frontalunterricht bezeichnen oder kurz eine Allzweckwaffe oder seriöser *methodische Monokultur* nennen;

b) ein neues Konzept des „integrierten Frontalunterrichtes“, das sich auf die Integration frontalunterrichtlicher Phasen in eigentätige, selbstverantwortete und selbstgesteuerte Schülerarbeitsformen richtet.

Frontalunterricht: Sinnvoll und unverzichtbar, wenn...
Meine grundlegende These ist, dass Frontalunterricht sinnvoll und unverzichtbar ist, wenn er
- *erstens* in Unterrichtsformen integriert ist, die Eigentätigkeit, Selbstverantwortung, Selbststeuerung, und Kooperation der Lernenden fördern, und wenn er
- *zweitens* im Rahmen dieser Integration als wichtige Phase eigenständige didaktische Funktionen nachweisen kann,
- *und drittens* einfach modern und professionell gestaltet wird.

Frontalunterricht soll also schrumpfen auf bloße Phasen des Unterrichtes, die in offene Unterrichtsformen integriert sind. Aber:

3. Was sind offene Unterrichtsformen?

Offene Unterrichtsformen (siehe auch Beitrag zum Offenen Unterricht in diesem Buch) sind Teil der Gestaltung von „Lernumgebungen“. Während *geschlossene* Lernumgebungen (Sacher 2002, 393) den Stoff hierarchisch gliedern, Informationen im schrittweisen Nacheinander präsentieren, eine enge Zeitstruktur haben, einem traditionellen Ablaufschema folgen und von der direkten Führung der Lehrkraft abhängen, haben *offene* Lernumgebungen eine explorative Struktur, der Stoff ist „flacher“ gegliedert, der Zeitrahmen flexibler, die Reihenfolge der Lernhandlungen und die Bemessung der Lernzeiten werden stärker den Lernenden selbst überlassen.

Bei der Gestaltung von Lernumgebungen heißt „offen“ dann konkret, dass der Unterricht

- offen für die Mitplanung durch die Lernenden ist: Die *Lernziele* sind nicht einfach vorgegeben, sondern aushandelbar;
- offen für themenbezogene Wünsche und Interessen der Lernenden ist: *Inhalte* sind wählbar, u. U. sogar selbst bestimmbar;
- offen gegenüber individuellen Lernbedürfnissen der Schüler und Schülerinnen ist: Die *Lernverfahren* sind nicht starr und vorfixiert, sondern variabel;

- offen für die *Kontrolle und Evaluation* der Arbeit durch die Lerner ist: Selbstverantwortung und Metakognition werden betont;
- offen und flexibel im Arrangement der *Sozialformen* ist: unterschiedliche Sozialformen ergänzen sich funktional;
- offen für eine neue *Rolle der Lehrkraft* ist: Instruieren, anleiten, führen, unterweisen stehen gleichberechtigt neben zurückhaltendem Beraten, helfen, ermutigen und unterstützen;
- offen gegenüber unterschiedlichen *Lernzeiten* der Lerner ist: Lernzeit ist nicht frontalunterrichtlicher Einheitstakt, sondern „Eigenzeit";
- langfristig das *selbstgesteuerte Lernen* anstrebt: auf offenen Wegen, mit offenen Lernangeboten und eigener Verantwortung der Lerner.

Dabei gibt es methodisch nicht den „Königsweg" für gelingendes Lernen. Weder Gruppenarbeit, Stationenlernen, Wochenplan, Freiarbeit oder Projektunterricht sind Garanten für den Aufbau von Wissen, Kompetenzen und Motivation. Keine Sozialform allein macht effektiven Unterricht aus. Umgekehrt gilt: Auch alleiniger Frontalunterricht ist nicht in der Lage, die heute nötige Sachkompetenz, Sozialkompetenz, Methodenkompetenz und Moralkompetenz zu vermitteln. Wer ihn allerdings abschaffen will, übersieht einige sinnvolle und unverzichtbare Funktionen frontaler Unterrichtsabschnitte.

4. Unverzichtbare Funktionen des Frontalunterrichtes

• Äußere Potenziale nutzen

Wenn die gesamt Lerngruppe gemeinsam arbeitet, kann ihr volles Potenzial z. B. zur Lösung eines Problems ausgeschöpft werden, besser als dies etwa eine Kleingruppe kann. Im Pluralismus der ganzen Klasse liegt also durchaus auch eine besondere Chance für den Unterricht. Hinzu kommt, dass frontale Phasen recht genau vorausplanbar sind. Die Lehrkraft kann auch sofort eingreifen, wenn etwas schief läuft und z. B. Alternativen vorschlagen, unmittelbare Rückkopplungen sind jederzeit gegeben, – wiederum anders als bei selbstständiger Partner-, Einzel- oder Gruppenarbeit. Nicht zu unterschätzen ist auch die lebendige Interaktion mit der Person des Lehrers: Humor, Begeisterung und Freude können „überspringen", ganz anders als z. B. beim Durcharbeiten von Texten in stiller Einzelarbeit. Außerdem kann die Lehrkraft Vorbild und Modell für alle gleichzeitig sein, z. B. in der Sprache, im Lösen von Konflikten u.a.m. Zuletzt darf als äußerer Vorteil auch nicht vergessen werden, dass frontale Phasen z. B. nach arbeitsintensiven selbstständigen Projektabschnitten für die Schüler eine Erholung bedeuten können, jemand anders hat die Leitung und Verantwortung, das kann und darf auch einmal entspannend sein.

• Informieren und darbieten
Dass Informationen in einer frontalen Phase für alle dargeboten werden müssen, wenn es um die Einführung in eine neues Sachthema geht, wenn es um Grundlagen für weitere Arbeiten geht oder um für alle verbindliche Zusammenfassungen etc., dürfte unstrittig sein. Hier haben (professionell gestaltetete!) Lehrervorträge und Schülerpräsentationen ihren legitimen Ort. Allerdings ist eine baldige Vertiefung durch andere Unterrichtsformen nötig, denn nur Dargebotenes wird relativ schnell wieder vergessen.

• Beim Stoff-Erarbeiten: Lernen vernetzen
Soll Wissen nicht aus isolierten Bruchstücken bestehen, müssen gemeinsam die notwendigen übergreifenden Zusammenhänge und Perspektiven erarbeitet werden. Hier haben die verschiedenen Gesprächsformen im Frontalunterricht ihren unaufgebbaren Ort. Es geht um den Aufbau semantischer Netzwerke: Wissen wird verstanden als Sich-Kreuzen und Verknüpfen von „Fäden" im Gehirn. Andernfalls entsteht sog. „träges Wissen", das nicht systematisch eingeordnet wird, das nicht zur Anwendung kommt, schwer abrufbar ist und bald wieder vergessen wird. Hintergrund für diese Funktion des Frontalunterrichtes ist die „Cognitiv-flexibility-Theorie", nach der sinnvolle Wissensverarbeitung in multiplen Kontexten erfolgt, beweglich auf andere übertragen werden kann und „Landschaften" mit komplexen „Domänen" ausformt. (Reinmann-Rothmeier/Mandl 1998, 469)

• Lernmethoden vermitteln
Wer von Schülern und Schülerinnen selbstständiges Arbeiten erwartet, muss ihnen dazu das nötige Handwerkszeug, d. h. Lern- und Arbeitsmethoden (auch fachspezifisch) vermitteln. Im Frontalunterricht werden sie vorgestellt, erklärt und erarbeitet, in anderen Unterrichtsformen vertieft und eingeübt.

• Entdecken und Problemlösen
Frontale Phasen zielen auf die Vermittlung der notwendigen Qualifikationen und Kompetenzen in der selbstständigen Problemlösung. Verfahren, Techniken und Strategien müssen erstmal gemeinsam erarbeitet werden, bevor sie in Einzel-, Partner- oder Gruppenarbeit angewendet werden können. Instruktion und Selbstständigkeit sind nicht trennbar beim Entdecken und Problemlösen.

• Ergebnisse sichern, üben und wiederholen
Unterrichtsergebnisse müssen in ihrem Stellenwert für *alle* Lernenden verdeutlicht werden: Ein Thema muss gemeinsam zusammengefasst werden, Unverzichtbares muss wiederholt und geklärt werden, manches ist auch zu üben, – und zwar mit

sinnvollen Techniken und Strategien (siehe Beitrag zum Üben und Wiederholen in diesem Buch).

- **Lernprozesse planen, koordinieren und auswerten**
Eine gemeinsame Unterrichtsplanung dürfte immer noch selten sein. Unverzichtbar ist sie allerdings bei intensiveren Kleingruppenphasen oder projektähnlichem Vorgehen. Aber auch Zwischenphasen zur Abstimmung, zur Koordination und Rückkopplung mit der Ausgangsplanung sind im Prozessverlauf immer wieder nötig. Ebenso selbstverständlich ist die Auswertung in Form von Gruppenpräsentationen, Feedback und Reflexion der gemeinsamen Arbeit.

- **Klassengemeinschaft fördern**
Dass die gezielte Gestaltung der sozialen Ebene einer Lerngruppe kein beliebiger Luxus ist, wissen wir spätestens nach den Untersuchungen zum Zusammenhang zwischen einer guten Lernatmosphäre und kognitiven Lernleistungen der Schüler und Schülerinnen (Gudjons 2003, 122). Die Pflege der Kohäsion einer Klasse, ihres Wir-Gefühles und ihrer Kooperations- und Kommunikationsfähigkeit ist daher zentrale Funktion des Frontalunterrichtes, aber auch Gegenstand aller Initiativen im Rahmen des Schullebens (Feiern, Feste, Klassenreisen etc.).

- **Feedback als Weg zum schülerorientierten Frontalunterricht**
Rückmeldungen von Schülern und Schülerinnen – methodisch gut organisiert und mit vereinbarten Konsequenzen – sind ein hervorragendes Mittel, um den Lernenden mehr Einfluss auf die Gestaltung des Unterrichtes einzuräumen und gerade den Frontalunterricht zu befreien von seinem Nimbus direktiver Lehrersteuerung bei passiven Schülern (siehe den Beitrag zum Feedback in diesem Buch!).

5. Lernpsychologische Grundlagen des Frontalunterrichtes

Die Diskussion um Unterricht heute bewegt sich zwischen zwei Richtungen der modernen Lernpsychologie.

a) *Instruktionspsychologie*: Hier geht es um die systematisch-schrittweise Vermittlung von Wissen in kleinen Portionen in einen stark von der Lehrkraft gesteuerten Prozess der Informationsaufnahme, – durchaus effektiv z. B. bei lernschwächeren Schülern oder in stark lehrgangsorientierten Fächern –, wenn auch ohne Frage eine sehr technologische Lehrstrategie („direct instruction“ wird das instruktionspsychologisch fundierte didaktische Konzept genannt). Dazu gibt es ausgefeilte Lehrstrategien. (Gudjons 2003, 132 ff.)

b) *Konstruktivistische Lernpsychologie*: Nach ihrem Verständnis ist Lernen immer aktive Eigenkonstruktion von Erkenntnissen und Wissen im Kopf des Lerners. Eine 1:1 Übermittlung von Stoff ist nicht möglich. Lernen baut auf Selbsttätigkeit, Aktivität und Konstruktivität des Lerners. Lernen ist damit das Gegenteil von extern vermittelter, passiv aufgenommener und mechanisch verarbeiteter Information. (Ebd. 139 ff.)

Aber: Instruktion und Konstruktion sind nur ein vermeintlicher Gegensatz. Ein pragmatisches Konzept wird beide Ansätze integrieren. Dies geschieht im sog. *„wissensbasierten Konstruktivismus“:* Hier wird nämlich Lernen „als eine persönliche Konstruktion von Bedeutungen interpretiert, die allerdings nur dann gelingt, wenn eine ausreichende Wissensbasis zur Verfügung steht. Zu deren Erwerb kann jedoch auf instruktionale Anleitung und Unterstützung nicht verzichtet werden“ (Reinmann-Rothmeier/Mandl 2001, 626). Das bedeutet: Es ist nicht möglich und sinnvoll, im Frontalunterricht ständig fertige Wissenssysteme zu vermitteln, auf immer gleichen didaktischen Vermittlungswegen zu arbeiten, das Lernen im Gleichschritt anzustreben, ohne Spielräume für die Eigenaktivität der Lernenden zu öffnen. Genauso wenig möglich und sinnvoll ist es, einzig und allein den Konstruktionsleistungen der Lernenden zu vertrauen.
Wer nichts weiß, der kann auch nicht vernetzt denken.
Es geht also nicht um ein theoretisches oder praktisches Entweder-Oder, sondern um „eine Balance zwischen expliziter Instruktion durch den Lehrenden und konstruktiver Aktivität durch den Lernenden“ (ebd. 627). Genau dies meint das Konzept eines integrierten Frontalunterrichtes.
Die neuere empirische Lernforschung hat überzeugend belegt, dass zum Erreichen grundlegender Unterrichtsziele verschiedene Methoden mit unterschiedlichen Akzenten eingesetzt und miteinander verbunden werden müssen: direkte Instruktion, offener Unterricht, Projektarbeit, Teamarbeit und individualisiertes selbstständiges Lernen.

Fäden im Gehirn
Vernetzte Wissensstrukturen entstehen durch unterschiedliche methodische und inhaltliche Zugänge zu einem Thema. Weidenmann (2002, 47) gebraucht dazu ein anschauliches Bild: Bewegt sich der Frontalunterricht unisono durch den Stoff, zügig und ohne Zeitverlust, dann müssen wir uns nicht wundern, wenn viele Schüler „nur Schnappschüsse im Kopf haben, Wissenssplitter, unverarbeitetes Material. Es wurde kein dichtes Wissensnetz geknüpft, kein flexibles Wissen konstruiert. Stattdessen liegen die Fäden, die der Lehrende zum Knüpfen ausgegeben hat, ungeordnet herum, vielleicht sind einige Knoten und Verbindungen entstanden, aber andere Fäden hängen lose und führen nirgendwo hin. Wenn man diese Lernenden befragt, können sie Fäden benennen. Doch die

Konstruktion eines Netzes ist fehlgeschlagen... Weil das Netz nicht geknüpft wurde, kann es auch nicht für das Verstehen anderer Themen genutzt werden." Verschiedene Unterrichtsformen sollten also integriert werden.

6. Was heißt Integration?

Integration heißt zunächst einmal nicht: Abwechslung, Methodenmix, Methodenwechsel. Dies alles ist zwar nicht schlecht und wird darum auch in der ersten Stunde der Seminarausbildung vermittelt. Integration heißt auch nicht Addition, mal dieses – mal jenes. Integration meint auch grundsätzlich kein Entertainment von Fernseh-, Video- und Computerkids, um ihre Aufmerksamkeit mit rasch wechselnden „Schnitten" zu sichern. Integration meint vielmehr ein solides didaktisches Vorgehen, ein lernpsychologisch wie methodisch differenziertes Konzept der Unterrichtsgestaltung.
Es geht um ein *qualitativ* bestimmbares Verhältnis der verschiedenen Formen des Unterrichtes zueinander. Dieses kann z. B. komplementär sein: Was der Lehrervortrag leistet (z. B. die Erklärung eines Sachverhaltes, die Vermittlung von Basisinformationen) wird genutzt, aber zugleich in seinen Grenzen gesehen. Ergänzend muss z. B. die selbsttätige Verarbeitung, Vertiefung oder Anwendung in Kleingruppen eingeplant werden. Je nach Zielsetzung, inhaltlichen Anforderungen, Lernvoraussetzungen und bereits erworbenen Kompetenzen ergänzen sich die verschiedenen Formen, sie sind *komplementär*. Es dürfte kaum eine Unterrichtsform geben, die alle o.a. Kompetenzbereiche gleichzeitig in vollem Umfang abdeckt.
Integration meint also diese Bezogenheit der unterschiedlichen Unterrichtsformen und Phasen: Sie sind so verzahnt, dass

a) eine Form auf die andere angewiesen ist, isoliert also ein Torso wäre, und andererseits
b) jeweils eigene Lernprozesse mit eigener Qualität in den verschiedenen Lernformen und Unterrichtsphasen unterscheidbar sind.

Eines ergibt sich aus dem andern, erst das Gesamt"konzert" der Unterrichtseinheit bringt diese Integration hervor. Wie kann das nun praktisch aussehen? Dazu zwei Beispiele.

7. Beispiel Pythagoras, Mathematik im 8. Schuljahr

In einer Unterrichtseinheit von 19 Stunden über den Lehrsatz des Pythagoras (Nölle 1997, 44ff. – ich greife nur die Anfangsphase auf) steht am Anfang die Hinführung zum Problem: Dies geschieht durch einen handlungsorientierter Einstieg: Schülerversuche in Gruppen mit dem altägyptischen Knotenseil, in welchem in gleichen Abständen Knoten angebracht sind, mit der Aufgabe, rechtwinklige Dreiecke daraus zu legen. Die Ergebnisse der Gruppen (Zahlentripel) werden frontal an der Tafel festgehalten und diskutiert.

Es folgen Zaubertricks der Lehrerin (frontal) mit Dreiecken und Quadraten: Sie kann aus zwei beliebigen Quadraten eines herstellen, das doppelt so groß ist wie die beiden ursprünglichen Quadrate, und das nur mit Tisch, Lineal und Schere! Wie geht das? Die eigene Suche nach Lösungen in Partnerarbeit (Tandems) setzt ein, Lösungen werden im Klassenplenum (frontal) protokolliert und diskutiert. Nachdem die Schüler in der anschließenden Gruppenarbeit zur Formulierung der Gesetzmäßigkeit in einer Sackgasse gelandet sind, führt die Lehrerin die Sache weiter durch gezielte Aufträge für Einzel-, Gruppen- und Partnerarbeit, aber auch in Lehrerdarbietungen, Lehrervortrag sowie in einem gelenkten, fragend-entwickelnden Gespräch mit der Gesamtklasse, bis der Satz des Pythagoras – zunächst noch als verbale Formulierung ohne codierte Abkürzungen – an der Tafel steht. Nach der gemeinsamen Erarbeitung erfolgt die Ergebnissicherung und Anwendung wieder durch schriftliche Einzelarbeit. Es schließt sich die Frage der Beweise an – usw.

Jeder Abschnitt des Unterrichtes hat seine spezifische Qualität und dient dem Ganzen. In unserm Beispiel sind frontalunterrichtliche Phasen begrenzt, aber didaktisch legitimiert und in ihrem Stellenwert überzeugend angelegt. Frontale Instruktion, Erarbeitung und Führung durch die Lehrerin sind in produktive und kooperative Arbeitsphasen der Schüler und Schülerinnen integriert. Der Wechsel von Rezeptivität und Aktivität spiegelt sich im Arrangement der verschiedenen Sozialformen.

Methodisch, aber auch inhaltlich bietet die Lehrerin ein breites Spektrum entdeckender und problemlösender Versuche an, die einerseits stark motivieren (z. B. die Versuche mit den Knotenseilen), andererseits frustrieren und ratlos machen (z. B. Herausfinden, wie der „Zaubertrick“ funktioniert). Aus dem Misslingen entsteht eine Bereitschaft, der Sache im Plenum mit anleitenden Impulsen der Lehrerin auf den Grund zu gehen. Die hier vorkommende Art von Gruppenarbeit oder Tandems ist ohne längerfristige Vorbereitung im Grunde in jeden Unterricht leicht einzubauen. Es zeigt sich aber auch, wie wichtig frontalunterrichtlichen Phasen sind.

Funktionen frontaler Phasen

Die gemeinsamen frontalunterrichtlichen Phasen haben in unserem Beispiel drei Funktionen:

1. Sie bereiten die selbstständige Arbeit der Schüler in unterschiedlichen Gruppierungen vor, indem sie Probleme aufzeigen, Staunen, Faszination und Spannung hervorrufen und daran anschließend Aufgaben stellen;

2. sie fassen zusammen, sichern und festigen Ergebnisse, indem sie Fragen präzisieren, Lösungen vergleichen, Offenes thematisieren, Ungeklärtes benennen;
3. sie erklären, geben neue Impulse und regen weitere Suchprozesse an, indem sie inhaltlich stringent an der Sache entlang führen und den roten Faden des Vorgehens sichern.

Produktive Schülerarbeit entsteht erst aus dem Frontalunterricht, – und umgekehrt: Frontale Phasen sind sozusagen angewiesen auf das, was die selbstständige Schülerarbeit erbracht hat, ein Wechselbezug also, bei dem sich Instruktion und Selbstkonstruktion im Lernprozess fruchtbar ergänzen. Die Dramaturgie des Unterrichtes zeigt eine gelungene Inszenierung, wirkungsvolle Präsentationen der Lehrkraft, gezielte Hilfen und Unterstützungen, aber auch klare Anleitungen zu Experimenten und eigenem Suchen, Forschen und Erproben. Informationsdarbietung und Informationsverarbeitung sind konsequent verbunden, eigenständiges Denken der Lernenden und Rezeption von Sachinformationen sind aufeinander angewiesen.

8. Beispiel: Tea, Englisch im 8. Schuljahr

Ausgangspunkt für das Konzept dieser Unterrichtseinheit über etwa 8 Wochen war das Bemühen der Lehrerin, das klassische Anliegen des Englischunterrichtes als Sprachunterricht mit dem eigenen Forschen der Schüler und Schülerinnen im Sinne einer „Schule mit Werkstatt- und Laborcharakter" zu verbinden. (Vater 1997, 123 ff.) Der Unterricht in einer achten Hauptschulklasse war in der Planung, Durchführung und Auswertung nicht im Detail festgelegt, sondern sehr offen angelegt.

• **Die Planungsphase:**

Die Lehrerin bringt eine große Original-Tee-Kiste mit in den Unterricht und fordert die Schüler und Schülerinnen auf, in der nächsten Zeit interessante Materialien zum Thema „tea" zu sammeln und mitzubringen. Die Schüler und Schülerinnen beteiligen sich erstaunlich aktiv an dieser vorbereitenden Sammelphase: Sie suchen nach Literatur in der Stadtbibliothek, entdecken Artikel in Magazinen, finden Poster, Dias, sammeln Teeproben und Verpackungen, fordern aus London englischsprachige Materialien an (!), sie entwickeln insgesamt eine große Sammelleidenschaft, Neugier und stellen bereits während des Sammelns zahlreiche Fragen an die Lehrerin. In einem ersten gemeinsamen Unterrichtsgespräch wird dann entschieden, zunächst in praktischen Versuchen der Frage nachzugehen, wie Tee schmeckt, ob er bitter ist, was die Bezeichnungen (grüner Tee, schwarzer Tee usw.) bedeuten.

- **Die Arbeit am Thema „tea“:**
In Kleingruppen wird Tee gekocht, probiert, werden Verpackungen untersucht, Erkundungen unternommen, wobei zahlreiche englische Fachbegriffe festgehalten werden müssen. In Tandems werden die Begriffe aufgelistet und in Wörterbüchern und Lexika nachgeschlagen, die Lehrerin hilft immer wieder bei der korrekten Aussprache der englischen Begriffe. Diese Auswertung führt zu neuen Fragen, die zunächst im Klassenplenum auf gelben Kartonstreifen festgehalten wurden und Grundlage für spätere Arbeitsschritte sein sollten.
Die Unterrichtseinheit umschließt weiterhin Arbeitsblätter der Lehrerin mit Leitfragen und Einordnungshilfen für eigene Entdeckungen, vorbereitete Erkundungen z. B. in Teegeschäften, gelenkte Unterrichtsgespräche zur Erarbeitung von Versuchsaufbauten, Ergebnissicherung an der Tafel mit dem Plenum, Experimente in Gruppen, Einüben von Protokollieren und Dokumentieren in angeleiteter Gruppenarbeit, Verschriftlichungen (Einzelarbeit) mit individuellen Korrekturen der Lehrerin, frontalunterrichtliche Bearbeitung englischer Texte u.a.m.
- **Den Abschluss der Unterrichtseinheit**
bildet die Lektüre und Bearbeitung relativ anspruchsvoller englischer Texte mit Vokabellisten, Semantisierungshilfen in Form von Bildern und Skizzen und Ergebnissicherung in der Form von Zuordnungsaufgaben (z. B. Behauptungen der Kapitäne dem tatsächlichen Rennverlauf der Tee-Schiffe zuordnen).

Was zeigt das Beispiel?
Der Frontalunterricht tritt zwar gegenüber den selbstständigen Arbeiten der Schüler und Schülerinnen stark zurück, aber gerade dadurch erhält er einen zentralen Stellenwert, – etwa nach dem Motto: „Weniger ist mehr.“ Er wird unverzichtbar, indem er Service-Charakter gewinnt. Was an Fragen im selbstständigen Erkundungs-, Experimentier- und Forschungsprozess der Klasse entsteht, muss gesammelt und festgehalten werden. Strategien der Bearbeitung und Problemlösung müssen gemeinsam gesucht werden. Das ist die Grundlage für weitere Unterrichtsschritte. In einem weitgehend offenen Unterrichtsprozess können die Lernenden selber mitbestimmen, was erforscht und bearbeitet werden soll.
Ein vernetzendes Denken bei den Lernenden wird aufgebaut, indem Informationsaufnahme und Selbstkonstruktion von Wissen zu je eigenen Pfaden im Lernprozess der Individuen führen. Die Informationsaufnahme ist aber nicht wie im traditionellen Frontalunterricht eine eigenständige oder gar isolierte Phase der bloßen „Darbietung“, der dann (wenn es gut geht) eine Phase der individuellen Verarbeitung folgt. Vielmehr wird die Informationsaufnahme hier beeinflusst und gesteuert durch vorher selbst gestellte Fragen der Lernenden. Einleuchtend ist darum die Feststellung, dass die Informationsaufnahme wesentlich aktiver ist: Sie aktiviert subjektiv vorhandenes Wissen, knüpft an selbst gestellte Fragen an, sucht beim Aufnehmen der Informationen den Bezug zu eigenen Antworthypothesen, selek-

tiert also die Informationen nach Bedeutung (ohne sie pauschal zu schlucken, als „träges Wissen“ abzuspeichern und dann unverdaut wieder auszuscheiden). Durch diese Multiperspektivität wird das Gehirn angeregt, ständig Wissensbausteine zu kombinieren, das Netz immer dichter zu stricken und es mit authentischen Erfahrungen anzureichern.

Frontale Phasen im Beispiel tea haben folgende Funktionen:

- Vorstellung und Planung des gemeinsamen Vorhabens im Gesamtverband der Klasse;
- Vermittlung des notwendigen Sachwissens für die Arbeit an *alle* Schüler und Schülerinnen während der gesamten Unterrichtseinheit;
- Sammeln neuer Schülerinteressen, die mit großer Offenheit frontalunter-richtlich aufgenommen und festgehalten werden, wobei die traditionellen Medien wie Tafel, Wandzeitungen etc. sinnvoll genutzt werden. Im Unterschied zum Pythagoras-Beispiel weiß aber keiner ganz genau, welchen Verlauf der Unterricht nehmen wird, – ein aufschlussreiches Beispiel für entdeckendes, forschendes Lernen;
- Betonung des *gemeinsamen* Lernvorhabens der Klasse: In den frontalunterrichtlichen Phasen sorgt die Lehrerin dafür, dass die Bearbeitung von Einzelthemen nicht zu einer Zersplitterung und zum Spezialistentum führt, das Detailkenntnisse produziert, aber den Themenzusammenhang aus den Augen verliert und zerstört. Frontalunterricht führt zum Bewusstsein eines gemeinsamen Vorhabens;
- Sicherung von Ergebnissen der jeweiligen Unterrichtsabschnitte (auch üben) durch Unterrichtsgespräche oder Erläuterung von Arbeitsblättern, die dann individuell bearbeitet werden;
- bewegliche Organisation der Arbeitsschritte, die sich aus den Schülerfragen, neuen Interessen, aber auch aus den Lehrzielen der Lehrerin ergeben. Diese Koordinationsfunktion frontalunterrichtlicher Phasen ist von großer Be-deutung, gleich ob es sich um längere, vorbereitete Phasen oder spontan eingestreute Abschnitte handelt;
- detaillierte Hilfestellungen: Je mehr Freiheitsspielräume die Schüler und Schülerinnen in den anschließenden Arbeits- und „Forschungs“- Phasen haben, desto sorgfältiger ist die frontalunterrichtliche Planung, Organisation und Koordination angelegt. Zugleich vermittelt der Frontalunterricht immer wieder Modelle für Planungsstrategien, Arbeitsweisen, Ergebnisdokumentationen etc. Solches „Rüstzeug“ ist immer wieder Thema des Frontalunterrichtes;
- schließlich die Sicherung der fremdsprachlichen Lernziele und die Wahrung des fremdsprachlichen Charakters der Unterrichtseinheit.

Dass in Phasen, bei denen der Schülerblick lange Zeit auf die Person der Lehrkraft ausgerichtet ist, auch deren Körpersprache, ihre Mimik, Gestik, Haltung sowie ihre Raumregie eine enorme Bedeutung für die meist unbewusste Kommunikation haben, habe ich andernorts ausführlicher dargestellt. (Gudjons 2003, 215 ff.)

Fazit: Für einen modernen Frontalunterricht

Frontale Unterrichtsabschnitte haben – so hat sich insgesamt gezeigt – ihren eigen und unverzichtbaren Stellenwert im Rahmen eines integrierten Konzeptes. Natürlich: Der Frontalunterricht schrumpft zusammen auf legitimierbare Phasen. Aber: Wenn diese didaktisch gut begründet sind und außerdem professionell gestaltet werden, braucht niemand mehr ein schlechtes Gewissen zu haben, wenn man frontal unterrichtet. Also Schluss mit dem: „Frontalunterricht – ja, – aber…"

Literatur

Bohl, T.: Was passiert im Unterricht? Methoden im Unterricht: Dominanz des Frontalunterrichtes. In: Bildung und Wissenschaft, H. 3/2001

Gudjons, H.: Frontalunterricht – neu entdeckt. Integration in offene Unterrichtsformen. Bad Heilbrunn 2003

Kanders, M.: Das Bild der Schule aus der Sicht von Schülern und Lehrern II. Dortmund 2000

Nölle, B. u.a.: Dreiecksquadrate. Den Lehrsatz des Pythagoras beweisen. In: Berg, H.C./Schulze, T: (Hg.): Lehrkunstwerkstatt I. S. 44-80. Neuwied 1997

Reinmann-Rothmeier, G./Mandl, E.: Wissensvermittlung: Ansätze zur Förderung des Wissenserwerbs. In: Enzyklopädie der Psychologie, Bd. 6, S. 457-500. Göttingen 1998

Reinmann-Rothmeier, G./Mandl, H.: Unterrichten und Lernumgebungen gestalten. In: Krapp, A./ Weidenmann, B. (Hg.): Pädagogische Psychologie, S. 601-646. Weinheim 2001, 4. Aufl.

Sacher, W.: Schulische Medienarbeit. In: Apel, H.-J./Sacher, W. (Hg.): Studienbuch Schulpädagogik. S. 384-397. Bad Heilbrunn 2002

Vater, B.: Tea. Schüler als Forscher im Englischunterricht. In: Gudjons, H. (Hg.): Neue Tips für besseren Unterricht. S. 123-132. Hamburg 1997

Weidenmann, B.: Gesprächs- und Vortragstechnik. Weinheim 2002

Prrääääsentiert das Errrgebnis!

9. Die gute Schüler-Präsentation: „Man lernt ja nicht für sich allein!" – *Ein neues Verständnis von Lernen*

1. Was heißt präsentieren?

„Präsentieren"? Ein Gewehr beim Militär wird präsentiert, eine Rechnung wird einem (überraschend in der Höhe) präsentiert oder VW präsentiert sein neues Modell auf der Automobilausstellung. In der Schule wird – viel vornehmer – etwas *dargeboten*, etwas *vorgeführt*, *gezeigt*, *dargestellt*, *berichtet* oder *vorgemacht*. Warum also der Begriff „Präsentieren" in der Didaktik?
Der Begriff wird seit einiger Zeit vor allem im Wirtschaftsleben verwendet. Er bezeichnet ein sorgfältig vorbereitetes und professionell durchgeführtes Vorhaben, in dem informiert, überzeugt, zu einer Entscheidung motiviert, für etwas geworben, etwas „verkauft" (manchmal auch ohne Anführungsstriche) werden soll: Ein Produkt, eine Dienstleistung, ein Vorschlag, ein Konzept, eine Idee. (Will 2001, Hartmann u.a. 2003) Dies alles vor einer bestimmten Zielgruppe, mit lernpsychologisch ausgefeilten Methoden und unter Verwendung modernster Medien. Der Begriff Präsentation hat also außerschulische Wurzeln im Wirtschaftsleben.
Nun geht es in der Schule aber weder um das Verkaufen noch um Werbung oder das Anpreisen eines Produktes. Wohl aber um gezieltes Informieren, erfolgreiches Darstellen und mediengestütztes Verarbeiten von Informationen, welche die Lehrkraft gibt. Oder von Lernergebnissen, welche die Schüler und Schülerinnen vortragen. Allerdings können wir von der im Wirtschaftsleben inzwischen sehr ausgefeilten Präsentationsmethodik eine Menge lernen. (Den Stress des Verkaufens, der Werbung und der Profitorientierung müssen wir aber keineswegs übernehmen.)
Inzwischen hat sich die Bezeichnung „Präsentieren" in der allgemeinen Didaktik für das eingebürgert, was klassisch darstellender Unterricht (oder z. B. auch detaillierter Lehrervortrag) genannt wurde. (PÄDAGOGIK H. 5/1993, Hartmann/Röpnack/Jacobs-Strack 1999, Apel 2002, Gudjons 2003, 51ff., 164ff.) In diesen Veröffentlichungen sind eine Fülle von Techniken der Präsentationsmethodik für die Informationsdarbietung durch Lehrkräfte fruchtbar gemacht worden:

Vorteile guter Präsentationsmethodik für Lehrer
Lehrkräfte können ihre Lehrervorträge im Unterricht erheblich verbessern, ihre Überzeugungskraft z. B. auf Elternabenden steigern, die Klarheit und das Profil eines Projektes bei der Vorstellung z. B. in Konferenzen schärfen, bei der Evaluation von Schulentwicklungsprozessen präziser agieren, also insgesamt überzeugender wirken. Für LehrerInnen lässt sich also einiges aus der Präsentationsmethode gewinnen.

Ich frage aber auch danach, was *Schüler und Schülerinnen* bei diesem neuen Konzept lernen können. Warum ist die Präsentation von Arbeits- und Lernergebnissen durch Schüler und Schülergruppen überhaupt sinnvoll? Welcher Lernbegriff steckt dahinter? Was bedeutet dabei „Leistung"? Wie können Schüler ihre Präsentationen methodisch wirkungsvoll gestalten? Welches sind didaktische Funktionen der Schülerpräsentationen?
Die Palette möglicher Darstellungsformen von Arbeitsergebnissen ist außerordentlich breit, sie reicht vom Vorlesen einer selbst geschriebenen Geschichte über Gruppenreferate bis zur Internet-Präsenz. (Anregungen in PÄDAGOGIK H. 3/ 2004) Grundlegende Fähigkeiten werden dabei gelernt, vom sprachlichen Ausdruck über Umgang mit Medien bis zu Kompetenzen in der Informatik.

2. Das Ende der sterilen Lernfabrik

Bei allen Formen der Präsentation geht es um das Herstellen von „Öffentlichkeit". Warum? Lernen wird aus dem individuellen Privatraum des vereinzelten Individuums herausgeführt, wie es schon Praxis der deutschen Reformpädagogik von 1900 bis 1933 war: Lernen zielte bereits damals „sowohl auf die Förderung sozialer Austauschprozesse als auch auf den Gemeinschaftscharakter schulischer Lernprozesse: Das jeweilige Kollektiv macht seine Arbeitsergebnisse anderen Lerngruppen zugänglich, läßt sie somit für andere hilfreich und für sich selbst erfolgreich werden und ermöglicht gegenseitige Kritik. So werden Produkte und Ergebnisse erzeugt, über die und mit denen das Lernkollektiv mit anderen kommunizieren kann." (Holtappels 1994, 68) Aber *auch über den schulischen Rahmen hinaus* kann Präsentation einiges bewirken: Eine Ausstellung in der Gemeindeverwaltung macht auf die Probleme jugendlicher ausländischer Flüchtlinge aufmerksam, ein Vorschlag der Projektgruppe „Fahrradwege" in unserem Stadtteil findet Interesse von Kommunalpolitikern, eine Analyse von jugendlichen Freizeitmöglichkeiten im Stadtteil regt die Verwaltung an, vielleicht doch mal ein paar Euro für Spielplätze locker zu machen...

Übrigens: Die Präsentation von Schülerarbeitsergebnissen verändert auch die schulischen Räume: Aus sterilen Lernfabriken werden ästhetisch ansprechende und lebendige Räume, aus zweckmäßigen Klassenräumen werden Stätten der Dokumentation gemeinsamer Lernbemühungen (das haben wir alles geschafft und gelernt!), aus öden Pausenhallen werden lustvoll begehbare Ausstellungsflächen...
Lernen und Arbeiten von Schülern und Schülerinnen hinterlässt im traditionellen Unterricht nur selten Spuren. Schüler und Schülerinnen fertigen brav ihre Mappen oder Arbeitshefte an, der Lehrer sieht sie durch, es gibt eine Note, – und das war es. Fazit der Helene-Lange-Schule in Wiesbaden: „Eine der entmutigenden Erfahrungen herkömmlicher Schulpraxis ist, daß die Arbeit aller Beteiligten ... so ‚spurlos' bleibt, so wenig ‚bewirkt'. ... Es erscheint unwichtig, ob und was der, der da schreibt oder malt oder musiziert, eigentlich mitteilen will. Es ist ohne Bedeutung, ob er andere damit erfreut oder ob das Ergebnis einer Arbeit für sie wichtig ist." (G. Becker u. a. 1997, 43)
Durch Präsentationen dagegen wird das Lernen von Einzelnen oder von Gruppen bedeutungsvoll, indem Ergebnisse für andere relevant werden.

3. Ein anderer Leistungsbegriff

Hinter diesem Anliegen steht ein veränderter Begriff von Leistung und Lernen: *Leistung* wird an Kommunikation gebunden. Zugleich gewinnt Leistung in der Vermittlung an andere eine gesteigerte Qualität („nur was man erklären kann, hat man selbst richtig verstanden") und wird nicht mehr als individuelle Einzelleistung betrachtet, die andere nichts anginge. („Man lernt ja nicht für sich allein!") Eine gute Leistung wird also nicht mehr allein als individuelle Lernbestandsveränderung definiert, sondern immer auch an der Kommunikation ihrer Ergebnisse gemessen. Je kompetenter Schüler und Schülerinnen in der Vermittlung von Arbeitsergebnissen sind, je fähiger aber auch die Rezipienten im Zuhören, Aufnehmen und Verarbeiten sind, desto besser ist „Gesamtleistung" der Klasse.

Leistung ist sozial
Über die individuelle Leistung (die weiterhin gefordert und völlig legitim ist) hinaus wird also die *gemeinsame*, in der Kooperation mit andern erbrachte Leistung betont. Die Leistung hat sozusagen ihren Höhepunkt erst dann erreicht, wenn möglichst vielen etwas qualitätvoll vermittelt worden ist. Der Leistungsbegriff wird damit um eine sozialerzieherische Komponente erweitert. (Jürgens 1998, 31)

Schüler und Schülerinnen werden in ihren künftigen Berufen mehr denn je Ergebnisse unterschiedlichster Art in Präsentationen aufbereiten müssen. Sie müssen lernen, ihre Ideen, Vorhaben oder Leistungen anderen zu vermitteln. Das ist eine unverzichtbare Qualifikation für unterschiedlichste Berufswelten.
Um vorgestellte Arbeitsergebnisse für andere bedeutungsvoll zu machen, ist es nötig , dass Präsentationen den weiteren Gang des Unterrichtes beeinflussen. In Präsentationen können zwar durchaus auch reine Sachinformationen vermittelt werden, aber sie sollten nicht primär „beibringen", sondern anstoßen, aktivieren, Interesse wecken, neugierig machen. Die Klasse setzt sich mit dem Vorgestellten auseinander, die Lehrkraft nimmt es in den weiteren Gang des Unterrichtes auf (sie ergänzt es, vertieft es, regt Anwendungs- oder Übertragungsaufgaben an etc.). Präsentationen erschöpfen sich also nicht in der Vorstellung fertiger Produkte, die anschließend in die Bedeutungslosigkeit zurücksinken. Es wird deutlich: Hinter der Idee von Präsentationen steckt ein moderner *dynamischer Leistungsbegriff*.

Ein dynamischer Leistungsbegriff
Der gesamte Unterrichtsprozess wird nicht eingegrenzt durch Fixierung auf überprüfbare Lernresultate, die am Ende von Unterrichtseinheiten durch Lernzielkontrollen (bzw. Klassenarbeiten, Tests etc.) erhoben werden. Vielmehr gilt: „Ein zeitgemäßes pädagogisches Leistungsverständnis beinhaltet einen dynamischen Leistungsbegriff, der neben einer Produktkomponente eine Prozeßkomponente umfaßt, d. h. er berücksichtigt die Bedingungen und Vorgänge des Zustandekommens schulischer Leistungen." (Jürgens 1998, 29) Auch das Feedback der Klasse nach einer Präsentation sowie die kritische Selbstreflexion der Beteiligten binden Präsentationen in einen *Prozess* des Lernens ein und zielen nicht nur auf ein messbares Endergebnis.

4. Ein anderes Lernverständnis

Ferner steckt hinter der bisher entwickelten Auffassung von Präsentationen (didaktisch gesehen) ein anderes *Lernverständnis*: Gelernt wird nicht allein durch die Unterrichtsstrukturierung der Lehrkraft, sondern in einer *gemeinsamen Suchbewegung* aller Beteiligten. Eine gute Präsentation vermittelt nicht nur Informationen (im Sinne zu schluckender Fertigprodukte), sondern will zur Beschäftigung anregen, zur Auseinandersetzung reizen: „Instruktion soll Konstruktion anstoßen" (Apel 2003, 7), wie es die modernen Konstruktivisten und Kognitionstheoretiker formulieren würden. Deshalb muss bereits während der Präsentation z. B. die vortragende Gruppe

Möglichkeiten schaffen, die *Rezipienten aktiv einzubeziehen*: Sie gibt Hinweise bei einer Vorführung („achtet besonders auf...“), formuliert kleine Arbeitsaufträge („notiert bitte alle neuen Begriffe“), fordert zum Mitzeichnen auf („die Dreieckskonstruktion solltet ihr in euer Heft übertragen“), sie lässt die Hörer Vermutungen anstellen („wie geht nach eurer Meinung die Kurve weiter?“), ermutigt zu Zwischenfragen („fragt kurz nach, wenn ihr etwas nicht verstanden habt“), lässt die Zuschauer vielleicht etwas schmecken, riechen, anfassen („probiert mal, wie unterschiedlich die Blätter riechen“), sie zettelt eine sich anschließende Diskussion an („die Industrialisierung war nach unserer Meinung ein Fluch für die Menschheit“) und vieles andere.
Um solche aktivierenden Impulse in Präsentationen einzubauen, müssen Gruppen oder einzelne unbedingt vorher *vom Lehrer beraten* werden. Das kostet zwar Zeit, aber es zahlt sich durch eine größere Lebendigkeit der Präsentation aus. Schüler haben natürlich keine Didaktik studiert, darum brauchen sie hier die Vorschläge, Ideen und die Anleitung durch die Lehrkraft. Wenn Präsentationen nicht dazu führen sollen, dass Schüler auf Schüler endlos einreden, muss die Lehrkraft in der vorhergehenden Beratung immer wieder fragen: „Was habt ihr vor, um die andern aktiv einzubeziehen?“ Bewährt hat sich auch, mit den Schülern gemeinsam vor Präsentationen ein Brainstorming zu veranstalten, um Ideen für die methodische Gestaltung der Präsentationen zu sammeln und Einzelne oder Gruppen anzuregen. (Greving 1993, 29) Dabei wirkt es stark motivierend, wenn „Fremdgruppen“ (Parallelklasse, Eltern Gäste) in die Präsentation einbezogen werden.

4.1 „Ich bin wichtig!“

In einer gelungenen Präsentation machen die Schüler die Erfahrung, etwas *bewirkt* zu haben (Interesse bei andern, Zweifel, Nachfragen, Denkanstöße, Motivation). Sie erleben etwas, das ihnen die Schule als Erfahrung oft genug vorenthält: self-efficacy, – Selbstwirksamkeit. Wie der bekannte amerikanische Lernpsychologe Albert Bandura (1997) in umfangreichen Forschungsarbeiten herausfand, ist die Erfahrung dieses Grundgefühles: „Ich kann etwas, ich bewirke etwas, ich bin wichtig“ für das Lernen ebenso notwendig wie für die gesamte menschliche Existenz. Kompetenzerwartungen – d. h. Selbstsicherheit und Vertrauen in die eigenen Fähigkeiten – sind entscheidende Faktoren für die seelische Gesundheit des Menschen! In der Präsentation erfährt man: Die Arbeit von einzelnen oder Kleingruppen ist für das Lernen der Mitschüler relevant (und nicht nur für das Notenbüchlein der Lehrkraft). Indem Lernergebnisse veröffentlicht werden und den Gang des weiteren Unterrichtes mit bestimmen, erhalten sie eine höhere Wertschätzung und Bedeutung. Herkömmliche Arbeitsmappen verstauben hingegen oft in den Schränken und interessieren niemanden mehr. Es erscheint daher einleuchtend, das Präsentieren nicht nur als nette, allenfalls abwechslungsreiche Unterrichtsvariante zu begreifen, sondern als kaum zu überschätzendes Element einer neuen, schülerorientierten Lern- und Leistungskultur der Schule zu verstehen.

4.2 ... und die Pannen? Lobe den Fehler!

Natürlich ist auch bei der Präsentation nicht alles Gold, was glänzt. Deshalb muss das Präsentieren gelernt werden! Misslungene Präsentationen können stark frustrierend sein, können aber auch (durch ermutigende und behutsame Anleitung) zur Selbstreflexion und kritischen Aufarbeitung führen, so dass man aus Fehlern lernen kann. Lobe den Fehler! Darum sind *Feedback* (wie hat die Klasse die Präsentation erlebt?), *Metakognition* (was können wir als Gruppe oder Einzelne schon, was müssen wir noch an Arbeits- und Lernstrategien verbessern?) und *Auswertung* (welche Ziele hatten wir, was haben wir erreicht, was nicht, woran lag das?) für Präsentationen unverzichtbar! Viele Fähigkeiten, z. B. die Körpersprache (wichtig bei späteren Bewerbungen! Breitling/Höchsmann 2003), der Umgang mit Medien (von der Foliengestaltung bis zu Bildern, Videos oder Tonbändern), sprachliches Training (z. B. durch Probevorträge in Tandems) u.a.m. lassen sich auch in einem gezielten Training arbeitsmethodischer Kompetenzen vermitteln (Klippert 1994 u.ö.)

Häufige Fehler und Pannen sind z. B.

- schludrige Vorbereitung (man improvisiert mehr als man dass man etwas solide vorbereitet hätte),
- falscher Umgang mit Medien (Folien werden viel zu klein beschrieben, viel zu voll und lieblos gestaltet),
- Schüler hatten keine Zeit (und lassen die Präsentation einfach ausfallen),
- die Notwendigkeit der Präsentation wurde nicht rechtzeitig im Arbeitsprozess bedacht (man gerät unter Zeitdruck und arbeitet am Ende dann nur noch für die „drohende“ Präsentation),
- die Vortragenden sind ängstlich, sprechen zu leise und strahlen Unsicherheit aus,
- es fehlt an Ideen, die Hörer aktiv einzubeziehen, ein langweiliges Referat folgt dem andern,
- der Aufwand steht in keinem Verhältnis zum Ergebnis, denn
- Inhalt und Substanz der Präsentation sind mager, plakativ und flach... u.a.m.

5. Ergebnisse

Fassen wir zusammen: Schülerpräsentationen sind mehr als eine kleine methodische Variante der Unterrichtsgestaltung. Hinter dem Präsentationsprinzip steckt mehr: Es fördert ein Unterrichtsverständnis, das zunehmend Schüler aktiv sein lässt, ihnen Verantwortung überträgt, das die Selbststeuerung des Lernens anregt (das ist nämlich der Präsentation vorausgegangen!) und das Lernen herausnimmt aus der individuellen Vereinsamung. Dann nämlich sind die Funktionen von Schülerpräsentationen vielfältig:

- Wissen und Können als vermittelbar erfahren („man lernt ja nicht für sich allein“)
- erarbeitete Sachinformationen an andere weitergeben, weil sie wichtig sind („ihr könnt von uns etwas lernen“);
- Mitschüler anregen, neugierig machen, anstoßen, anregen, ihnen Arbeitsangebote machen („was ist für euch wirklich bedeutsam“);
- Selbstwirksamkeit (self-efficacy) erfahrbar machen („wir haben etwas bei euch bewirkt, wir sind für euch wichtig“);
- Rechenschaft ablegen über geleistete Arbeit, Inhalte dokumentieren und den Arbeitsprozess reflektieren („was haben wir erreicht, was haben wir begriffen, wie haben wir das bewerkstelligt“) ;
- einen kommunikativen und sozialerzieherisch bedeutsamen Lern- und Leistungsbegriff entwickeln („wir lernen gemeinsam und achten auf Vermittlung unserer Ergebnisse für alle“);
- eine für das Berufsleben mehr und mehr erforderlichen Kompetenz vermitteln („wir lernen, etwas gut darzustellen und überzeugend zu wirken“);
- schließlich die Fähigkeit zum selbstbewussten Auftreten fördern (Assessmentcenter z. B. wollen heute vorwiegend erfahren, wie Bewerber sich selbst darstellen!).

Literatur

Apel, H. J.: Präsentieren – die gute Darstellung. Baltmannsweiler 2002
Bandura, A.: Self-efficacy. New York 1997
Becker, G. u.a.: Die Helene-Lange-Schule Wiesbaden. Hamburg 1997
Breitling, N./Höchsmann, D.: Methodencurriculum am Beispiel Körpersprache. In: Bauer, R. (Hg.): Offenes Arbeiten in der Sekundarstufe I. S. 138-155. Berlin 2003
Greving, J.: Schüler präsentieren Erfahrungen. In: PÄDAGOGIK H. 5/1993, S. 28-31
Gudjons, H.: Frontalunterricht – neu entdeckt. Bad Heilbrunn 2003
Hartmann, M./Röpnack, R./Jacobs-Strack, D.: LehrerInnen präsentieren. Weinheim 1999
Hartmann, M./Funk, R./Nietmann, H.: Präsentieren. Weinheim 2003, 7. Aufl.
Holtappels, H. G.: Ganztagsschule und Schulöffnung. Weinheim 1994
Jürgens, E.: Leistung und Beurteilung in der Schule. St.Augustin 1998, 4. Aufl.
Klippert, H.: Methoden-Training. Weinheim 1994
PÄDAGOGIK H. 5/1993 „Wirksam präsentieren“
Will, H.: Mini-Handbuch Vortrag und Präsentation. Weinheim 2001, 2. Aufl.

Feed-Back in der Kochschule

10. Feedback-Techniken – *Wege zu Schülerbeteiligung und Unterrichtsentwicklung*

1. Warum Feedback (-Techniken)?

Feedback bedeutet zunächst ganz wörtlich „Rückfütterung". Weil der Begriff aus der Kybernetik stammt, meint er aber nicht lediglich eine folgenlose „Rückmeldung", sondern eine zielgerichtete Steuerung eines Systems (eines technischen, biologischen, sozialen) durch Rückmelden der Ergebnisse, wobei Feedback als Steuerungsinstrument verstanden wird, das die Eingangsgröße verändern kann, je nachdem, wie sich die Ausgangsgröße entwickelt. Jeder kennt dieses Prinzip der Rückkopplung vom Thermostaten der Zentralheizung.
Für den Unterricht hat dieses Grundverständnis bereits zwei wichtige Konsequenzen: Zum einen müssen die für eine Prozesssteuerung wirklich *relevanten* Daten erhoben werden (so wie für den Raumthermostaten die Raumtemperatur entscheidend ist und nicht die Luftfeuchtigkeit), zum andern muss das Potenzial dieser Daten für *gezielte Veränderungen* genutzt werden. Um die erste Konsequenz einzulösen sind methodisch organisierte Techniken und Instrumente nötig. Um die zweite Konsequenz zu verwirklichen, muss überprüft werden, ob und zu welchen Veränderungen das Feedback führen soll. Damit erst wird Feedback zu einem Instrument der Unterrichtssteuerung und langfristig Unterrichtsentwicklung. Feedback ohne Folgen für die Verbesserung des konkreten Unterrichtes kann man sich schenken. Feedback baut damit auf ein ganz bestimmtes Grundverständnis von Unterricht: Am besten lässt es sich mit dem großen Didaktiker Wolfgang Schulz (1981, 8) als „Partizipation" umschreiben: Lernende sind Mitgestaltende, es geht um die „gemeinsame Verständigung über Entwicklungsperspektiven des Unterrichts" (Bastian/Combe/Langer 2003, 11).
Dazu muss man voneinander wissen, die gegenseitigen Wünsche und Vorstellungen kennen. Beim Feedback geht es also nicht um Kritik, schon gar nicht um Verurteilung oder Bewertung, sondern um das methodisch arrangierte Erheben von Daten zum Zwecke möglicher Veränderungen, um es einmal so nüchtern auszu-

drücken. Dabei stehen drei Fragen im Mittelpunkt (vgl. ebd.):
1. Was geschieht im Unterricht?
2. Wie können wir den Unterricht verbessern?
3. Was können Lehrer, was Schüler dazu beitragen?

In diesem Sinne ist Feedback eine *gemeinsame* Suchbewegung von Lehrenden und Lernenden. Verantwortlich ist keineswegs nur die Lehrkraft für Veränderungen. Wenn diese Suchbewegung selbstverständlicher Bestandteil des Unterrichtes wird, kann eine elaborierte Feedback-Kultur langfristig wichtiger Bestandteil der Unterrichts- und Schulentwicklung sein. Feedback ist demnach auch keine Einbahnstraße, sondern kann für unterschiedliche Sender und Empfänger organisiert werden (vgl. den Beitrag über neue Lernkultur und veränderte Lehrerrolle in diesem Buch):

- Feedback kann *unter Schülern* erfolgen, d.h. die Lehrkraft hat Instrumente bereit gestellt, mit denen sich Schüler untereinander Feedback geben können, z. B. für Kleingruppenarbeit mit dem „Kleinen Gruppenspiegel“ (s.u). Besonders wichtig ist es, nach Präsentationen von Kleingruppen (oder einzelnen) förderliche Kriterien zu entwickeln (s.u.);
- Feedback kann aber auch *vom Lehrer zu Schülern* erfolgen, nicht zu verwechseln mit Leistungsbeurteilung, Zurechtweisung, Störungsunterbindung u. ä. Vor allem müssen solche Feedbacks fachbezogen sein und dem Schüler Informationen über seine Lernwege und Sachleistungen geben, z. B. in der Form von „Rubrics“, die das Erreichen vorgegebener Kriterien rückmelden. (Schrempf 2002) Ähnlich sind auch wie Kompetenzraster angelegt (s.u.). Rubrics und Kompetenzraster enthalten Aussagen über das Erreichen vorgegebener Kriterien und sind eine hervorragende Technik, um Schüler auch metakognitiv zu beraten und das selbstgesteuerte Lernen zu fördern;
- Feedback ist auch wichtig *von Schülern zum Lehrer* über den gelaufenen Unterricht. Lehrer fragen sich viel zu selten: Bin ich überhaupt mit meinen Unterricht „angekommen“? Welche Vorstellungen und Wünsche haben meine Schüler und Schülerinnen? Deckt sich dies mit meiner Wahrnehmung?
- Schließlich kann Feedback auch von *Lehrer zu Lehrer* erfolgen, etwa im Rahmen gegenseitiger Unterrichtsbesuche, bei denen man die Beobachtungsgesichtspunkte und Kriterien vorher vereinbart hat. Die unten vorgestellten Instrumente lassen sich sehr leicht auf diesen Zweck zuschneiden.
- Eine methodisch differenzierte *Evaluationskultur* in Form von Fragebögen, Beobachtungen, Anlage von Dokumentationen oder Portfolios etc. ist sicher im Rahmen von Schulentwicklung notwendig, überschreitet aber den Rahmen eines einfachen, eher „hausgemachten“ Unterrichtsfeedbacks durch Schüler und Schülerinnen, um das es im Folgenden gehen soll.

2. Bedingungen und Wirkungen von Feedback

Wie die wenigen empirischen Untersuchungen (näheres bei Bastian/Combe/Langer 2003, 13 f., Helmke 2004, 159 ff.) oder Erfahrungsberichte (PÄDAGOGIK H. 5/2001: Schülerrückmeldung über Unterricht) zeigen, sollte sich Feedback nicht im gelegentlichen spontanen und unsystematischen Äußern von Eindrücken erschöpfen. Von großer Bedeutung sind folgende Bedingungen:

- *Sorgfältige Einführung* (günstig ist der Schuljahresbeginn): Den Schülern und Schülerinnen muss der Sinn von Feedback erklärt werden, es braucht genug Raum für Diskussion, Abbau von Unsicherheiten, Widerständen etc. Sinnvoll ist es auch, die andern Fachlehrer/innen der Lerngruppe zu informieren, besser noch für die Versuche mit Feedback zu gewinnen, um am gleichen Strang zu ziehen. Bisweilen muss auch überlegt werden, ob Eltern und Schulleitung vorher informiert werden sollten, damit böse Überraschungen vermieden werden.
- Verwendung eines *geordneten methodischen Instrumentariums* (s. u.): Feedback-Techniken müssen eingeübt werden, sollten unbedingt für den eigenen Gebrauch abgewandelt und auf die jeweilige Lerngruppe zugeschnitten werden („Zurecht-Schnippeln“ und „Zurecht-Puzzeln“ haben sich sehr bewährt!). Ob anfangs Anonymität gewährleistet sein soll, ist nicht generell zu entscheiden. Je mehr der Sinn und je stärker positive Veränderungen im Anschluss an Feedback erfahren werden, desto offener kann Feedback sein, desto mehr nimmt auch die Angst ab.
- Die wichtigste Bedingung: Feedbackergebnisse müssen zu *Konsequenzen* und *konkreten Maßnahmen* führen. Geschieht dies nicht, fühlen sich Schüler/innen nicht Ernst genommen, sie werden sich mit der Zeit gegen Feedback wehren, der Sinn geht verloren und der Unterrichtsentwicklungsprozess stagniert. Darum machen erst Gespräche im Anschluss an Feedbackrunden den ganzen Aufwand sinnvoll, Themen und Aufgaben werden in einem kleinen Themenspeicher (s. u.) festgehalten, konkrete Schritte werden vereinbart und nach festgelegter Zeit auf Einhaltung und Erfolg hin überprüft.
- Eine glaubwürdige *Haltung der Lehrkraft*: Geduld und Selbstvertrauen auch bei Pannen und Krisen sind ebenso nötig wie die ehrliche Bereitschaft, den Unterricht zu verändern (allerdings nicht unter Aufgeben jeglicher eigenen Positionen und Anforderungen – keine falsch verstandene „Schülerorientierung“!), ferner Offenheit und schließlich Respekt gegenüber Ängsten, Vorbehalten und Skepsis.

Die Hamburger Studie zu Feedback-Methoden (Bastian/Combe/Langer 2003), aber auch andere Auswertungen von Feedback-Erfahrungen (Helmke 2004, 159 ff.) betonen, dass Feedback – trotz insgesamt ermutigender Ergebnisse – keineswegs ohne *Probleme* verläuft: Gelegentlich zeigen Schüler Desinteresse; sie befürchten den Missbrauch ihrer Feedbacks zur Leistungsbeurteilung, insbesondere bei kritischen Äußerungen; sie lehnen Feedback ab, weil es zuviel Zeit koste; sie sind stark notenfixiert; gelegentlich sucht ein Schüler dem Lehrer völlig unangemessen über Feedback „eins auszuwischen"; die Ziele waren zu hoch gesteckt, so dass es zu Enttäuschungen kam; Schüler/innen waren überfordert; die Kriterien und Maßstäbe waren unklar; es besteht die Gefahr von Gefälligkeitsaussagen; die allgemeine Beliebtheit einer Lehrkraft überlagert eine differentielle Bewertung der Unterrichtsqualität u.a.m.Diesen Problemen steht eine Fülle von praktischen und *erfolgreichen Veränderungen* gegenüber, die von der Veränderung der Gesprächs- und Sozialformen über das Unterrichtsklima, die Vertrauensbasis, den Umgang mit Zeit und untereinander bis hin zur Benotungspraxis, Lernbereitschaft und Produktqualität reichen. Insgesamt hat Feedback zu einer erheblichen Verbesserung der Unterrichtsqualität geführt, weil Schüler/innen sich ernst genommen fühlen, sich engagiert und interessiert einbringen, Mitverantwortung für die Unterrichtsgestaltung übernehmen, wobei ihre didaktische Reflexions- und Urteilsfähigkeit steigt. Außerdem gelten Lehrkräfte, die den Mut zur Unterrichtsveränderung durch Feedback haben, als starke Persönlichkeiten (Helmke 2004, 162).

3. Praktische Hinweise

Den Anfang sollten kleine Techniken bilden wie z. B. die Daumenprobe, das Rede-Ei oder die Meinungslinie (s. u.). Allmählich kann man das Kreisdiagramm in verschieden Varianten (s. u.) einsetzen, auch kleine Fragebögen oder Rating-Skalen. Zunehmend kann auch Feedback verbunden werden mit der Möglichkeit, Wünsche und Vorschläge kontinuierlich zu äußern (z. B. mit einer „Wünsche-Wand") im Klassenraum. Außerdem kann Feedback auch verbunden werden mit der Anleitung zur Metakognition, also zur Selbstreflexion der Schüler/innen über ihre eigenen Lern- und Arbeitsprozesse (Was habe ich in diesem Halbjahr in Mathe erreicht, wo habe ich mich am meisten angestrengt, welche Lücken habe ich etc., - solche Fragen sind eine hervorragende Grundlage für individualdiagnostische Beratungsgespräche mit dem Lehrer.)

Zur Auswertung des Feedback und zur Erarbeitung von konkreten Veränderungsmaßnahmen hat es sich bewährt, die Ergebnisse (z. B. die Zielscheibe mit den geklebten Punkten) den Schülern in Kleingruppen vorzulegen und ihnen drei Fragen mit auf den Weg zu geben (vgl. Bastian/Combe/Langer 2003, 26):

1. Was seht ihr?
2. Wie deutet ihr das Ergebnis?
3. Sollte etwas verändert werden, wenn ja, was – und wie kann dies geschehen?

Im Anschluss daran werden Verständigungs- und Aushandlungsprozesse in Gang zu setzen sein. Wichtig ist dabei, dass auch die *Schüler/innen* mit ihren Möglichkeiten zur Unterrichtsverbesserung in die Pflicht genommen werden! Auch muss das Verhältnis von Feedback und Lernzeit bedacht werden: Am Anfang genügen drei Minuten am Ende einer Stunde für das Feedback, später kann der Feedbackanteil größer sein, um bei erlangter Routine wieder abzunehmen.
Als Regeln für Feedback haben sich folgende Hilfen bewährt (sie gelten für mündliche Rückmeldungen ebenso wie für schriftliche Verfahren):

Feedback-Regeln

- Zunächst wird immer das Geglückte hervorgehoben, danach das Negative, - niemals umgekehrt (eiserne Regel!).
- Beziehe dich auf konkrete Einzelheiten, die nicht lange zurück liegen, sondern gut in Erinnerung sind.
- Gib dein Feedback direkt und offen, vermeide dabei Verallgemeinerungen und Pauschalisierungen. Beziehe dich nur auf ganz konkret Beschreibbares.
- Biete dein Feedback an, aber zwinge es nicht auf.
- Beschreibe kurz einen Punkt oder eine Einzelheit und sage dann, wie du dich dabei gefühlt hast, was es bei dir ausgelöst hat. Sprich nicht per wir, sondern per ich. Versuche dabei, moralische Bewertungen oder allgemeine Deutungen zu vermeiden.
- Wenn sich andere zur selben Angelegenheit anders äußern wollen, können sie das tun. Es darf unter keinen Umständen eine Diskussion darüber geben, wer „Recht" hat. Persönliche Eindrücke und Reaktionen sind immer „richtig".
- Wenn du Veränderungsvorschläge hast, kleide sie nach Möglichkeit in die Form von Wünschen.
- Gib dein Feedback unabhängig von andern.
- Verwende Ich-Botschaften: Aussagen sollten als die individuellen Beobachtungen artikuliert werden, die sie sind. Nicht: „Du bist ein mieser Redner, wie jeder sieht!", sondern: „Auf mich hat dein schneller Redestil irri-tierend gewirkt". Andere mögen ihn ja als engagiert und mitreißend empfunden haben.
- Wertschätzung und Respekt sind Grundlage jeden Feedbacks.
- Wer Feedback bekommt, hört nur zu (auch wenn er nicht einverstanden ist). Nicht verteidigen, kontern oder dagegen argumentieren. Sammle die Feedbacks einfach wie in einem Korb und entscheide für dich selbst, ob und was du verändern willst.

4. Methoden/Techniken

Wie bereits erwähnt, ist eine gelegentliche Rückfrage: „Na, wie war's denn so?" unergiebig und wenig hilfreich. (Eine Sammlung von über 30 ausgefeilten Feedback-Methoden findet sich bei Bastian/Combe/Langer 2003). Gleichwohl können auch spontan eingesetzte kleine Techniken helfen, den laufenden Unterricht zu steuern und zu verändern. (Petersen 2001, 46) Ein schönes Beispiel ist die

Daumenprobe
Die Lehrkraft stellt während des Unterrichtes eine gezielte Frage z. B.: „Rede ich verständlich?" – Oder am Ende eines Unterrichtsabschnittes: „Passte das Filmbeispiel zu unserm Thema?" – Auch die Bitte um Zustimmung zu einer Behauptung ist möglich: „Wir haben jetzt für die Klassenarbeit genug geübt." Usw. Die Aufgabe der Schüler besteht einfach darin mit dem Daumen ihre Einschätzung zu signalisieren: Daumen nach oben = gut, bzw. Zustimmung; Daumen waagerecht = halb und halb bzw. weiß nicht; Daumen senkrecht = schlecht, bzw. Ablehnung. Nachdem die Frage gestellt ist, werden kurz die Augen geschlossen und jeder entscheidet sich spontan (durch die geschlossenen Augen unbeeinflusst) für eine Antwort und zeigt sie mit dem Daumen an. Wenn alle sich entschieden haben, dürfen die Augen geöffnet werden. Diese kleine Technik eignet sich, in einer Klasse schnell und unkompliziert ein Meinungsbild zu erstellen. Es wird jeder mit seiner Meinung wahrgenommen, man hält sich nicht mit Diskussionen auf und die Schüler beeinflussen sich nicht gegenseitig (besonders, wenn man die Augen nicht öffnen lässt). Jeder kann sich geschützt trauen, sein Urteil abzugeben. Der Nachteil dieser Methode liegt auf der Hand: Man kann keine inhaltlich differenzierten Feedbacks erhalten. Für den einen oder anderen Zweck kann sie aber nützlich sein. Ähnlich angelegt ist die folgende Technik.

Meinungslinie
In zwei der vier Ecken eines Raumes wird je ein Smiley geklebt, so dass zwischen ihnen eine gedachte Diagonale durch den Raum gezogen werden kann. In einer der Ecken wird ein lachender Smiley, in der anderen Ecke ein Smiley mit heruntergezogenen Mundwinkeln befestigt. Den Schüler/innen wird eine zentrale Frage gestellt (z.B. „Wie fandest du den Referatsaufbau?" Oder: „Wie gelungen war die Präsentation?" Oder: „Wie aktiv hat die Klasse mitgearbeitet?". Die Teilnehmer stellen sich nun auf der gedachten Diagonalen zwischen dem lachenden und dem traurigen Smiley entsprechend ihrer Meinung auf. Jeder experimentiert mit verschiedenen Positionen, folgt seinem Körper und steht erst dann endgültig, wenn die Position „stimmig" ist. So entsteht ein Gesamteindruck darüber, wie die Grup-

pe den befragten Teilbereich einschätzt. Anschließend werden die Teilnehmer gebeten, sich inhaltlich zu dem gefragten Punkt zu äußern, so dass neben der quantitativen auch eine qualitative Auswertung erfolgt. Es können auch mehrere Fragen hintereinander auf diese Weise gestellt werden. Nach einiger Übung braucht man für diese Technik nur wenige Minuten.
Der Vorteil dieser Technik liegt in der Einbeziehung von Körper und Bewegung, mit der die eigene Meinung „dar-gestellt" wird sowie in der Visualisierung des Ergebnisses, das für alle Teilnehmer anschaulich wahrnehmbar ist. Der Nachteil liegt in der Beschränkung auf den quantitativen Akzent, eine inhaltlich-qualitative Auswertung und Differenzierung erfordert eine eigene Phase.Das folgende Instrument (nach Janssen 2003, 15) ist in zahlreichen Varianten einsetzbar und kann hervorragend auf die jeweiligen Interessen und Fragen zugeschnitten werden.

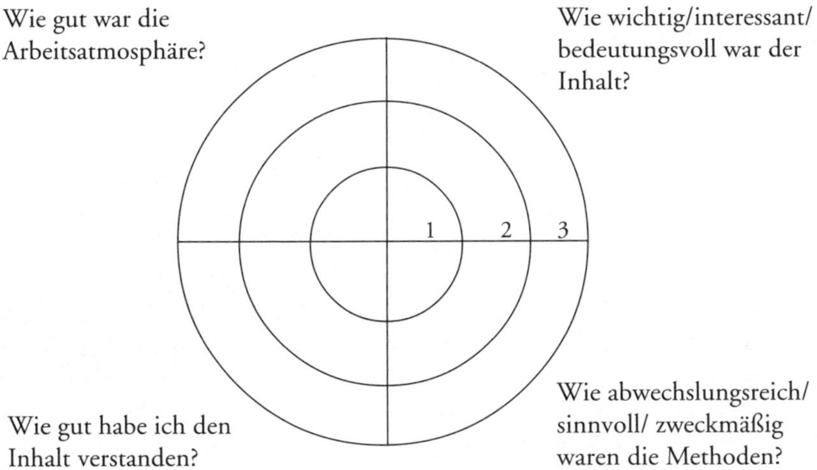

Abb. 1: *Zielscheibe*

Zielscheibe
Für ein einfaches Stunden-Feedback wird eine „Zielscheibe" großformatig an die Wand gehängt. Je nach den für die Auswertung relevanten Fragen wird sie in verschiedene Sektoren eingeteilt, die Fragen werden daneben geschrieben. (Abb. 1) Jeder Schüler erhält (in diesem Fall vier) Klebepunkte, mit der Bitte, sich unabhängig von den andern zu überlegen, wohin er seine Punkte jeweils kleben möchte. Vorher muss bekannt sein, was die Zahlen der Abstufung bedeuten (z. B. 1 = sehr gut, 2 = mittel, 3 = schlecht). Dann wird geklebt. So entsteht in kurzer Zeit ein für alle sichtbares Bild. Natürlich kann die Zielscheibe auch am Ende einer mehr-

stündigen Unterrichtseinheit eingesetzt werden. Für die Auswertung empfiehlt es sich, Kleingruppen zu bilden und ihnen die oben bereits genannten drei Fragen mit auf den Weg zu geben.

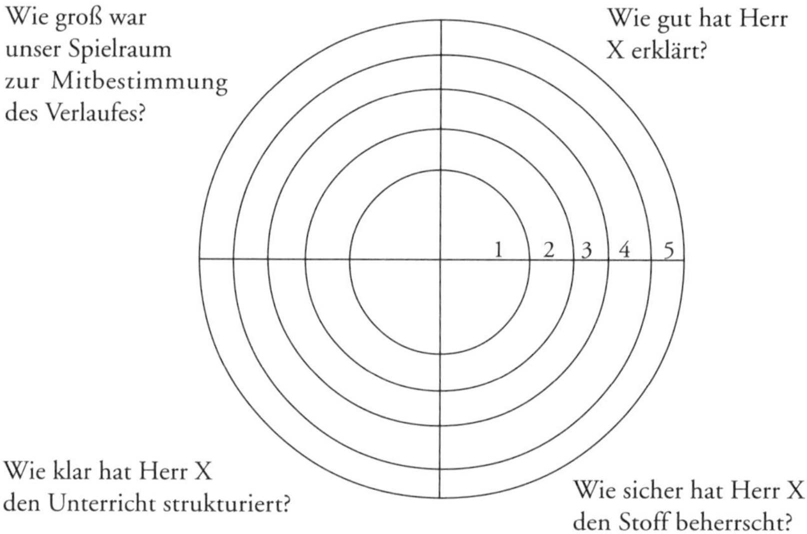

Abb. 2: *Personen-Feedback*

Die Zielscheibe kann auch eingesetzt werden für ein *Personen-Feedback*. (Abb. 2)Dies erfordert aber nicht nur Mut und Stabilität seitens der Lehrkraft, sondern auch ein hinreichend aggressionsfreies Klima in der Lerngruppe. Auch hier können die Fragen je nach Interesse ebenso variiert werden wie die Einstufungsskala (hier von 1-5, was eine differenziertere Einschätzung ermöglicht). Die Auswertung ist bei diesem Instrument natürlich Sache der Lehrkraft. Das Personen-Feeedback auch zur Rückmeldung bei gegenseitigen kollegialen Unterrichtsbesuchen eingesetzt werden.

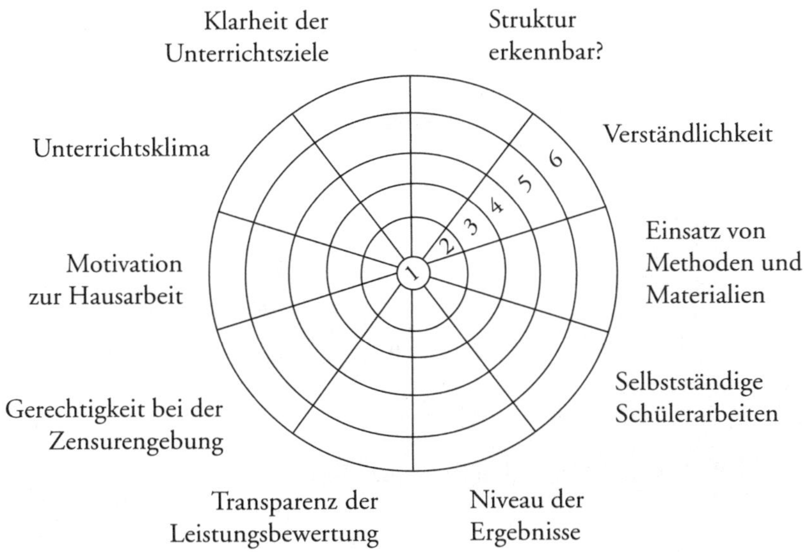

Abb. 3: *Zielscheibe als Evaluationsmittel*

Schließlich kann die Zielscheibe auch nach einer längeren Unterrichtseinheit als *umfangreicheres Evaluationsinstrument* eingesetzt werden (Abb. 3). Auch hier können die abgefragten Kriterien und die Zahl der Ringe nach Bedarf variiert werden. (Es empfiehlt sich nach der Erfahrung eines Fortbildungskurses übrigens, möglichst eine ungerade Zahl von Ringen zu wählen, um die „Tendenz zur Mitte" zu vermeiden. Außerdem kann man natürlich Punktedurchschnitte u. ä. berechnen, wobei „Ausreißer" oder eine Häufung bei den Extremen ein falsches Bild vom „Mittelwert" ergeben können.) Ein etwas differenzierteres Bild eines Stundenverlaufes ermöglicht die folgende Methode (Abb. 4).

An der Tafel (Flipchart, Wandzeitung o.ä.) wird der Stundenverlauf in den Phasen notiert und mit Feedback-Fragen in eine Matrix gebracht.

Beispiel

Verlauf	1. Phase: Unterrichtsgespräch zur Wiederholung:	Der Aufstieg Hitlers
	2. Phase: Stillarbeit:	Text zum Ermächtigungsgesetz
	3. Phase: Kleingruppenarbeit:	Kernpunkte des Gesetzes (Folien)
	4. Phase: Ergebnispräsentationen	
	5. Phase: Diskussion und Zusammenfassung	

Fragen
A) Was war am interessantesten?
B) Wo habe ich am intensivsten mitgearbeitet?
C) Wo haben wir am meisten geschafft?
D) Was hat mir am meisten Spaß gemacht?

	A	B	C	D
1. Phase (Gespräch)				
2. Phase (Text lesen)				
3. Phase (Gruppenarbeit)				
4. Phase (Präsentationen)				
5. Phase (Zusammenfassung)				

Abb. 4: *Differenziertes Feedback zum Stundenverlauf*

Differenziertes Feedback zum Stundenverlauf
Auf einer Wandzeitung oder -tafel o. ä. werden die wichtigsten Phasen der Stunde notiert (z. B.):
1. Phase: Unterrichtsgespräch zur Wiederholung: Der Aufstieg Hitlers;
2. Phase: Stillarbeit: Textausschnitt zum Ermächtigungsgesetz
   usw.

Darunter stehen vier Fragen, z. B.:
A) Was war am interessantesten?
B) Wo habe ich am intensivsten mitgearbeitet?
   usw.

Diese Fragen werden in eine Matrix gebracht (siehe Abbildung 4) und als Blatt an jeden Schüler ausgeteilt. Jeder überlegt nun in Ruhe, wohin er seine Kreuze zeichnet. Anschließend können die Werte in eine gemeinsame Matrix übertragen werden (empfehlenswert: auf Folie für alle sichtbar). Für die Lehrkraft ergibt sich damit ein wichtiges Bild davon, wie die unterschiedlichen Unterrichtsphasen bei den Schülern „angekommen“ sind. Für die Schüler ist das Instrument Anlass zur Selbstreflexion und ein guter Ansatz für die Einübung metakognitiver Fähigkeiten. Nach einiger Übung braucht dieses Instrument nur wenige Minuten, allerdings müssen die Phasen der aktuellen Unterrichtsstunde jeweils neu angeschrieben werden. Für alle Instrumente gilt: Ohne Auswertungsgespräche mit konkreten Konsequenzen wird ihr Potenzial nicht ausgeschöpft. Eine sehr hilfreiche Technik für solche Auswertungen ist der Themenspeicher, der aus der Moderationsmethode bekannt ist.

Themenspeicher
Für die Auswahl der wichtigsten Themen bzw. Schritte oder Maßnahmen, die im Anschluss an eine Feedback-Runde zur Veränderung anstehen, gibt es zwei Wege:
1. Kartenpunkten:
   Jeder Schüler erhält zwei Karteikarten, auf denen er seine Vorschläge zur Veränderung als Stichpunkt aufschreibt (z. B. „mehr Gruppenarbeit“, „Noten begründen“, „Herr M. soll langsamer erklären“, „nicht soviel dazwischenreden“, „Hausaufgaben machen“, „keine Beschimpfungen untereinander“ u.a.m.). Diese Karten werden eingesammelt, nach Themengruppen geordnet (Cluster von zusammen gehörenden Themen) und jedes Cluster erhält eine Überschrift (z. B. „Unterrichtsgestaltung von Herrn M.“, „Verhalten der Schüler“ usw.) Dann erhält jeder Schüler doppelt so viele Klebepunkte wie Clusterüberschriften an der Wand stehen und klebt sie neben die Überschriften der Cluster. Anschließend wird ausgezählt und das Ergebnis in eine vorbereitete Prioritätenliste eingetragen (Abb. 5.1: Prioritätenliste). Diese Liste bleibt auf jeden Fall erhalten, denn sie ist langfristig zur Reflexion der ereichten oder „vergessenen“ Veränderungen notwendig.

2. Gelenktes Gespräch:
   Statt des zwar wenig von der Lehrkraft beeinflussten, aber zeitaufwändigeren Karteikarten-Verfahrens kann man auch im gelenkten Unterrichtsgespräch die wesentlichen Veränderungswünsche herausarbeiten, evtl. jeweils in ihrer Bedeutung abstimmen lassen und dann gleich in der Prioritätenliste festhalten (Folie, Flipchart oder Wandzeitung, - Tafel hingegen ist nicht empfehlenswert, weil die Ergebnisse aufbewahrt werden sollten).

Thema	**Rang**
Mehr Gruppenarbeit	1
Hausaufgaben	2
usw.	

Abb. 5.1: *Prioritätenliste*

Nach der Themensammlung wird eine Aktivitätsliste aufgestellt (ebenfalls aus der Moderationsmethode als „to-do-Liste“ bekannt), in die die wichtigsten, aus der Prioritätenliste ausgewählten Veränderungswünsche für einen konkreten Zeitraum eingetragen werden. (Abb. 5.2, variiert nach Bastian/Combe/Langer 2003, 121) Wichtig ist dabei, dass auch wirklich nach der vereinbarten Zeit eine Überprüfung der gewünschten Veränderung stattfindet.

Aktivitätenkatalog („to do“)			
Was?	Wer?	Angestrebtes Ergebnis	Wann Überprüfung?

Abb. 5.2: *Aktivitätenkatalog*

Über diese beschriebenen Verfahren hinaus gibt es eine Fülle von weiteren kleinen oder aufwändigeren Möglichkeiten, die vom Lerntagebuch, Schülern als Beobachter, das Feedbackjournal (in das Lehrer und Schüler laufend Eindrücke, Erfahrungen und Kommentare eintragen) über Stimmungskurven bis hin zu thematischen Standbildern reichen. Ich arbeite z. B. gerne mit dem Rede-Ei:

Rede-Ei
Ein schön blank poliertes Stein-Ein wandert von Teilnehmer zu Teilnehmer. Jeder sagt ein oder zwei Sätze (keine langatmigen Ausführungen oder Begründungen!) zu zwei Fragen: „Was hat mir in dieser Sitzung/Stunde geholfen, mich mit dem Thema zu beschäftigen?“ Und: Was hat mich gehindert oder gestört?“ Wer partout nichts sagen möchte, gibt das Rede-Ei einfach weiter. Wichtig ist der Hinweis, dass man auch bereits Gesagtes ruhig wiederholen soll (nicht erlaubt ist der Satz: „Alles wurde schon gesagt“, weil sonst überhaupt nicht deutlich wird, für wie viele Teilnehmer ein bestimmter Eindruck gilt). Auch sollen voneinander abweichende Einschätzungen ausdrücklich genannt werden („Ich fand die Gruppenarbeit überhaupt nicht langweilig, sondern sehr ertragreich.“)
Abschließend möchte ich noch ein Beispiel für *Feedback in Kleingruppen* geben, auf eine Möglichkeit zum *Feedback an Präsentationsgruppen* hinweisen und eine Methode für *sachbezogenes Feedback vom Lehrer zum Schüler* vorstellen.

Kleiner Gruppenspiegel
Die Lehrkraft hat den folgenden kleinen Fragebogen (ähnlich Gudjons 2003, 165 ff.) für alle Teilnehmer/innen der Kleingruppen kopiert und ausgeteilt. Am Ende einer Gruppenphase oder bei besonders wichtigen Weichenstellungen wird er durch einfaches Ankreuzen ausgefüllt. Ein oder zwei Gruppenteilnehmer werten ihn aus (evtl. Mittelwerte berechnen) und tragen kurz die wichtigsten Trends vor. Anschließend wird beraten, was die Gruppe an ihrer Zusammenarbeit verbessern kann.

	stimmt genau			**stimmt überhaupt nicht**	
1. Ich fühle mich in der Gruppe wohl	1	2	3	4	5
2. Wir haben gut zusammengearbeitet	1	2	3	4	5
3. Ich bin mit unserem Ergebnis zufrieden	1	2	3	4	5
4. Jeder beteiligt sich angemessen	1	2	3	4	5
5. Konflikte lösen wir offen und ehrlich	1	2	3	4	5
6. (weitere Fragen….)					

Auch dieser kleine Gruppenspiegel kann je nach Alter der Schüler oder relevanten Fragedimensionen abgewandelt oder ergänzt werden.

Dass Schüler/innen heute lernen müssen, Arbeitsergebnisse angemessen zu präsentieren, ist selbstverständliches Element einer neuen Unterrichtskultur (PÄDAGOGIK H. 3/2004: Die gute Präsentation). Zur Verbesserung eigener Fähigkeiten beim Präsentieren ist Feedback durch die Zuhörer/Zuschauer unabdinglich. Hier helfen Kompetenzraster, die sowohl zur Selbsteinschätzung der Vortragenden als auch für das Feedback durch die Klasse/Lerngruppe genutzt werden können. (Merziger/Schnack 2005, 21) Im Übrigen ist das Kompetenzraster ein auch für differenzierte Leistungsrückmeldungen breit einsetzbares Instrument, das zudem leicht selbst hergestellt werden kann.

Kompetenzraster „Präsentation"
Das folgende Beispiel (Abb. 6) enthält vier Hauptkriterien:
- Aufbau
- Inhalt
- Vortrag
- Visualisierungen.

Diese sind jeweils in mehrere Unterkriterien eingeteilt, z. B. beim Kriterium „Aufbau" in: Einstieg, Übergänge zwischen den Teilen, Schluss.
Wie gut ein einzelnes Kriterium erfüllt ist, geben dann die Stufen 1 bis 4 an, z. B. bei „Einstieg":
- Stufe 1: kein Einstieg erkennbar
- Stufe 2: führt in das Thema ein
- Stufe 3: erregt Aufmerksamkeit
- Stufe 4: spannend und Neugier erregend.

Es ist zweckmäßig, den Schüler/innen ein solches Kompetenzraster am Anfang einer präsentationsorientierten Unterrichtseinheit vorzustellen. Vor der Präsentation können dann einzelne Schüler/innen Beobachtungsaufgaben erhalten, die sich an den Kriterien des Kompetenzrasters orientieren. Nach Ende der Präsentation werden zunächst Sachfragen gestellt und diskutiert. Dann erst tragen die Beobachter ihre Rückmeldungen vor. Weil allen Schülern das Raster bekannt ist, verläuft diese Rückmeldung erfahrungsgemäß meist sehr zügig (ebd. 23). Der Lerneffekt für die Vortragenden ist erheblich, löst Anstrengungsbereitschaft aus und fördert die Motivation.

Kriterium	Stufe 1	Stufe 2	Stufe 3	Stufe 4
<u>Aufbau</u>				
Einstieg	kein Einstieg erkannbar	führt in das Thema ein	erregt Aufmerksamkeit	spannend und Neugier erregend
Übergänge zw. den Teilen	keine Übergänge erkennbar	Verbindung mit Worten	Verbindung über Ideen	spannender Übergang über Ideen
Schluss	kein Schluss erkennbar	weniger spannender Schluss	Anknüpfen an Einstieg	kraftvoll und Aufmerksamkeit
<u>Inhalt</u>				
Richtigkeit	drei oder mehr inhaltliche Fehler	zwei inhaltliche Fehler	ein inhaltlicher Fehler	alle Informationen sind korrekt
Dokumentation	keine Quelle genannt	eine Quelle genannt	zwei Quellen genannt	drei oder mehr Quellen genannt
Zitate	keine Zitate	ein Zitat, um die Sache zu unterstützen	zwei Zitate, um die Sache zu unterstützen	drei oder mehr Zitate, um die Sache zu unter-
<u>Vortrag</u>				
Augenkontakt	der Vortrag wird abgelesen	gelegentlich Augenkontakt zum Publikum	ständiger Augenkontakt manchen Leuten	ständiger Augenkontakt zum gesamten Publikum
Stimme	kaum zu hören	nur in der ersten Reihe zu hören	von fast allen Zuhörern zu hören	laut und deutlich von allen zu hören
Gesten	keine vorhanden	wenige Gesten vorhanden	benutzt gelegentlich Gesten, um den Inhalt deut-	benutzt häufig Gesten, um den Inhalt deutlicher
<u>Visualisierung</u>				
Bilder und Graphiken	keine vorhanden	nur wenig eingesetzt	einige angemessen eingesetzt	kreativ eingesetzt, um den Vortrag zu stützen
Optische Wirkung	keine vorhanden	nur wenig vorhanden	erregt Aufmerksamkeit	optische Stimulierung des Publikums
Beziehung zum Thema	keine vorhanden	nur wenig	deutliche	stützt den Vortrag

Abb. 6: Kompetenzraster Präsentation

Kompetenzraster bringen verlässliche Transparenz ins Unterrichtsgeschehen, sie geben konkrete Hilfen zur Verbesserung, fördern die Motivation (die nächste Stufe ist erreichbar!), sie sind Voraussetzung für erfolgreiches Üben und Trainieren und sind ein wichtiger Beitrag zur Qualitätsverbesserung des Unterrichtes und damit zur Unterrichtsentwicklung.

Literatur

Bastian, J./Combe, A./Langer, R.: Feedback-Methoden. Weinheim 2003

Gudjons, H.: Spielbuch Interaktionserziehung. Bad Heilbrunn 2003, 7. Aufl.

Helmke, A.: Unterrichtsqualität erfassen, bewerten, verbessern. Seelze 2004, 3. Aufl.

Janßen, J.-P.: Der Austausch gibt Kraft. In: Hamburg macht Schule H. 5/2003, S.14-15

Merziger, P./Schnack, J.: Mit Kompetenzrastern selbständiges Lernen fördern. In: PÄDAGOGIK H. 3/2005, S. 20-24

PÄDAGOGIK H. 5/2001: Schülerrückmeldung über Unterricht

PÄDAGOGIK H. 3/2004: Die gute Präsentation

Petersen, S.: Rituale für kooperatives Lernen in der Sekundarstufe I. Berlin 2001

Schrempf, R. M.: Rubrics. Ein Instrument zur Qualitätsentwicklung und Qualitätssicherung in Unterricht und Schule. In: PÄDAGOGIK H. 9/2002, S. 40-42

Schulz, W.: Unterrichtsplanung. München 1981, 3. Aufl.

Stör mich bitte nicht! Ich übe gerade Hochsprung!

11. Üben und Wiederholen – *Von öder Routine zu intelligenten Strategien*

Bekanntlich sind Üben und Wiederholen nicht gerade beliebt. Und dann soll man auch noch intelligent und strategisch üben? Doch Ergebnisse der Lernforschung zeigen sehr schnell, dass es entsprechende Methoden und Strategien gibt. Rein repetitives Üben ohne Transfer wirkt sich nämlich z. B. nach der empirischen BIJU-Studie (Helmke 2004, 135) negativ auf die Leistungsentwicklung aus. Allerdings muss die Lehrkraft den Lernenden helfen, das Üben und Wiederholen erst einmal zu lernen. Wer etwas geübt hat, wer etwas weiß und kann, hat Energien frei für weitere Lernakte: Wer zügig und sinnvoll lesen kann, kann dies nutzen für eine Fülle weiterer Anforderungen; wer die Bruchrechnung beherrscht, wird mit der Prozentrechnung weniger Mühe haben; wer über gute Arbeitstechniken verfügt, erleichtert sich das selbstständige Lernen. (PÄDAGOGIK H. 11/2005)

1. Zwei Grundformen des Übens

In diesem Zusammenhang unterscheidet die Lernpsychologie zwei Grundformen des Übens und Wiederholens: das mechanische und das elaborierende Üben. (Edelmann 2000, 281)

1.1 Mechanisches Üben

Das mechanische Üben wird oft gleichgesetzt mit Pauken, Drill und Auswendiglernen. Obwohl es pädagogisch anrüchig erscheint, ist es doch unumgänglich. Jedes Fach enthält Teile, die man auswendig lernen muss, die sich nicht durch Überlegen, Nachdenken oder Verstehen erschließen lassen: z. B. Vokabeln, chemische Bezeichnungen, Axiome, Namen. Darum ist es redlicher und ehrlicher, Schüler und Schülerinnen offen zu informieren, was einfach auswendig gelernt werden muss. Welche Hilfen gibt es für das mechanische Üben?

Übungsregeln

Empirisch in der Wirksamkeit gut belegt sind folgende Regeln (Frey 1989):

1. *Sofort anfangen* (ein kurzer Abstand des Übens zum neu gelernten Stoff ist gedächtniswirksamer als ein größerer zeitlicher Abstand zwischen Einführung und Wiederholung des Lehrstoffes.)
2. Das *Üben verteilen* (lieber an fünf Tagen einmal als an einem Tag fünfmal)
3. Auf *Vorrat lernen* (overlearning: nach dem Lernen eines Stoffes mit dem Gefühl: „Jetzt kann ich es“ nicht aufhören, sondern mit nur der Hälfte der Zeit den Stoff noch mal studieren, – ein hochwirksames Verfahren!)
4. Jedes mal *aktiv reproduzieren* (nicht nur etwas durchlesen, sondern auf gestellte Fragen antworten, einem Zuhörer erzählen oder erklären, laut vor sich selbst hersagen usw.)
5. *Sofort kontrollieren und verstärken* (z. B. Antworten und Lösungen auf der Rückseite von Lernkarteikärtchen vergleichen, als Lehrkraft sofort feedback geben, wenn möglich als klare Erfolgsbestätigung oder „Belohnung“ – eine empirisch als hocherfolgreich nachgewiesenen Technik, Frey 1989, 1/19).
6. *Lernhemmungen vermeiden* (nach dem Lernen von Englisch-Vokabeln nicht gleich Französisch-Vokabeln hinterher lernen, das erschwert den Erwerb der Französisch-Vokabeln; umgekehrt werden dann rückwärts auch die Englisch-Vokabeln nicht so gut behalten; Konsequenz: Pausen machen, vor und nach dem Repetieren einige Minuten nichts tun, was dem Gelernten ähnelt.)

Diese Regeln zeigen, dass auch das mechanische Üben im Unterricht und zu Hause nicht ermüdender Drill sein muss, sondern auf Erfolg zielt. Und bekanntlich ist nichts erfolgreicher als der Erfolg, – auch beim Üben und Wiederholen!

1.2 Elaborierendes Üben

Elaboration ist der zweite Typus des Übens und bedeutet die Ausarbeitung des Lerngegenstandes durch variantenreiche Übungsformen. Damit ist das Üben Bestandteil des gesamten Lernprozesses und nicht bloß ein lästiges Anhängsel. „Erst durch elaborierende Übungen wird das differenzierte Endergebnis erreicht.“ (Edelmann 2000, 281)

Wenn nämlich „Lernen als ein zusammengesetzter Prozeß betrachtet wird, der aus einer Verknüpfung der Komponenten *Verstehen*, *Speichern* (oder *Behalten*), *Abrufen* und *Anwenden* besteht“ (Steiner 1996, 280), dann gewinnt auch das Üben eine neue kognitive Qualität. Im elaborierenden Üben wird Wissen nämlich neu konstruiert (gemäß der Grundthese des Konstruktivismus): Durch Anwendungsbeispiele

unterschiedlicher Art wird es neu vernetzt und mit Vorwissen verknüpft. Beim wiederholenden Durcharbeiten – ausgehend von neuen Startpunkten und über teilweise neue Wege – kommt es zu einem *Neukonstruieren* derselben Inhalte. Elaborierendes Üben kann also die Flexibilität des Denkens erhöhen, kann Vertiefung, Transfer, Problemlösen, Selbststeuerung und Kreativität fördern.
Einleuchtende Beispiele für ein solches elaborierendes Üben sind vor allem mehrfache Verknüpfungen mit bereits verfügbaren begrifflichen Elementen: Nach einer Unterrichtseinheit über Migration zum Beispiel ist es sehr effektiv, die wesentlichen Begriffe (z. B. Ausländer, Aussiedler, Einwanderer) neu zu ordnen und dazu mit der Lerngruppe eine Begriffshierarchie zu erarbeiten. (Empirisch wurde nachgewiesen, dass das Lernen mit einer solchen Begriffshierarchie dreimal so erfolgreich ist wie das bloße Einprägen von Einzelheiten, van der Meer 1996, 224.)
Ein solches Üben fördert das Vernetzen von Begriffen und Beziehungen. Äußerst hilfreich sind dabei Strukturskizzen (z. B. Mind-Maps, Diagramme, Zeitleisten, Poster, Collagen), überhaupt die Visualisierung (gelungenes Beispiel bei Sauer 2000, 89 zum Thema Nationalsozialismus). Solche Visualisierungen helfen dabei, das Erarbeitete neu zu durchdenken. Lernpsychologisch wurde nachgewiesen, dass sie wesentlich zur „multiplen Kodierung" von Informationen beitragen: „Bildhafte Vorstellungen zählen zu den effektivsten Enkodierungsformen." (Van der Meer 1996, 225)

2. Durch Transfer üben

Schließlich liegt eine der wichtigsten Strategien, der Öde und Langeweile beim Üben und Wiederholen vorzubeugen, in Transferaufgaben. Wenn Schüler und Schülerinnen eine Fertigkeit erworben haben (z. B. Dreisatzaufgaben zu lösen), werden sie diese nur als nützlich begreifen, wenn sie diese Fertigkeit auf neue Problemstellungen anwenden können. Auch das muss geübt werden. Die ganze Anwendungsbreite aufzuzeigen, verhindert die Entstehung trägen Wissens, das nicht zur praktischen Anwendung kommt, – auch wenn es noch einige Widersprüche in der Forschung zu Transfereffekten gibt. (Steiner 1996, 286)
Übung und Transfer stehen also in enger Verbindung. (Edelmann 2000, 282) Das Üben mit der Anwendung des Gelernten auf weitere Felder des Lebens und mit der Wirklichkeit zu verbinden, beugt hervorragend einem bloß mechanischen Üben und Wiederholen vor. Sachliches Wissen (= was etwas ist) und prozedurales Wissen (= wie etwas gemacht wird) sind dabei aber die Voraussetzung für Anwendung und Transfer! Wer nichts weiß, kann nichts anwenden.
Allerdings müssen Transferaufgaben nicht immer neue Probleme beinhalten. Wie Renkl (2000, 18) durch zahlreiche empirische Forschungen belegt hat, ist auch das

Üben durch Lösungsbeispiele sehr effektiv. Bei einem Lösungsbeispiel werden Schüler (nach der Anfangsinstruktion) aufgefordert, selbst nach den Prinzipien zu suchen, nach denen eine Lösung funktioniert – ein hoch effektives Verfahren zur Übung, weil es nicht Energien für die Lösung neuer komplexer Probleme verbraucht, sondern mehr Raum für das Einüben anwendbarer Lösungsschemata zur Verfügung steht.

Das Geheimnis des Übens hat Heinrich Roth, der große Forscher und Pädagoge, bereits in den siebziger Jahren klassisch formuliert: „Übungen unter immer wieder neuen Gesichtspunkten, an immer wieder anderem Material, in immer wieder neuen Zusammenhängen, anderen Anwendungen, unter immer wieder neuen größeren Aufgaben – darin steckt das Geheimnis des Übens." (Roth 1976, 275)

Schließlich geben die bekannten Lernpsychologen Gage und Berliner (1996, 332) einige praktische Hinweise, die beim Transfer als zentraler Übungsform beachtet werden müssen.

1. *Wirklichkeitsnahe Bedingungen* für die Übertragung schaffen: Schülern und Schülerinnen die Zeit geben zum Üben, die wirklich zur Verfügung steht (nicht einen Aufsatz in 20 Tagen anfertigen lassen, wenn bei der Klassenarbeit nur 90 Minuten zur Verfügung stehen).
2. *So viele Übungsaufgaben wie möglich stellen*, bevor der Transfer erfolgt (man denke an Piloten, die -zigmal auf dem Heimatflughafen die Landung üben, bevor sie auf einem fremden Flugplatz landen dürfen.) Also erst mal das Grundlegende sichern, dann die Anwendung und Übertragung auf fremde Felder riskieren.
3. Übungsmöglichkeiten in Aufgabenbereichen anbieten, die *mit dem ursprünglichen Aufgabenbereich verwandt* sind (wenn es z. B. um das Thema Kaufverträge geht, möglichst unterschiedliche Verträge anbieten, in denen bei wechselnden Vertragspartnern die gemeinsamen Faktoren wie Kaufpreis, Zahlungsmodalitäten, Garantieansprüche etc. vorkommen). Dabei wird eine konstante Idee „dekontextualisiert", also aus der konkreten, unmittelbaren Situation herausgelöst und auf andere Situationen übertragen.
4. *Negativen Transfer* beachten: Stimuli sind sich sehr ähnlich, die erforderlichen Reaktionen aber sind unterschiedlich (z. B. Ethnographie, Ethnologie und Ethologie klingen ähnlich, meinen aber völlig Verschiedenes. Konsequenz: Immer nur einen Begriff und seine Verwendung, seinen Kontext üben.)
5. Zu betonen ist die frühzeitige *Aneignung von Voraussetzungswissen* (bevor man die sowjetische Politik während des Kalten Krieges analysiert, ist es notwendig, die Sowjetunion während des zweiten Weltkrieges zu studieren. Bevor man sich auf steilere Pisten wagt, muss das Bogenfahren auf einem einfachen Hang geübt werden.)
6. Lassen Sie die *Schüler und Schülerinnen selber ein Modell konstruieren*, das die

wesentlichen Elemente einer Übungsaufgabe enthält oder Transferaspekte beinhaltet. Schüler können sich durchaus selbst Anwendungsbeispiele ausdenken: Wofür kann man die Messung der Schallgeschwindigkeit gebrauchen? Was messen die Schüler zu Hause, wie oft tun sie dies, mit welchem Sinn und Zweck? Die Verbindung des zu Übenden mit Erfahrungen im Leben außerhalb der Schule ist außerordentlich effektiv.

7. Es ist schließlich sinnvoll, einen Schüler oder eine Schülerin zu bitten, die *eigenen Lösungswege laut denkend vorzutragen*. Andere Lernende können dies dann besser nachvollziehen und mit ihren eigenen Strategien vergleichen.

Über den Transfer hinaus dient Üben auch zur *Automatisierung*: Fertigkeiten sollen zur Routine werden (die schriftliche Subtraktion soll sitzen), die Ausführung soll schnell und korrekt erfolgen, damit künftig wenig Aufmerksamkeit dafür verbraucht wird (Verarbeitungskapazität wird frei gesetzt, mehr kognitive Kapazität steht für die Bewältigung komplexerer Anforderungen zur Verfügung). Im Unterschied zum verständnisorientierten Lernen (bei dem Fehler sehr produktiv sein können!) muss die Lehrkraft darauf achten, dass beim Automatisieren Fehler vermieden werden und sich nicht einprägen.

Schließlich muss die Lehrkraft entscheiden, ob sie Übungsprozesse als *massiertes oder verteiltes Üben* in den Unterricht einplant. Massiertes Üben im Sinne eines länger dauernden, intensiven Einprägens hat sich nach allen Ergebnissen der Lernforschung als wenig günstig erwiesen, verteiltes Üben ist effizienter. (Steiner 1996, 284) Dies gilt auch für die zeitliche Rhythmisierung, wie jeder Praktiker weiß: Regelmäßig zehn Minuten sind besser als zwei Stunden hintereinander. Besonders günstig ist dabei, die Zeitpunkte des verteilten Übens von Mal zu Mal weiter zu strecken, weil dadurch auch der Prozess des Abrufens selbst eine qualitative Verbesserung erfährt. „Von diesem Verfahren weiß man, daß es nachhaltige Konsolidierungs- bzw. Behalteneffekte hervorbringt“ (Steiner 1996, 306).

3. Weitere Übungsstrategien

In der Lernpsychologie werden zwei grundlegenden Strategien unterschieden. (Steiner 2001, 184)

Die *G-Methode*: G wie ganzheitlich bedeutet, dass der zu lernende Stoff einen Zusammenhang bildet, ein Ganzes, aus dem die Teile ihren spezifischen Sinn gewinnen (z. B. ein Gedicht, bei dem die Strophen von der Gesamtheit her ihren Sinn erhalten). Vor allem wenn es um das Einprägen von Zusammenhängen, um ein Gesamtbild, einen Sinnzusammenhang geht, ist das Lernen nach der G-Methode sinnvoll (also z. B. die Strophen eines Gedichtes nicht nacheinander lernen, son-

dern durch wiederholtes lautes Lesen des ganzen Gedichtes in einem Zug). So wird eine Art „Drehbuch“ aufgebaut, das für den Abruf eine leitende Funktion gewinnt. Die *T-Methode*: T wie Teillernmethode besagt, dass immer dann, wenn eine Lernaufgabe aus einzelnen, in sich geschlossenen Einheiten besteht (z. B. einzelne Vokabelpaare, die als deutsches und fremdsprachliches Wort wie ein Informationspaket gelernt werden), das getrennte Lernen von Teilen zweckmäßig ist.
Zusammengefasst: „Wenn eine Lernaufgabe also aus einzelnen, in sich geschlossenen Einheiten besteht, ist die T-Methode angemessen, sobald sie aber ein integriertes Ganzes darstellt und die Kontinuität zwischen den einzelnen Teilen im Sinne eines Drehbuches gegeben ist, ist die G-Methode auch bei hoher Komplexität der Aufgabe die vorteilhaftere.“ (Steiner 2001, 184)

4. Praktische Prinzipien des Übens

Schließlich sind einige praktische Prinzipien hilfreich:

- Die *Übungsbereitschaft muss geweckt werden.* Die Lehrkraft macht im Unterricht für alle transparent, wozu das Üben und Wiederholen erforderlich ist. Sie lässt die Schüler und Schülerinnen mitbestimmen. Realistische Übungsziele werden formuliert (die keine *Unter*forderung oder „Beschäftigungstherapie“ für die Leistungsstärkeren und keine *Über*forderung durch zu hohe Ansprüche an die Leistungsschwächeren bedeuten).
- Wie in der Lernpsychologie vielfach empirisch belegt (Steiner 1996, 292), ist das *Prinzip des Erfolges* beim Üben von größter Bedeutung. Es führt zur „learner-self-efficacy“, zum Bewusstsein der Wirksamkeit und Fruchtbarkeit des eigenen Lernens, – kurz zu Stolz und Selbstbewusstsein. Voraussetzung dafür ist es allerdings, dass nicht nur die Lehrkraft den Erfolg feststellt, sondern auch den Lernenden Selbstkontrolle und Möglichkeiten der Selbstevaluation möglich sind.
- Die Perspektive des Übens und Wiederholens ist der *Gebrauch*. Üben und Wiederholen sind sinnvoll, – nicht weil die Lehrkraft das Üben gut findet oder die Eltern nachmittags angesichts einer bevorstehenden Klassenarbeit Druck machen, sondern weil Üben zur sicheren Beherrschung und zur Anwendung des Gelernten führt. Eine hohe Eigenaktivität wirkt sich positiv auf das Behalten und Verwenden aus.
- Üben und Wiederholen müssen *betreut werden*. Unverstandenes kann nicht sinnvoll geübt werden, die Lehrkraft muss erst mal sicherstellen, dass alle den Stoff verstanden haben und das Richtige üben und dass es allen klar ist, *was* geübt werden soll.
- Üben und Wiederholen müssen *kontrolliert* werden: Unmittelbare Kontrolle ist wirksamer als verzögerte, ermutigende Kontrolle ist wirksamer als ausschließliche Fehlerhinweise; Hinweise zur Vermeidung von Fehlern sind nützlicher als bloße Fehlerkorrektur.

• Für das praktische Üben und Wiederholen gibt es eine Fülle von Techniken und Vorschlägen, die ich hier nicht im Einzelnen aufführen kann. Sie reichen vom handlungsorientierten Üben über das Quiz in der Klasse, Lern- und Übungsspiele, Rollen- und Planspiele bis zu Netzwerktechniken mit Karteikärtchen und Verfahren zur Erschließung eines Textes (Vorschläge bei Peterßen 2002, Gudjons 2003, Paradies/Linser 2003).

Literatur

Gage, N.L./Berliner, D.C. (Hg.): Pädagogische Psychologie. Weinheim 1996, 5. Aufl.

Gudjons, H.: Frontalunterricht – neu entdeckt. Integration in offene Unterrichtsformen. Bad Heilbrunn 2003

Edelmann, W.: Lernpsychologie. Weinheim 2000, 6. Aufl.

Frey, K. u.a.: Allgemeine Didaktik. Zürich 1989, 3. Aufl.

Helmke, A.: Unterrichtsqualität erfassen, bewerten, verbessern. Seelze 2004, 3. Aufl.

Meer, van der, E.: Gesetzmäßigkeiten und Steuerungsmöglichkeiten des Wissenserwerbs. In: Enzyklopädie der Psychologie, Bd. 2, S. 209-247. Göttingen 1996

Paradies, L./Linser, H. J.: Üben, Wiederholen, Festigen. Berlin 2003

PÄDAGOGIK H. 11/2005: Intelligentes Üben

Peterßen, W.H.: Kleines Methoden-Lexikon. München 2002, 2. Aufl.

Renkl, A.: Automatisierung allein reicht nicht aus. In: Üben und Wiederholen. Friedrich-Jahresheft XVIII, S. 16-19. Seelze 2000

Roth, H.: Pädagogische Psychologie des Lehrens und Lernens. Hannover 1976, 15. Aufl.

Sauer, M.: Vom Lern- zum Denkfach. Historisches Wissen strukturieren statt Daten pauken. In: Üben und Wiederholen. Friedrich Jahresheft XVIII, S. 88-90. Seelze 2000

Steiner, G.: Lernverhalten, Lernleistung und Instruktionsmethoden. In: Enzyklopädie der Psychologie, Bd. 3, S. 278-317. Göttingen 1997

Ich kann gar nichts! Ich bin der größte Versager der Welt!
Also bitte?! Du bist dann ja absolute Spitze als Versager!

12. Die Angst vor Prüfungen abbauen
Wie Lehrkräfte helfen können

1. Was ist Prüfungsangst?

1.1 Woher kommt Prüfungsangst?

Angst ist im menschlichen Leben normal. Aber die besondere Ängstlichkeit, die viele Menschen vor Prüfungssituationen unterschiedlichster Art empfinden, ist ein Erleben, das nicht nur belastend, verunsichernd und höchst unangenehm ist, sondern das nicht sein muss. Es ist auf spezifische Weise in ungünstigen Prozessen gelernt worden. Das ist zugleich hoffnungsvoll, denn was man gelernt hat, kann man auch wieder ver-lernen! Zwar gibt es keine Wundermittel und Zaubertricks gegen die Prüfungsangst, aber man kann gezielt daran arbeiten, mit ihr besser umzugehen. Aus armen Opfern können dann souveräne „Täter“ werden. Man kann lernen, den Tiger zu reiten, so wie man auch das Weglaufen (früher) gelernt hatte. Dazu muss man aber einiges über Prüfungsangst wissen. Andernfalls bleibt alles gut gemeinte Bemühen auf halbem Wege stecken oder bewirkt schlimmstenfalls das Gegenteil.

„Prüfungsängstlichkeit ist die überdauernde Besorgtheit und Aufgeregtheit angesichts von Leistungsforderungen, die als selbstwertbedrohlich eingeschätzt werden.“ (Küpfer 1997, S. 18) Diese Definition zeigt erstens, dass Prüfungsangst nicht nur in einer konkreten Situation auftritt, sondern etwas zu tun hat mit den längerfristigen Einstellungen einer Person: sie ist „überdauernd“. Damit ergibt sich zugleich ein erster Ansatzpunkt, etwas gegen Prüfungsangst zu unternehmen: Es geht darum, die eigenen Grundeinstellungen zu verändern. Wie man das machen kann, werden wir im Abschnitt 2.1 sehen. Zum zweiten wird durch die Definition klar, dass Prüfungsangst mit Bewertungen der betroffenen Person zusammenhängt: eine Situation wird als bedrohlich eingeschätzt. Gelingt es nämlich, diese negative Bewertung zu ändern, kann auch die Angst verschwinden. Und drittens geht es speziell um den Selbstwert, das Selbstwertgefühl einer Person: dieses wird als gefährdet erlebt. Selbstwertgefühl aber ist Ergebnis des bisherigen Lebensprozesses, der Biografie eines Menschen.

Unseren Selbstwert lernen wir vor allem durch die Beziehung zu unseren Eltern, aber im Umgang mit anderen Autoritätspersonen wie Lehrern, bedeutenden Erwachsenen und Menschen, die uns überlegen sind. Wenn diese Personen ihre Zuneigung und Liebe von der Erfüllung (hoher) Leistungsansprüche abhängig machen, entwickeln wir Schuldgefühle, wenn wir glauben, diesen nicht zu entsprechen. Besonders im Grundschulalter – so wissen wir aus den Forschungen von Erikson (1971, S. 98ff.) – prägt sich ein Grundbedürfnis des Kindes aus: sich nützlich zu machen, etwas zu können, ein Bewusstsein der eigenen Leistungsstärke zu entwickeln. Geben die Erwachsenen dem Kind aber überwiegend negative Rückmeldungen, machen sie vor allem ihre Zuneigung, Liebe und Anerkennung des Kindes von der Erfüllung dieser Anforderungen abhängig, kommt es zu einem tiefsitzenden Gefühl von Minderwertigkeit. Eine fatale – oft unbewusste – Einstellung sich selbst gegenüber heißt dann: „Ich bin im Grunde ein Versager, mir wird nichts gelingen." (Übrigens halte ich deswegen das Sitzenbleiben im Grundschulalter für ein Verbrechen an den Kindern!)
Ängstliche Menschen interpretieren also aufgrund ihrer biografischen Erfahrungen Leistungssituationen schneller als sehr bedrohlich für ihr Selbstwertgefühl, sie entwickeln vor solchen Situationen intensiver Angst, sie neigen dazu, solchen Anforderungen eher aus dem Weg zu gehen. In der Psychologie wird darum Prüfungsangst auch „Bewertungsangst" genannt (Metzig/Schuster 1998, S. 8): eine negative Bewertung würde das Selbstbild, vor allem das Empfinden, ein wertvoller Mensch zu sein, hochgradig gefährden.

Hier ist die psychologische Unterscheidung von misserfolgsängstlichen und erfolgszuversichtlichen SchülerInnen sehr hilfreich. Ein Lehrer kann durch Beobachtung und Gespräche herausfinden, welchem Typus die einzelnen SchülerInnen zuzurechnen sind, nur dann hilft er ihnen angemessen. Misserfolgsängstliche Kinder neigen dazu, sich einen Misserfolg (z. B. eine schlechte Note in einer Mathematikarbeit) mit ihrer eigenen Unfähigkeit zu erklären: „Ich bin zu dumm, ich bin mathematisch einfach unbegabt." Schreiben sie dann aber einmal eine Zwei, sagen sie sich: „Naja, die Aufgaben waren ja auch sehr leicht. Außerdem hatte ich einfach Glück." Auf diese Weise wird die ungünstige Sicht von sich selbst immer wieder bestätigt. Die Energie wird darauf verwendet, das bedrohte Selbstwertgefühl zu schützen, aber die Selbstgespräche sind entmutigend, resignativ und abwertend: „Ich werde die Prüfung doch nicht schaffen, der Lehrer wird genau das fragen, was ich nicht gut kann etc." So laufen oft negative Filme vor dem inneren Auge ab, in denen sie sich von vornherein als Versager sehen. Sie neigen auch dazu, sich entweder dann unrealistisch viel zu hohe Ziele zu setzen („das nächste Mal muss ich eine Eins schreiben") und ein mögliches Versagen dann mit zu schweren Aufgaben zu erklären oder aber sie setzen sich zu niedrige Ziele („Hauptsache ich schreibe überhaupt etwas aufs Papier"), das schützt dann vor dem Risiko des Versagens.
All das hilft aber aus dem Teufelskreis von negativen Voreinstellungen und schlechten Ergebnissen nicht heraus. Die Folge sind dann Unlust, Verzweiflung, falsche Strategien, Vermeidungsverhalten und letztlich noch mehr Angst, die wieder zu neuen negativen Erfahrungen führt.
Ganz anders dagegen die erfolgszuversichtlichen SchülerInnen. Sie erklären einen Erfolg, indem sie

zu sich selbst sagen: „Ich bin tüchtig und auch intelligent. Und außerdem habe ich mich angestrengt." Bei Misserfolgen sagen sie: „Die Aufgaben waren zu schwer, ich habe mich auch nicht genug angestrengt. Und außerdem hatte ich einfach ein bisschen Pech, dass ich gerade die Fragen bekommen habe, auf die ich nicht so gut vorbereitet war." Mit solchen Erklärungen sichern sie ein positives Selbstwertgefühl, sie schützen es vor der Bedrohung durch Misserfolge und behalten die Bereitschaft, sich optimistisch neuen Herausforderungen zu stellen.

Solche Zuschreibungen, in der Psychologie Attribuierungen genannt (Weiß 1989, S. 53), sind – vor allem wenn sie als zeitlich überdauernd angesehen werden – außerordentlich bedeutsam für den künftigen Erfolg oder Misserfolg. Insbesondere die Wahrscheinlichkeit von Misserfolgen ist sehr hoch, wenn solche „Ursachen" als stabil angenommen werden. Man hat das negative Programm bereits im Kopf und das allein bewirkt den Misserfolg.
Solche vermeintlich grundsätzlich geltenden Zuschreibungen trüben ferner den Blick für unterschiedliche Arten von Prüfungsangst. Es gibt nämlich zwei grundsätzlich verschiedene Modelle von Prüfungsangst, das Defizitmodell und das Interferenzmodell (Küpfer 1997). Nach dem Defizitmodell entsteht Angst aufgrund mangelnder Vorbereitung, ungünstiger Strategien oder fehlender Kenntnisse. Beim Interferenzmodell wird das Versagen durch unbegründete Angst hervorgerufen, weil die Energien durch negative Reaktionen absorbiert wurden, statt sie zur Lösung der Aufgaben einzusetzen. In diesem Fall „interferiert" eine nicht sachbezogene Kognition (die Erwartung des Nicht-Bestehens der Prüfung) mit Angst (Küpfer 1997). Das Brett vor dem Kopf oder der Kloß im Hals stellen sich dann schon bei der bloßen Ankündigung von Fähigkeitsbewertungen ein. Diese Fehleinschätzungen sind aber nicht sachbezogen, sondern in Selbstzweifeln, Versagensbefürchtungen und unangemessenen Selbsteinschätzungen begründet. Eine falsche kognitive Einstellung führt dann zu entsprechenden Gefühlen. Wenn es also gelingt, diese kognitiven Fehleinstellungen zu korrigieren, bekommt man auch seine Angst in den Griff. Weil sich Angst aber ganz verschieden äußert, muss auch die Strategie, sie in den Griff zu bekommen, auf unterschiedlichen Ebenen ansetzen.

1.2 Wie äußert sich Prüfungsangst?

Jeder Schüler, jede Schülerin kann von Prüfungsangst befallen werden. Unterschiedlich ist das Ausmaß, an dem sich dies zeigt: Das Gefühl einer leichten Anspannung kann sogar leistungssteigernd wirken (Weiß 1989, S. 42). Diese leichte Angst stachelt den Ehrgeiz an, fordert den Kampfeswillen heraus und reizt dazu, seine Kompetenz unter Beweis zu stellen. Die negativen Angstsymptome zeigen sich auf den folgenden drei Ebenen, die sich wechselseitig beeinflussen.

1. Die Körperebene (physiologisch):
Wenn die Prüfungssituation bevorsteht, beginnt das Herz zu rasen, die Knie werden weich, die Hände feucht, Schweiß tritt auf die Stirn, der Mund wird trocken („mir bleibt die Spucke weg"), Magenschmerzen („es liegt mir wie ein Stein im Magen"), Erbrechen („mir ist zum Kotzen"), Blähungen, Kopfschmerzen, Schwindelgefühl, Augenflattern und vieles andere kennzeichnen dann das Befinden. Diese physiologischen Veränderungen werden hervorgerufen durch die Ausschüttung der Hormone Adrenalin und Noradrenalin aus dem Nebennierenrindenmark in die Blutbahnen, von wo sie zu den entsprechenden Organen transportiert werden. In Urzeiten der Menschheitsgeschichte hatte das seinen guten Sinn: Beim Auftreten einer lebensbedrohenden Gefahr (z. B. eines Raubtieres) wurde der Körper schlagartig zu Kampf oder Flucht bereit gemacht: Höchste Anspannung reduziert die Handlungsmöglichkeiten und macht augenblicklich zur Reaktion bereit. Die Wirkung von Adrenalin liegt dabei auch darin, dass langsame Denkprozesse im Gehirn ausgeschaltet werden, um blitzschnell mit aller Energie das Leben zu retten. Unter dieser Perspektive hat es sogar einen Sinn, wenn wir sagen: „Angst macht dumm." Doch für Prüfungssituationen hat das fatale Folgen: Denkblockaden führen dann zu der unangemessenen Reaktion des Flüchtens oder des Kampfes. Solche archaischen Reaktionen verschlimmern die Angst, weil sie in widernatürlicher Weise Lebensbedrohung und normale Prüfungssituationen verwechseln. Der hohe Blutdruck und die sprungbereite Anspannung helfen aber nicht bei der Klassenarbeit, der Schweiß auf Hand und Stirn erhöht zwar die Leitfähigkeit der Haut und damit die Reaktionsgeschwindigkeit, sind aber für die Prüfung ein zweckloser Mechanismus, ein Rückfall in die Steinzeit. Auch das Muskelsystem reagiert: Die Nacken-, Rücken-, Kopf- und Bauchmuskulatur spannt sich an, dies kann zu Verspannungen und Schmerzen führen, die Hände werden starr oder zittrig, die Stimmmuskulatur gerät in Spannung und lässt uns stottern, mit piepsiger Stimme sprechen, wir können uns nicht mehr deutlich artikulieren. In der Grobmotorik ändert sich unser Bewegungsverhalten: wir können kaum stillsitzen, laufen unruhig hin und her oder trommeln mit den Fingern in der Luft u.a.m. Angesichts solcher Symptome ist es nötig, entsprechende Übungen zu lernen, um hier bewusst gegenzusteuern. Ich werde daher im zweiten Abschnitt (2.4) einige Übungen vorstellen, die eine Art „Erste Hilfe" bedeuten.

2. Die Gefühlsebene (affektiv)
Zusammenhängend mit den körperlichen Reaktionen verändern sich unsere Gefühle vor und in Prüfungssituationen (Unverzagt 1997, S. 14). Spüren wir Angst, spielen die Gefühle verrückt: Wir fühlen uns in die Enge getrieben, sind angespannt, leicht reizbar und aggressiv, wir fühlen uns hilflos, beklommen, klein, ohn-

mächtig, ausgeliefert. Die Folge können Schlafstörungen, Alpträume, innere Unruhe und hochgradige Nervosität u.a.m. sein. Wir machen uns auf einmal Sorgen um unsere Zukunft, malen uns die Folgen eines Versagens in den schwärzesten Tönen aus, fühlen uns elend und nichtswürdig. Manchmal kann es auch zu einer krankhaften Depression kommen. Die Gefühle wirken sich wiederum auf unseren Körper aus, und es kommt zu den beschriebenen körperlichen Symptomen, die ihrerseits wieder unsere Befindlichkeit verschlechtern, – ein echter Teufelskreis. Aber auch die Gefühle sind beeinflussbar, wir können sie steuern und verändern. Auch dazu werde ich im zweiten Abschnitt (2.3) Vorschläge machen.

3. Die kognitive Ebene
Hier wirken sich die „Glaubenssätze", d. h. unsere Einstellungen, Annahmen über uns selbst und unsere unbewussten inneren Überzeugungen aus: Wir nehmen an, dass wir nicht besonders begabt, nicht angemessen leistungsfähig und nicht cool genug für Prüfungen sind. Wir bilden Hypothesen über die Folgen eines Versagens (natürlich werden sie katastrophal sein), wir interpretieren die Folgen als persönliche Schande und Blamage, wir halten grundsätzlich alle anderen Mitprüflinge für besser als und selbst, wir glauben, dass wir in der Prüfung doch nicht das bringen werden und können, wozu wir eigentlich fähig wären u.a.m. Auf der kognitiven Ebene wirken innere Bilder, die wir von uns selbst haben und die uns auch unser gesellschaftliches Umfeld als Stereotype vermittelt hat, z. B. auch geschlechtsspezifisch („Mädchen sind mathematisch nicht so begabt wie Jungen", „Mädchen können nicht abstrakt denken", „Mädchen sind gefühlsbetont und weniger rational", „Jungen gehen planvoller vor als Mädchen", „Jungen sind Draufgänger, Mädchen haben mehr Angst" usw.). Solche einschränkenden Gedankensysteme steigern bei Prüfungen das Angstgefühl und verhindern den Aufbau von rationalen Prüfungsstrategien. Sie führen dazu, dass wir uns mit der Prüfungsangst nicht wirklich auseinandersetzen, sondern sie als begründet, notwendig und folgerichtig ansehen. Es kommt also darauf an, auf der kognitiven Ebene die Grundeinstellungen zu sich selbst und zur Prüfungsangst zu korrigieren und alternative Strategien zu lernen. Dazu werden im Abschnitt 2.1 und 2.2 konkrete Hilfen entwickelt.Für LehrerInnen, die ihren von Prüfungsangst geplagten SchülerInnen helfen wollen, ist es wichtig zu sehen, auf welcher Ebene bei den unterschiedlichen SchülerInnen die Hilfe ansetzen muss. Natürlich beeinflussen sich die drei Ebenen wechselseitig und verstärken sich. Vor allem, wenn die schulischen Bedingungen insgesamt so angelegt sind, dass sie Ängste fördern statt abzubauen, ist es für SchülerInnen schwer herauszufinden, auf welcher Ebene ihre Probleme liegen und was sie tun können, wenn Prüfungsangst ihnen die Schule zur Qual macht.

1.3 Wann tritt Prüfungsangst auf?

Es gibt Kinder, auch schon in der Grundschule (Mayer-Skumanz u.a. 1999), die ganz allgemein ängstlich reagieren. Das kann mit ihrer Persönlichkeitsstruktur zusammenhängen, schlimmstenfalls bilden sich hier bereits neurotische Ängste aus, kann aber auch durch die Institution Schule (mit)bedingt sein. Je nach Untersuchungsverfahren kommen empirische Untersuchungen zum Ergebnis, dass bis zu 15 % der Schüler als angstgestört identifiziert wurden (Metzig/Schuster 1998, S. 145).

Die aktuelle Diskussion um Bewertungen von Schulleistungen zeigt zwar, dass man sich bemüht, angstminimierende Settings zu finden, aber die hohe Bewertung von Leistungsüberprüfungen in der Gesellschaft schlägt immer noch massiv auf die Schule zurück. Zu den am häufigsten angstauslösenden Situationen zählen deshalb Klassenarbeiten, Klausuren und Leistungstests. Viele LehrerInnen wissen aus Berichten der Kinder, dass manche vorher schlecht schlafen, dass ihnen manchmal schlecht ist, dass sie unter einer enormen Anspannung leiden. Vor allem bei formalisierten Abschlussprüfungen wie Abitur oder Realschulabschluss, neuerdings auch bei den kürzlich eingeführten Hauptschulabschlussprüfungen steigt die Angst vor Prüfungen.

Aber auch in den kleinen Alltagsszenen reagieren SchülerInnen mit Prüfungsangst (im oben definierten Sinn): ein Referat muss vor der ganzen Klasse gehalten werden, ein Schüler soll an der Tafel etwas vorrechnen, eine Aufführung steht bevor, SchülerInnen werden mündlich geprüft, der Schulleiter kommt in die Klasse, um sich ein Bild vom Leistungsstand zu machen usw. Je nach Schulart gibt es hier Unterschiede, aber Prüfungsangst gehört zum Schüleralltag in allen Schulen. Vor allem wenn ehrgeizige Eltern im Hintergrund starken Leistungsdruck ausüben, ihr Kind ständig kontrollieren und dabei weniger beraten als bedrängen, Leistungsversagen mit Strafen statt mit Hilfen beantworten usw., dann haben es Lehrkräfte schwer, eine angstfreie Atmosphäre aufzubauen, in der SchülerInnen sich entfalten können, in der sie Ängste abbauen können, in der sie sich als Personen anerkannt fühlen und nicht dauernd zur Leistungskonkurrenz angestachelt werden.

Lehrer machen Angst

Angstfördernd kann aber auch das Verhalten der Lehrkraft sein. Wenn hauptsächlich mit Strafen und Kritik, mit abwertenden Bemerkungen und Lächerlichmachen („du bist ja dümmer als die Polizei erlaubt“) gearbeitet wird, wenn ohnehin ängstliche SchülerInnen ständig mit andern („nimm dir gefälligst mal ein Beispiel an Michael!“) statt mit sich selbst verglichen werden, wenn eine verhauene Klassenarbeit, gemachte Fehler und andere Misserfolge nicht als Gelegenheit zum Lernen, als Chance zur hilfreichen Leistungsdiagnose genutzt werden, wenn statt Ermutigung, Anerkennung und Lob Drohungen, Beschimpfungen und Ironie vorherrschen, dann wirkt sich dies ohne Frage angststeigernd aus. Ich hörte kürzlich von einem Prüfer, der den Prüfling am Ende der Prüfung bat, einen Zug auf ein Stück Papier zu zeichnen. Als der Prüfling dies getan hatte, quittierte der Prüfer die Zeichnung mit den Worten: „Und dieser Zug ist für sie eben abgefahren..." Die Note war eine Fünf.

Entscheidend ist also für den Angstpegel bei SchülerInnen, welche innere Einstellung die Lehrkraft zu den Schwierigkeiten ihrer SchülerInnen hat: Wenn der Lehrer grundsätzlich mit einer Vorwurfshaltung herangeht („Warum hast du das schon wieder nicht gründlich gelernt?" „Kannst du das denn nicht endlich kapieren?!"), dann ist die Gefahr groß, dass Schüler eingeschüchtert reagieren, dass sie entmutigt werden oder manchmal auch rebellisch reagieren. (Eschenröder 1988, S. 22) Das heißt allerdings nicht, dass bei Schülern, die dies wirklich verkraften können, eine gelegentliche „Standpauke" nicht angebracht wäre und Wunder wirken kann. Dennoch ist für leistungsängstliche Kinder eine konstruktiv-zielorientierte Haltung des Lehrers unverzichtbar, weil sie dazu anregt, die Gründe für das Leistungsversagen herauszufinden und Lösungen zu erarbeiten („Lass uns gemeinsam überlegen, was du tun kannst, damit du diese Fehler nicht wieder machst."). Dass die Schule als Institution unserer Leistungsgesellschaft allerdings eine grundsätzlich selektive Einrichtung ist, in der das Kriterium der individuellen Leistung letztlich über die weitere Schullaufbahn eines Kindes entscheidet – und wie sollte das nicht mit Angst vor Versagen verbunden sein – , darf in diesem Zusammenhang allerdings nicht verschwiegen werden.

Vor allem aber unberechenbare Situationen und unklare oder willkürlich erscheinende Leistungsanforderungen lösen bei vielen Schülern Ängste aus. Dagegen vermittelt ein hinreichendes Maß an Klarheit und Durchschaubarkeit vor allem ängstlichen Schülern Sicherheit. Wenn z. B. die Bewertungsmaßstäbe klar sind, wenn der Stoffbereich präzise eingegrenzt ist, wenn die Vorbereitungsmöglichkeiten genau beschrieben werden, wenn Klassenarbeiten nicht als Überraschungsangriff gestartet, sondern sorgfältig vorbereitet, mit eindeutigen Regeln durchgeführt und sinnvoll ausgewertet werden (Gudjons 2000), dann fühlen sich vor allem leistungsängstliche SchülerInnen entlastet. Nachweislich werden dann auch ihre Ergebnisse besser (Eschenröder a.a.O.).

Damit sind wir nun bei der Frage, was LehrerInnen tun können, um prüfungsängstlichen Schülern – über diese allgemeinen atmosphärischen Bedingungen hinaus – zu helfen, ihre Prüfungsangst in den Griff zu bekommen.

2. Was kann man gegen Prüfungsangst tun?

2.1 Die Grundeinstellung ändern: den Tiger sehen

Prüfungsangst ist wie ein Tiger. Man kann vor ihm davonlaufen (aber er kommt hinterher und frisst einen womöglich auf ...), oder man kann sich ihm stellen und ihn mit geeigneten Waffen besiegen. Dieses Bild meint, dass der von vielen Menschen bevorzugte Abwehrmechanismus der Verleugnung oder Verdrängung wenig hilfreich ist. Lehrkräfte können im Gespräch mit der Klasse oder mit einzelnen SchülerInnen immer wieder deutlich machen,

- dass Prüfungsangst normal ist und dass sehr viele SchülerInnen darunter leiden, – das hilft bereits, sich nicht als Außenseiter oder als abnorm zu verstehen;
- dass es keine Misserfolge gibt, sondern nur Erfolge und Erfahrungen, – das hilft dazu, aus nicht bestandenen Prüfungen zu lernen;
- dass in unserer Gesellschaft Angst nicht hoffähig ist, dass aber das Eingeständnis von Angst ein mutiger Akt ist, – vielleicht sogar ein Schritt zu einer humaneren Gesellschaft;
- dass in der Angst auch eine erstaunliche Portion Energie steckt, damit wir eine Sache gut machen, – es kommt nur darauf an, sie konstruktiv umzuwandeln und nicht als Bremskraft zu vergeuden;
- dass Angst zu schwinden beginnt, wenn wir sie ins Bewusstsein holen, aussprechen und anerkennen, – ein erster Schritt, die kräftezehrende Verleugnung zu durchbrechen;
- dass Angst zuzulassen bedeutet, sie aus ihrem Versteck zu holen, ihr die Maske abzunehmen und sie besser zu verstehen, – Grundbedingung dafür, dass wir vom Opfer zum Akteur werden können;
- dass auch PrüferInnen manchmal Angst haben, z. B. sich im Abitur vor KollegInnen zu blamieren, bei einem Vortrag vor Fachpublikum als nicht besonders kompetent zu erscheinen u.a.m., – also zu begreifen, dass Prüfungen immer eine interaktionelle Struktur haben, in der das Verhalten des einen das Verhalten des andern mit bedingt, dass Prüfungen also immer auch Rückmeldung für den Prüfenden bedeuten, wobei keiner gerne unter KollegInnen in dem Ruf eines anspruchslosen, milden Prüfers stehen möchte...;
- dass also Prüfungsangst insgesamt ihre Macht und ihren Schrecken verliert, wenn man sich ihr stellt und sich mit ihr auseinandersetzt.

Eine solche Änderung der Grundeinstellung gegenüber der Prüfungsangst hat ein wichtiges Ziel, das die kognitive Ebene völlig verändert. Wer von sich sagt: „Ich habe Angst“ und nicht: „Die Angst hat mich“, – der hat bereits angefangen, sich aus den Klauen der Angst zu befreien. Aber dann geht es weiter. Der nächste Schritt

heißt: „Ich bestimme! Ich kann an meiner Furcht festhalten oder sie loslassen. Ich muß sie nicht einfach hinnehmen. Sie ist kein Schicksal. Ich kann sie verändern. Ich kann meine Angst an die Leine nehmen und ... den Tiger reiten." (nach Unverzagt 1997, S. 42)
Wer also den Tiger reiten will, muss ihn zuerst wahrnehmen, bewusst sehen und annehmen. Doch das ist leicht gesagt. Der gute Vorsatz allein reicht nicht, SchülerInnen müssen diesen ersten Schritt praktisch einüben. Dazu kann die Lehrkraft z. B. mit den SchülerInnen den Angsttiger malen.

Ein Bild vom Angsttiger malen
Jeder malt ein Bild vom Tiger und legt ihm mit Sprechblasen in das Maul, was er zu mir sagt: „Ich bin stark und unberechenbar." „Ich mach dich fertig." „Ich greife dich heimlich von hinten an." „Du musst sehr schlau sein, wenn du mich besiegen willst." „Meine verwundbare Stelle ist ..." usw. Man kann auch die Körperteile (Krallen, Zähne, Beine) bezeichnen in ihrer Bedeutung als angstauslösend. Anschließend werden die Bilder in der Klasse besprochen. Der Eindruck, dass es zwar ein gefährliches Tier ist, dass aber alle sich von ihm bedroht fühlen und nicht nur ich allein, ist zugleich eine entlastende Einsicht. Die Identifizierung mit der Mehrheit verringert das Gefühl der individuellen Schwäche, und das ist ein nicht zu unterschätzender Effekt.

Eine andere Möglichkeit liegt darin, der zunächst als diffus empfundenen Angst einen Namen zu geben, sich ihre Gestalt klarer zu machen und sogar ihre Herkunft zu erkennen. Das geschieht in der folgenden Übung.

Der Angst einen Namen geben
Die Schüler werden aufgefordert, sich zu entspannen (Anleitung dazu in Gudjons 1995, S. 104f.). In einer kleinen Phantasie werden die SchülerInnen um folgendes gebeten: „Vor dir steht eine große Leinwand oder ein Bildschirm. Zuerst ist es noch etwas dunkel, dann wird die Fläche immer klarer und heller. Und jetzt taucht da etwas auf, das sich als deine Angst vor der Prüfung vorstellt. Laß ein Bild entstehen, vielleicht ist es ein Tier oder ein Mensch, irgendein Lebewesen. Schau es dir genau an, wie sieht es aus? Wie riecht es? Wie groß ist es? Was tut es? Macht es Geräusche? Erinnert es dich an jemanden, den du kennst? Beobachte alle Einzelheiten. Und nun gib dem Wesen einen Namen, den du die ausdenkst. Vielleicht magst du ihm ein Schild anhängen, auf dem der Name steht. Beschäftige dich eine Weile mit dem Wesen, aber bleibe auf Abstand. Und nun laß es vom Bildschirm oder der Leinwand verschwinden. Du kannst den Strom ausschalten oder das Licht einschalten. Jedenfalls ist dein Angstwesen jetzt nicht

mehr da. Komm nun mit deiner Anwesenheit hier in unseren Raum ganz bewusst zurück." Bei dieser kleinen Phantasie ist es wichtig, für die einzelnen Schritte genug Zeit zu lassen, bei Klassen, die mit Phantasiereisen Erfahrung haben, können das mehrere Minuten sein zwischen den einzelnen Schritten, bei weniger geübten Klassen entsprechend kürzer. In jedem Fall ist ein ausführlicher Austausch wichtig. Auch hier ist das Ziel, sich die Angst anzuschauen und sie bewußt wahrzunehmen, aber auch sie deutlicher zu konturieren, ihr einen Namen zu geben und sie damit zu einer „Bekannten" zu machen.

Weitere Übungen und Vorschläge, sich vorsichtig mit der eigenen Prüfungsangst bekannt zu machen, finden sie bei Unverzagt (1997, S. 44ff.), Knigge-Illner (1999, S. 122ff.), Metzig/Schuster (1998, S. 100ff.), Weiß 1989, S. 47ff.) und für die Grundschule bei Mayer-Skumanz u.a. 1999) und als Tonkassette z. B. bei Richter/Pieritz 1987 oder Eschenröder 1984.
Wer aber den Tiger nicht nur kennen lernen, sondern besiegen will, muss mit ihm kämpfen. Dazu bedarf es langfristiger Strategien.

2.2 Langfristige Strategien entwickeln: mit dem Tiger kämpfen

Auch SchülerInnen nehmen heute bekanntlich über längere Zeit Psychopharmaka, um ihre Ängste zu beruhigen. Die mildeste Form sind noch Tees zur Beruhigung, problematisch ist Alkohol, aber auch Medikamente sind im Gebrauch. Doch das hilft langfristig als Strategie nur wenig, weil solche Mittel zwar die Angst reduzieren, indem sie die körperlichen Symptome bekämpfen (z. B. den Blutdruck senken, eine Gefäßerweiterung bewirken, die Schweißsekretion verringern, den Appetit anregen usw.) Aber auf der anderen Seite nützen sie nichts für eine optimale Prüfungsleistung, weil sie die Aufmerksamkeit eher dämpfen als fördern. Außerdem können sie langfristig zur Sucht werden.
Eine erfolgreichere Strategie liegt in der sog. systematischen Desensibilisierung gegen Prüfungsangst. Auch Lehrer und Lehrerinnen können sie – bei guter Vorbereitung – ohne besondere psychologische Ausbildung mit ihren SchülerInnen einüben. Dieses Verfahren besteht aus drei Stufen (Weiß 1989, S. 30ff., Metzig/Schuster 1998, S. 73ff.).

Desensibilisierung gegen Prüfungsangst

1. Bildung einer Angsthierarchie
   Die SchülerInnen werden aufgefordert, angstauslösende Situationen im Zusammenhang mit Prüfungen zu sammeln. Diese Situationen oder Szenen werden dann aufgrund ihrer Angststärke in eine individuelle Rangreihenfolge gebracht. Die am meisten angstauslösende Situation bekommt die Nummer 1, die andern schließen sich entsprechend an, bis schließlich die am wenigsten angstauslösenden Situationen am Ende stehen. (Also z. B. 1. Der Prüfer stellt mir eine Frage, und die Antwort fällt mit nicht ein. ..... bis 9. Am Abend vor der Prüfung) Zu dieser Angsthierarchie fügt man nun eine sog. Neutralsituation hinzu. Dies ist eine Situation, die nichts mit der Prüfung zu tun hat, in der man sich aber sehr wohl fühlt (z. B. ein entspannender Waldspaziergang, ein gutes Essen mit Freunden). Diese wird als kleine Phantasie vorgestellt.
2. Einüben körperlicher Entspannung
   Systematisch werden die verschiedenen Körperpartien durchgegangen und nach dem Prinzip von „Anspannung/Entspannung" entspannt. Dieses dauert einige Zeit, Hilfen dazu finden sie im Abschnitt 2.4.
3. Desensibilisierung
   Die SchülerInnen werden nach der Einübung der Entspannungstechniken in den Zustand einer völligen Entspannung versetzt. Nun gehen sie zuerst die unterste Angstsituation durch und erleben sie möglichst konkret. Das Entscheidende ist, die Situationen angstfrei in gelöstem Zustand zu erleben. Sobald sich Angst zeigt, geht der Schüler mit seinen Gedanken in die entspannungsinduzierende Neutralsituation hinein. Dieser Wechsel wird solange geübt, bis die Angstsituation ohne Angst vorgestellt werden kann. So geht man eine Situation nach der andern von 9 bis 1 durch. Bei Überwältigung durch Angst in einer Situation trotz Wechsels zur Neutralsituation geht

2.3 Mentale/kognitive Übungen: den Tiger reiten

Doch ein solches Desensibilisierungsverfahren reicht noch nicht an die Ursachen für Prüfungsangst heran. Diese liegen vor allem auf der oben beschriebenen kognitiven Ebene. Hier sind es vor allem die irrationalen Bilder und Überzeugungen, die wir von uns selbst haben, z. B. von unserem Unwert, wenn wir eine Prüfung nicht bestehen. Hier hilft die folgende Übung (nach Metzig/Schuster 1998, S. 95).

Wertezettel
Die SchülerInnen sammeln auf einem Zettel persönliche Argumente dafür, warum ihr Wert als Mensch nicht von der gewünschten Leistung abhängt. Sie können diese Gründe auch in eine Reihenfolge der Bedeutung bringen. Anschließend werden Gründe dafür gesammelt und aufgeschrieben, warum jeder das Leben weiter genießen kann, auch wenn er Misserfolg hat. Es folgt eine Sammlung von Gründen, warum die Mitmenschen einen auch weiter mögen werden, und schließlich von Gründen dafür, warum ein Misserfolg oder mehrere Misserfolge nicht bedeuten, immer Misserfolg zu haben. – Bei einer anschließenden Besprechung (in Kleingruppen) muss darauf geachtet werden, dass niemand die Gründe des andern „widerlegt".
Die irrationale Überzeugung „Misserfolg ist eine Katastrophe" wird durch die realistische Überzeugung „Das Leben geht weiter und macht weiter Spaß" ersetzt.

Ein weiterer Schritt, negative Selbstzuschreibungen durch positive Attribuierungen zu ersetzen, ist die folgende aus dem Neurolinguistischen Programmieren (NLP) stammende Technik.

Affirmationen bilden
Die SchülerInnen werden gebeten, an eine demnächst zu erwartende Prüfungssituation zu denken und sich diese vorzustellen. Auf drei oder vier Karteikärtchen werden dann gewünschte Stärken notiert. Dabei ist wichtig, einen positiven Zustand zu beschreiben (also nicht: Ich werde trotz meiner Aufgeregtheit bestehen, sondern: Ich werde tief und ruhig atmen), ferner sollen unbedingt realistische Zustände als erwünscht benannt werden (also nicht: Ich werde frei von Angst sein, sondern: Ich bin ich und vertraue meinem Selbstbewusstsein). Man kann auch einige bereits erlebte Stärken der eigenen Person notieren (z. B. Ich kann gut reden). Anschließend werden die Kärtchen mit viel Zeit, fast selbstsuggestiv still vorgelesen und auswendig gelernt. Die wichtigsten kann man auch über sein Bett hängen, im Badezimmer ankleben o.ä., um sie sich immer wieder laut und langsam vorzulesen. Aus eigener Erfahrung weiß ich, wie wirksam solche Affirmationen sind. Bei illusorischen Fehlformulierungen kann die Lehrkraft hilfreich korrigierend eingreifen, damit sich nichts Falsches einprägt.

Eine Vertiefung kann diese Übung dadurch erfahren, dass sie mit dem Aufbau eines „inneren Filmes" von einer positiven Prüfungssituation verbunden wird.

Innerer Film
Dazu wählt man sich einen ruhigen Platz, sucht leise und beruhigende Musik aus und visualisiert die Prüfungssituation ganz konkret im Ablauf so, wie man sie erleben möchte. Wichtig ist hier die mehrfache Wiederholung. Der Film entfaltet seine gedankliche Wirkung erst dann, wenn er fest im Gehirn gespeichert ist. Dann allerdings kann sie sehr erfolgreich sein.

Der Aufbau beruhigender Bildvorstellungen ist eine der wirksamsten Techniken gegen Prüfungsangst (Metzig/Schuster 1998, S. 117ff.). Einige Beispiele.

Innere Bilder
Die SchülerInnen üben unter Anleitung der Lehrkraft, sich zunächst ein konkretes Bild einer wunderschönen, angenehmen und faszinierenden Situation aufzubauen und in den Einzelheiten auszumalen. Das kann die Bergwiese sein, der Strand am Meer, der weite Blick von einem Berg hinunter u.a.m. Dieses Bild erhält einen Namen. Immer wenn eine angstvolle Situation in die Gedanken kommt, wird dies unterbrochen und das Bild mit dem Namen aufgerufen und in der Phantasie vorgestellt. Ein Trick dabei ist es, sich ein Gummiband um das Handgelenk zu streifen und es kurz (nicht schmerzhaft!) zu spannen und zurückschnellen zu lassen, während der Bildname gesagt wird. So erhält man einen zusätzlichen „Anker" auf der Körperebene.
Man kann das Ganze auch mit Humor würzen, indem man sich z. B. das Publikum während eines Vortrages so vorstellt, dass man die Teilnehmer streichelt und mit Schokolade füttert, sich den Prüfer vollgefressen und träge vorstellt oder dass Prüfer, Beisitzer und Prüfling gemeinsam tanzen ... Bilder helfen insgesamt wirkungsvoll, das Abrutschen und Verbeißen in negative Gedankenkreise zu durchbrechen. Sie sind aber auch nicht mehr als Tricks, die z. B. eine gründliche sachliche Vorbereitung (s.u.) nicht ersetzen können!

Eine weitere Möglichkeit ist das Selbstinstruktionstraining (Eschenröder 1988, S. 22). Es hat zum Ziel, nutzloses Grübeln und Katastrophengedanken z. B. vor einer Klassenarbeit zu verhindern und die Aufmerksamkeit ganz auf die Lösung der Aufgaben und die Bewältigung der Angst zu richten. Ein Beispiel:

Selbstinstruktionstraining
Die SchülerInnen sammeln mit der Lehrkraft gemeinsam die für sie wichtigsten gewünschten Verhaltensweisen und bringen sie in eine Reihenfolge:

- Ich bleibe ruhig und gelassen.
- Was ich gelernt habe, fällt mir auch ein.
- Ich verschaffe mir zuerst einen Überblick über die Aufgaben. Ich beginne nicht überstürzt, sondern denke erst nach.
- Ich mache es so gut wie möglich, mehr kann ich nicht tun.
- Bei Schwierigkeiten verbeiße ich mich nicht in das Problem. Ich trete zurück und überlege, ob man auch von einer andern Seite an das Problem herangehen kann.
- Wenn ich eine Aufgabe nicht lösen kann, stelle ich sie zurück.
- Wenn ich fertig bin, kontrolliere ich alles nochmal, ob ich keine Flüchtigkeitsfehler gemacht habe. Usw.

Die Schüler schreiben sich die Sätze auf und lesen sie vor der Arbeit und während der Arbeit . Bei den Formulierungen muss darauf geachtet werden, dass sie klar und einfach sind, realistisch und positiv (s.o.).

Schließlich liegt eine „Notbremse" gegen negative Gedanken im sog.

Gedankenstop
Wenn man spürt, dass negative Gedanken von Angst, Versagen, Phantasien von Durchfallen usw. sich einschleichen, wird (soweit möglich laut!) „STOP!" gesagt. Man kann dies auch mit einer kleinen körperlichen Aktivität verbinden (sich kneifen, die Zunge kurz mit den Zähnen festhalten oder mit einem Lineal auf den Tisch schlagen). Jetzt wird der negative Gedanke durch einen positiven ersetzt: man denkt an sein Bild, sagt sich eine Affirmation oder zählt zur Not rückwärts von 20 bis 1. Wird dieser Trick konsequent über längere Zeit angewendet, hat man ein gutes Hilfsmittel gewonnen, um negative Gedankenkreise unverzüglich in ihrer Wirksamkeit zu unterbrechen.

Wir haben bereits gesehen, dass die meisten der bisher vorgestellten Hilfen gegen Prüfungsangst mit Körperentspannung verbunden sind. Aus der Fülle möglicher Entspannungsverfahren folgt im nächsten Abschnitt eine kleine, leicht praktikable Auswahl.

2.4 Körperübungen: dem Tiger entspannt begegnen

Die Palette der Möglichkeiten reicht von einfachen kleinen Übungen, die man gezielt gegen bestimmte körperliche Symptome einsetzen kann, bis zu umfangreichen Verfahren wie autogenes Training. Gegen Stress hilft folgendes (Unverzagt 1997, S. 33f und 78ff.). Das Grundprinzip ist, die mit Angst verbundenen Muskelverspannungen zu lockern.

Geflatter im Bauch

Spürt man das berüchtigte Flattern im Bauch, beginnt man sich vom Kopf bis zu den Füßen kräftig zu schütteln (natürlich nur wenn keiner dabei ist!). Die Zunge soll heraushängen und man läßt auch Geräusche zu. Nun wird das Zittern übertrieben, von den Armen über die Brust zum Bauch und zu den Füßen, bis der ganze Körper zittert. Abschließend geht man mit den Armen zu schwingenden Windmühlenbewegungen mit gestreckten Armen über, behutsam schneller werdend und in verschiedene Richtungen kreisend. Einige Augenblicke der Ruhe schließen die Übung ab.

Trockener Mund

Ein Phänomen, das typisch für Prüfungssituationen ist: der Mund wird trocken. Die Hilfe: Man lockert zuerst die Zunge und schüttelt sie kräftig hin und her. Anschließend fährt man mit kräftigen Strichen zuerst über die untere, dann über die obere Zahnreihe. Die Zunge soll dann wieder herumwirbeln. Man kann auch eine Weile mit den Zähnen klappern. Beim Zungenwirbeln hält eine Hand die Stirn, die andere den Unterkiefer. Es ist erstaunlich, wie schnell der Speichelfluß wieder einsetzt. Ich habe es selbst ausprobiert und war überrascht über den Effekt.

Atmung

Von größter Bedeutung ist eine gute Atemtechnik. In Angstsituationen muß zuerst überprüft werden, ob der Atem flach und kurz oder tief und in den Bauch reichend ist. Während man dann bei aufrechtem Oberkörper ruhig und tief atmet (mit deutlicher Pause nach dem Ausatmen), kann man z. B. folgende Sätze innerlich sprechen: „Der Atem kommt ganz von allein in seinem eigenen Rhythmus." „Ich lasse den Atem tief und ruhig in den Körper fließen." „Die Kehle ist ganz weit und die Wände der Brust sind biegsam." U.a.m. Zur Kontrolle der Bauchatmung wird eine Hand auf die Bauchdecke gelegt und gespürt, wie diese sich beim Ein- und Ausatmen langsam hebt und senkt.

Mehr Zeit braucht die Tiefentspannung, bei der systematisch alle Körperteile (z. B. nach einer Anleitung, die man sich selbst auf Band spricht, Muster bei Metzig/Schuster 1998, S. 66) entspannt werden. Meist geschieht dies im Liegen.

Auch Übungen aus der Kinesiologie, die einen direkten Zusammenhang von Körperübungen und Auswirkungen auf das Gehirn annimmt, können hilfreich sein. (Dennison/Gail 1999) Ein Beispiel:

Gehirnknöpfe rubbeln
Eine Hand wird auf den Hals gelegt und streicht langsam zum Brustbein in Höhe der Schlüsselbeine, bis sie die kleinen unter den Schlüsselbeinknochen liegenden beiden Kuhlen erreicht. Die andere Hand liegt auf dem Bauchnabel. Eine halbe Minute lang werden die kleinen weichen Kuhlen massiert, dann werden die Hände gewechselt und noch mal massiert. Das Gehirn wird wach und denkbereit...

Jeder Schüler wird seine eigenen Entspannungstechniken finden. Wichtig ist nur, dass sie auch in der Schule vor Prüfungssituationen ihren Platz haben dürfen.

2.5 Das Lernen verbessern: sich vor dem Tiger schützen

„Wer sich ordentlich vorbereitet, hat auch keine Angst", so sagen Lehrer, Hochschulprüfer und andere Professionelle gern. Falsch daran ist, dass erfahrungsgemäß auch gute Schüler Angst haben können. Richtig daran ist, dass eine gute Prüfungsstrategie und sinnvolle Lern- und Arbeitstechniken Angst mindern können. Eine „eiserne Ration" von Tips kann deshalb außerordentlich nützlich sein, sich vor den Angriffen des Tigers Prüfungsangst zu schützen.

Sieben goldene Regeln zur Prüfungsvorbereitung

1. Ich prüfe, welcher Lernstoff gepaukt werden muss und welcher Stoff durch verstehendes Nachdenken angeeignet werden muss.
2. Ich fange rechtzeitig an, teile den Stoff in Portionen ein und mache mir einen Zeitplan, den ich auch kontrolliere. Ich setze mir klare Arbeitsziele, die realistisch sind (z. B. : heute lerne ich Abschnitt 1 und 2. – nicht: Bis in zwei Tagen muss ich alles im Kopf haben.)
3. Ich plane Wiederholungen und Pausen ein. Länger als 30 Minuten ohne Pause zu arbeiten ist uneffektiv. Zur Pause stehe ich auf und verlasse kurz meinen Arbeitsplatz.
4. Ich belohne mich, wenn ich mein Pensum erfüllt habe. Aber auch nur dann!
5. Ich plane mindestens 50% der Lernzeit für Übungen und Abrufversuche ein. Ich verteile Übungen und Vertiefungen möglichst gleichmäßig auf verschiedene Tage.
6. Ich nutze die Hilfen moderner Lern- und Arbeitstechniken wie Lesemethode PQ4R, das Visualisieren von Zusammenhängen (z. B. in Fließdiagrammen), Karteikarten, Exzerpieren usw. (Hilfen dazu finden sich bei Adl-Amini 1992 und in vielen einschlägigen Büchern zu Lern- und Arbeitstechniken.)
7. Ich bleibe bei meiner Überzeugung: Außer dieser Prüfung gibt es noch andere wichtige Dinge im Leben. Mein Selbstwert hängt nicht an dieser Prüfung.

Wer mag und Gelegenheit hat, kann darüber hinaus in Gruppen und Diskussionen mit andern lernen, in Rollenspielen sich auf Prüfungssituationen vorbereiten oder durch eine Simulation der Prüfung sich mit der Situation vertraut machen. Wichtig ist die Erfahrung, mit andern Betroffenen am gleichen Strang zu ziehen.

3. Wie können die Betroffenen zusammenarbeiten?

3.1 ... als Lehrer mit Schülern

LehrerInnen können gezielt mit einzelnen prüfungsängstlichen SchülerInnen arbeiten und ihnen manche der oben beschriebenen Hilfen vermitteln. Das kann auch in klassenübergreifenden kleinen Gruppen geschehen, in Tutorenstunden oder in Kursen zur Lern- und Arbeitstechnik. Auch vor einer Klassenarbeit kann eine Entspannungsübung für alle durchgeführt werden. Am wichtigsten aber ist die eigene Einstellung der Lehrkraft: Sie nimmt Prüfungsängste ernst, baut eine akzeptierende Atmosphäre in der Klasse auf, verzichtet auf autoritäres Prüfergehabe und versteht Prüfungen immer auch als Chance zu Lerndiagnose, um weiterführende Hilfen für SchülerInnen zu entwickeln.

3.2 ... als Eltern mit Kindern

Soll das Bemühen der Lehrkraft nicht zur Sisyphusarbeit geraten, müssen auch die Eltern am gleichen Strang ziehen. Die Lehrkraft kann das Thema „Prüfungsangst der Kinder und was Eltern dabei tun können" auf einem Elternabend behandeln, kann dazu einen Elternbrief schreiben oder im Gespräch mit einzelnen Eltern anschneiden. Eltern müssen unbedingt lernen, Noten nicht überzubewerten, sondern ihre Wertschätzung und Liebe den Kindern völlig unabhängig von Prüfungsergebnissen zu vermitteln! Sie müssen vor allem über die Schule hinaus diejenigen Aktivitäten unterstützen und fördern, die ihren Kindern wirklich Spaß machen. Sie können aber auch ihrem Kind bei überstarker Prüfungsangst dadurch helfen, daß sie außerschulische Hilfen (z. B. in der Erziehungsberatung) annehmen.

3.3 ... als Therapeuten und Berater mit Klienten

Therapeutische Hilfe ist keine Schande. Sie sollte in Anspruch genommen werden, wenn SchülerInnen unter einem generalisierten Angstsyndrom leiden, d. h. unter irrationalen Angstgefühlen, die man nicht auf einen bestimmten Auslöser zurückführen kann. Auch bei Panikattacken mit Würgegefühlen, Atemnot, Erstickungsphantasien oder gar Furcht zu sterben oder verrückt zu werden, muss fachliche Hilfe in Anspruch genommen werden, sei es durch einen psychotherapeutisch erfahrenen Arzt oder einen Psychologen. Das gilt auch für latente oder manifeste Depressionen, Zwangssyndrome (die ein normales Verhalten blockieren) und bei posttraumatische Belastungsreaktionen (z. B. wenn ein Schüler noch nach Jahren unter Alpträumen einer bestimmten schrecklichen Situation leidet o. ä.). In allen diesen Fällen hat die Lehrkraft ihre Grenzen: eine Zusammenarbeit mit einem Therapeuten oder Berater ist unverzichtbar.Zum Schluss: LehrerInnen sollten niemals verraten, dass das lateinische Wort „examen" in Langenscheidts Wörterbuch auch mit „Gottesurteil" übersetzt wird...

Literatur

Adl-Amini, B.: So bestehe ich meine Prüfung. Weinheim 1992, 4. A.
Bedersdorfer, H.W.: Angstverarbeitung von Schülern. Weinheim 1988
Dennison, P.E./Gail, E.: Brain-Gym-Lehrerhandbuch. Kirchzarten 1999, 10. A.
Erikson, E.H.: Identität und Lebenszyklus. Frankfurt/M. 1971
Eschenröder, C.: Hilfen bei Prüfungsangst? In: PÄDAGOGIK H. 4/1988, S. 20-23
Eschenröder, C.: Selbstsicher in die Prüfung. Selbsthilfeprogramm mit Toncassette. Bremen 1984
Gudjons, H.: Spielbuch Interaktionserziehung. Bad Heilbrunn 1995, 6. A.
Gudjons, H.: Methodik zum Anfassen. Bad Heilbrunn 2000
Knigge-Illner, H.: Keine Angst vor Prüfungsangst. Frankfurt/M. 1999
Küpfer, K.: Prüfungsängstlichkeit bei Studenten: Differenzielle Diagnostik und differenzielle Intervention. Frankfurt/M. 1997
Mayer-Skumanz, L. u.a.: Mit dem Tiger um die Wette. Kirchzarten 1999
Metzig, W./Schuster, M.: Prüfungsangst und Lampenfieber. Heidelberg 1998
Richter, W./Pieritz, R.: Keine Angst vor Klassenarbeiten. Ein Übungsprogramm mit Toncassette. Weinheim 1987
Unverzagt, G.: Endlich geschafft! Prüfungsängste bewältigen. Zürich 1997
Weiß, H.-J.: Prüfungsangst. München 1989

Zweiter Teil:
Das Lehrerbild im Wandel

Ein echter Trost ist mir der Gedanke, dass man aus Fehlern lernen kann.
TITANIC

13. Das Lehrerbild im Wandel der Zeit – *Vom Unterrichtsbeamten zum Lernberater?*

1. „Höllenjob Lehrer" ?

Lehrer und Lehrerinnen haben es schwer. Sie fühlen sich heute – viel stärker als in vergangenen Zeiten – bis an die Grenzen belastet. Das ist nicht nur ein Wandel des Lehrer*bildes*, – sondern harte Realität. Die Praktiker kennen das: Schwierige Schüler, Unterrichtsstörungen, Zeitstress, nörgelnde Eltern, keine Würdigung ihrer Anstrengungen für guten Unterricht, schleichende Resignation, Ärger über Bürokratie und Schulverwaltung, sehnsüchtig erwartete Ferien... Eine empirische Studie (Terhart u.a. 1994) gibt folgende Belastungsfaktoren an: Organisationsstruktur (d. h. die tägliche Aufgabenvielfalt, aber auch Zeitdruck und Lärm) 50,3 %, Probleme mit Schülern 47,9 %, methodisch-pädagogische Probleme 43,8 %, Probleme mit Schulaufsicht und Behörde 31,5 %, Probleme mit Kollegen 28,5 %, Probleme mit Eltern 22,7 %, eigene Überforderung 8,1 %.
Der Lehrerberuf scheint von einem Traumjob zum Stressfeld mutiert zu sein. Und trotzdem strömen jedes Semester Tausende von jungen Leuten in die Unis und Pädagogischen Hochschulen, um Lehrer oder Lehrerin zu werden. Was fasziniert an diesem Beruf denn so?
Glaubt man Erzählungen älterer Kollegen und Kolleginnen, dann muss das Lehrerdasein in den 50er und 60er Jahren eher gemütlich gewesen sein. Glaubt man allerdings Magazintiteln heute, handelt es sich 2004 um einen „Höllenjob Lehrer" (FOCUS). Dazwischen liegt ein erheblicher Wandel mit vielen Krisen des Berufes. Wandlungen – die immer mit Krisen zusammenhängen – sind nur in längeren Zeiträumen zu verstehen. Das Lehrerbild im Wandel der Zeit ist keine Eintagsfliege. Richten wir deshalb einen ganz kurzen Blick in die Geschichte des Lehrerberufes. (Ausführlicher Gudjons 2000, 33 ff.)

2. Ein Blick in die Geschichte

Der Beruf des Lehrers, so wie wir ihn heute verstehen, ist noch gar nicht so alt. Genauer gesagt ist der Lehrerberuf – im Unterschied zur jahrtausende alten erzieherischen Tätigkeit der Menschen – ein Kind der Aufklärung und des erstarkenden Preußen im 18. Jahrhundert. Gab es in der Antike Griechenlands und Roms im Grunde nur wenige hervorragende Persönlichkeiten, die wir heute als Lehrer bezeichnen würden (so z. B. Sokrates, Platon, Seneca, Cicero), so waren es im Mittelalter über Jahrhunderte Kirchenleute (der Klerus), die dem kirchlichen Nachwuchs die Lehrinhalte durch Vorsprechen und Auswendiglernen, notfalls mit Nachhilfe durch Prügel, beibrachten. Erst der enorme wirtschaftliche Aufschwung Preußens im Zuge der beginnenden Industrialisierung ab 1750 weckte das Bewusstsein für die Notwendigkeit von Bildung und Erziehung als Bedingung des Fortschritts. Wie gewaltig die Entwicklung war, zeigt das Anwachsen der Lehrerzahl allein im sog. niederen Schulwesen: Gab es 1822 rund 21 000 ausgebildete Lehrer, so waren es 1878 bereits 57 000; dennoch betrug die Lehrer-Schüler-Relation um 1830 nicht selten 1 : 330 !

Ein grundlegender Anspruch an das Lehrerbild, unter dem wir heute noch „leiden", entstand in dieser Zeit (sagen wir: vor rund 150 bis 200 Jahren): Die Notwendigkeit, viele Schüler zur gleichen Zeit mit dem gleichen Stoff mit möglichst gleichen Lernergebnissen zu unterrichten. Das war die Geburtsstunde der Einteilung in Jahrgangsklassen und des Frontalunterrichtes. Nach sämtlichen uns vorliegenden empirischen Untersuchungen ist der Frontalunterricht mit seinen methodischen Handlungsmustern heute immer noch die weitaus dominierende Unterrichtsform. Daran hat auch die deutsche Reformpädagogik im ersten Drittel des vergangenen Jahrhunderts nicht geändert, ebenso wenig wie die Kriegs- und Nachkriegszeiten.

2.1 Die goldenen 50er und 60er Jahre: Lehrer – der bestbezahlten Halbtagsjob

Von Krisen des Lehrerberufes in den 50er und 60er Jahren kann kaum die Rede sein. Ziemlich traditionell wurde unterrichtet, die Lehrerautorität musste nicht persönlich erworben werden, sondern war Teil des Amtes und der Rolle. „Gratisautorität" hat der Hannoveraner Schulpädagoge Thomas Ziehe dies genannt: Der dunkle Anzug, die Gummibäume, die stehenden Schüler und Eltern beim feierlichen Einzug des Kollegiums in die Aula zur Abiturfeier waren selbstverständlich. Die Welt schien in Ordnung.

Bis zum berühmt-berüchtigten Bruch „1968". Das Transparent der Hamburger Revoluzzer-Studenten bei der feierlichen Immatrikulationsfeier 1968 hätte auch als Motto der jetzt einsetzenden Schulkritik gelten können: „Unter den Talaren – Muff von tausend Jahren". Eine ungeahnt konfliktreiche Zeit setzte ein: Die Lehrer wurden systemkritisch als Agenten der kapitalistischen Gesellschaft „entlarvt". Die Didaktik und Methodik wurden politisiert (wie man es an den nur noch gesellschaftskritischen Themen des Projektunterrichtes sehen kann, was dieser Unterrichtsform

dann auf lange Zeit den Verdacht des Umstürzlerischen eingehandelt hat). Lehrer trugen ab sofort Schlabberhosen und selbstgestrickte Pullover, duzten Schüler, rauchten Selbstgedrehte und trugen Anti-AKW-Plaketten. Es war die Zeit der gesuchten und gewollten Konflikte mit „dem System", sei es in Form der sog. Berufsverbote (wer der DKP angehörte konnte nicht Lehrer werden), sei es in der Ablehnung des Erteilens von Noten (was zu Entlassungen von Kollegen geführt hat), sei es durch den Auszug aus dem Staatsschulsystem durch Gründung alternativer Schulen. Das für Lehrer und Lehrerinnen geltende Neutralitätsgebot diente selbstverständlich nur der „Verschleierung politisch-ökonomischer Herrschaftsstrukturen"...
Doch dieses Bild täuscht. Lehrer und Lehrerinnen in den deutschen Schulen hatten in der Mehrzahl nicht die Revolution im Sinn. Dafür wuchsen aber die Belastungen im Alltag: Die didaktischen Ansprüche stiegen, Schüler und Schülerinnen wurden schwieriger, Eltern wagten immer mehr den (nicht zuletzt juristischen) Widerspruch (was schließlich mit zur total verbürokratisierten und verrechtlichten Schule geführt hat), die Schülerzahlen stiegen, die Gesellschaft erwartete von der Schule, dass sie gefälligst das auszubügeln habe, was außerschulische Sozialisationsinstanzen (wie z. B. die Familie) nicht mehr leisteten.
Darum ist es kein Wunder, wenn in den 70er Jahren erstmals Untersuchungen zur Arbeitszeit der Lehrer und Lehrerinnen die verblüffte Öffentlichkeit aufschreckten: Die einschlägigen Untersuchungen ergaben ein weitgehend übereinstimmendes Bild: Die durchschnittliche Wochenarbeitszeit der Lehrer und Lehrerinnen betrug mindestens 45 bis 48 Stunden, in manchen Fällen noch mehr. Als ein die quantitative Belastung überschreitendes Problem ergab sich vor allem die Diskontinuität der Arbeit (ungleichmäßige Verteilung, häufig Wochenendarbeit, Häufungen im Schuljahresverlauf u.a.m.)
Es folgten Untersuchungen zur Lehrerbelastung, die auf ein völlig verändertes Anforderungsprofil des Lehrerberufes hindeuteten. Denn diese Anforderungen erwiesen sich als widersprüchlich und ambivalent: LehrerInnen sind überwiegend Einzelarbeiter, die sich einem sozialen Ganzen – der Klasse, der Schule, dem Kollegium – verpflichtet fühlen, ihr Berufsbild sieht Teamarbeit und kollegiale Kommunikation vor, während sie weitgehend allein vor der Klasse stehen. Die Tätigkeiten sind überkomplex, sie reichen vom gleichzeitigen Anspruch der Förderung und der Auslese über Stoffvermittlung, Erziehung, Motivierung, Disziplinierung, Individualisierung bis hin zur Steuerung von Gruppenprozessen, – dies alles bei einem mit hohen Selbstanforderungen versehenen beruflichen Status, der im Vergleich mit andern akademischen Berufsgruppen allenfalls eine mittlere Position in der Rangreihe einnimmt. Erhärtet wurde dies Belastungsprofil durch Daten über Burnout, über Krankheiten und über die zahlreichen Frühpensionierungen von Lehrkräften. (Gudjons 2000, 37 ff.)

2.2 Die 70er Jahre: Lehrersein – eine Sisyphusarbeit

Doch stellte es sich in wissenschaftlichen Untersuchungen (Combe/Buchen 1996) heraus, dass es keineswegs allein die äußeren Belastungsfaktoren sind, die den Beruf so zermürbend machen. Die Diskussion um die äußere Lehrerarbeitszeit wurde sehr bald vertieft durch zahlreiche Analysen der Belastung, die sich sozusagen auf die innere Seite, also auf strukturelle Bedingungen der beruflichen Tätigkeit bezogen.

Schnell war Schluss mit dem Vorurteil vom bestbezahlten Halbtagsjob.

Man blickte tiefer als die Arbeitsstundenzähler: Die eigentümliche Anstrengung, die alltägliche Dauerspannung der Unterrichts- und Erziehungsarbeit liegt darin begründet, dass pädagogisches Handeln (eben auch im Unterricht) nie aufhört, immer wieder neu beginnt, ständig wechselnden Situationen ausgesetzt ist, nie zu einem sicheren Erfolg verbürgenden Ende kommt. Deshalb enthält pädagogisches und didaktisches Handeln immer eine riskante Bewährungsdynamik. Die potenzielle Krisensituation (es kann alles schief gehen, weil es lebendige Menschen sind, die sich unterrichtlich nie vollständig verplanen lassen) ist in Permanenz vorhanden. Das kann nie endgültig gelöst werden. Lehrerarbeit ist Sisyphusarbeit. Waren noch in den 70er Jahren viele neue Lehrerstellen geschaffen worden, so bestimmte Anfang der 80er Jahre eine restriktive Einstellungspraxis das Bild. Das verstärkte das Gefühl der Sisyphusarbeit noch mehr.

Dieser Sisyphuscharakter wird außerdem verschärft durch die Erfahrung, dass sich die Lebenswelten der Kinder und Jugendlichen so stark wandeln, dass auch jüngere Lehrkräfte kaum noch mitkommen: Immer mehr Medieneinfluss und Mediengebrauch, dadurch immer stärkere Sekundärerfahrungen statt sinnlicher, eigentätiger Primärerfahrungen in der Aneignung von Kultur, gravierende Veränderungen in der familialen Lage (Scheidungen, geringere Kinderzahl, Alleinerziehende, soziale Vernachlässigungen) u.a.m. Ein besonderes Problem für die Schule lag von den 80er Jahren an (und bis in die Gegenwart hineinreichend) in der sog. „Überalterung“ der Kollegien durch die jahrelange restriktive Einstellungspraxis. Nicht selten stieg das Durchschnittsalter in einem Kollegium auf 45 bis z.T. 55 Jahre an. Die „Großelterngeneration“ unterrichtete vielfach die Kinder, die in einer gegenüber den alten Zeiten dramatisch veränderten Lebenswelt aufwuchsen. Gleichzeitig kennzeichnete eine zunehmende Lehrerarbeitslosigkeit die Lage; die Alten bestimmten das Bild der Schulen, die Jungen fuhren Taxi oder gingen in andere Jobs.

2.3 Die 80er Jahre: Vom Unterrichtsbeamten zur Lehrerpersönlichkeit

Die 80er Jahre waren geprägt „vom Diktat der leeren Kassen", wie es von der Seite der Politik gebetsmühlenartig gepredigt wurde. Schnell waren die lange gehegten Hoffnungen auf Verbesserung materieller Arbeitsbedingungen enttäuscht. Wie aber nun mit diesem belastenden Beruf fertig werden?

Es war verständlich, dass sich die Hoffnungen nun auf die (relativ kostenneutrale) Entwicklung der Lehrerpersönlichkeit richteten. Kein Wunder also, dass Supervisionsgruppen, Lehrertrainings und Literatur zu Entlastungsstrategien Konjunktur hatten. Angebote von berufsspezifischen Trainingsgruppen in der Lehrerfortbildung ermöglichten es vielen LehrerInnen, dysfunktionalen Einstellungen auf die Spur zu kommen; professionell angeleitete Supervisions- oder Balintgruppen (Fallbesprechungsgruppen) boten Hilfen, belastende Einstellungsmuster zu überwinden, Konfliktlösungsstrategien einzuüben oder einengende „Glaubenssätze" zu sprengen, sich gegen Stress zu immunisieren und die eigenen Grenzen klarer zu ziehen; in manchen Fällen half vielleicht auch nur eine gezielte Psychotherapie. Der Markt für die Bearbeitung von Lehrerproblemen boomte in den 80er bis in die 90er Jahre ebenso stark wie die Therapie-, Selbsterfahrungs- und Psychoszene.

Aber auch Vorschläge für eine konsequente Veränderung des Lehreralltags – von einer zweckmäßigen Arbeitsökonomie über eine verbesserte Kommunikationsfähigkeit bis zu gezielten Entspannungs- und Rekreationsverfahren – wurden entwickelt. Vielleicht sind die Effekte solcher Entlastungsstrategien auch für eine erstaunliche Berufszufriedenheit mit verantwortlich: Als Kontrapunkt zur Belastungsproblematik muss nämlich darauf hingewiesen werden, dass in Untersuchungen zur Berufszufriedenheit von Lehrern und Lehrerinnen immerhin (übereinstimmend in allen einschlägigen Untersuchungen – Ulich 1996, 226f) rund zwei Drittel der Befragten angaben, den Beruf des Lehrers wieder zu wählen!

Manche Kollegen und Kolleginnen brauchten auch ab und zu das Eintauchen in das wärmende Bad der Psycho-Szene (touch-me-feel-me-heal-me Sessions, indianische Schwitzhütten, Entrückungen in der Schamanengruppe, , energetisierende Edelsteine am Halsband...).

Parallel dazu gab es eine Fülle von seriösen Versuchen, die „Lehrerpersönlichkeit" theoretisch zu durchdringen, um mit ihrer gezielten Entfaltung eine Antwort auf die sich wandelndenVerhältnisse zu finden. Psychoanalytische Untersuchungen, Gestaltpädagogik, Biografieforschung und eine Fülle von empirisch-psychologischen Arbeiten zeigten die Tendenz, den Lehrer in erster Linie als „Beziehungsarbeiter" (Ziehe) zu sehen. Das neue Motto hieß: „Stelle eine gute Beziehung zu den Schülern und Schülerinnen her, nur dann kannst du auf dieser Grundlage deinen Unterricht abhalten." Lehrkräfte sollten an ihrer Beziehungsfähigkeit arbeiten, sie wie einen wärmenden Mantel um ihre didaktischen Bemühungen legen, ihre Persönlichkeit entwickeln und dabei natürlich auch Geschlechterdifferenzen beachten. Aber nicht nur die wenig aussagekräftigen Untersuchungen zur Geschlechterdifferenz im Lehrberuf, sondern auch die Brüchigkeit des Konzeptes „Persönlichkeit" legten bald ein weiteres Nachdenken über Wandlungsprozesse im Lehrberuf und Möglichkeiten zu ihrer Bewältigung nahe. Eine fortschrittlich entwickelte Lehrerpersönlichkeit allein macht noch keinen guten Unterricht aus.

2.4 Die 90er Jahre und die Gegenwart: Von der Lehrerpersönlichkeit zum Unterrichtsexperten

Jetzt wird verständlich, warum es in der Diskussion der 80er und 90er Jahren um die Frage ging: Was ist ein guter Lehrer? Man wollte herausfinden, welche Kompetenzen denn ein guter Lehrer oder eine gute Lehrerin (genauer gesagt: ein effektiver Lehrer im Hinblick auf den Lernzuwachs der Schüler) wohl hat und haben sollte. Das war nun das große Anliegen einer breiten empirisch ausgerichteten Forschung. Ihr Motto, wie es von Bromme (1997, auch zum Folgenden) formuliert wird, signalisiert die neuen Entwicklungstendenzen im Lehrberuf: „Von der alles beherrschenden Persönlichkeit des Lehrers über erfolgreiche Verhaltensweisen zum kompetenten Fachmann mit nur begrenztem Einfluss..." Ein deutlicher Wandel also im Lehrerbild, der drei Phasen umfasst:

1. Entwicklung der Lehrerpersönlichkeit,
2. Suche nach erfolgreichen einzelnen Verhaltensweisen für einen guten Lehrer und
3. die Ausbildung des guten Fachmannes, der seine Funktion im Erteilen von Unterricht sieht und sich seines begrenzten Einflusses auf Lern- und Entwicklungsprozesse bewusst ist.

Nachdem sich die Vorstellung von der alles beherrschenden Lehrerpersönlichkeit verflüchtigt hatte (Phase 1), begann nun (Phase 2) die Suche nach Einzelfertigkeiten im Rahmen der „erfolgreichen Verhaltensweisen" der Lehrkraft: War es das Frageverhalten? Die Lehrersprache? Die positiven Rückmeldungen an Schüler? Oder was noch? Zahlreiche Untersuchungen zeigten aber bald, dass alles mit allem zusammenhing und dass der Einfluss der Lehrkraft auf die unterschiedlichen Lernergebnisse der Schüler und Schülerinnen viel geringer war als traditionell angenommen. Lehrer und Lehrerinnen müssen sich also bescheidener sehen, sie „üben nur einen indirekten Effekt auf die Lernleistung und das Verstehen aus." (Ebd. 86) Parallel zu den immer stärker werdenden Forderungen, Lehrkräfte sollten mehr Erziehungsaufgaben übernehmen und die Sozialpädagogik betonen, entwickelte sich ein diametral entgegengesetztes Verständnis der Lehrberufes im Sinne eines Experten für Unterricht (Phase 3), – freilich mit begrenztem Einfluss.

Damit änderte sich nun grundlegend das Anforderungsprofil, das eine Lehrkraft zu bewältigen hat: Lehren ist als Zur-Verfügung-Stellen von Lerngelegenheiten zu interpretieren. Angesichts solcher begrenzter Einwirkungsmöglichkeiten auf den Lernerfolg der Schüler und Schülerinnen müssen Lehrkräfte die Lerngelegenheiten also umso sorgfältiger und professioneller gestalten. Lehrer und Lehrerinnen sind Fachleute, Experten und Profis für erfolgreichen Unterricht. Dieser beruht vor allem darauf, dass Experten drei grundlegende Anforderungen beherrschen müssen:

1. *Eine effektive Organisation des Unterrichtsablaufes.* Diese Organisation des Unterrichtes muss eine Struktur von Lehrer- und Schüler-Aktivitäten über längere Zeit klar erkennbar aufrecht erhalten, was durchaus einen „schwungvollen Wechsel" (ebd.198) zwischen unterschiedlichen Phasen und Formen der Arbeit einschließt.
2. *Die Entwicklung des Stoffes im Unterricht.* Zu überwinden ist vor allem die „Sender-Metapher" (nach der die Lehrkraft ihre Botschaft dem Empfänger mehr oder weniger gut anpasst) zugunsten des Konstruktes des Schaffens von Lerngelegenheiten. Dabei behält der Lehrer eine strukturierende Rolle, er muss die Elemente des Unterrichtsstoffes sinnvoll anordnen, den Unterrichtsverlauf thematisch gliedern usw., aber die Schüler können den Stoff nur verstehen und behalten, wenn sie ihn selbständig, d. h. durch eigene Aktivitäten aneignen und in ihre Vorkenntnisse integrieren.
3. *Die Organisation der Unterrichtszeit.* Zeit ist einerseits eine Rahmenbedingung des Unterrichtes: Für bestimmte Themen, Tätigkeiten und Abschnitte steht eine meist begrenzte Zeit zur Verfügung. Andererseits ist Zeit aber auch eine Variable des Unterrichts: Die Lehrkraft kann die Zeit aufteilen, sie rhythmisieren, umverteilen usw., kurz ein „time-management" praktizieren. Dabei ist wichtig, dass zu hohe Geschwindigkeit vom Schüler subjektiv als Leistungsdruck und Überlastung erlebt wird, was zu geringem Selbstvertrauen und sinkender Lernfreude führen kann. Insgesamt muss der Lehrer dem Unterrichtsverlauf eine soziale, inhaltliche und zeitliche Struktur verleihen können, um effektives Lernen zu ermöglichen (ebd. 194). Hinter dem neuen Anforderungsprofil stand ohne Frage ein technologisch orientiertes, auf kognitives Lernen zielendes Unterrichtsverständnis und Lehrerbild.

Der Lehrer als professioneller Experte
In vielen Untersuchungen schälten sich als *„harter Kern" eines professionellen Experten* folgende Merkmale heraus:
- Sein Unterricht ist methodisch abwechslungsreich und motivierend, schülerorientiert, zeitweise gruppengestützt,
- zugleich straff geführt und klar strukturiert,
- kognitiv stimulierend
- und mit gutem Classroom-Management.

Diese Sicht wird auch durch *Hintergrundtheorien* zu neuen didaktischen Ansätzen verstärkt, sei es durch den Konstruktivismus mit seiner Relativierung des Lehrbegriffes oder durch die kognitivistische Lerntheorie mit ihrer Betonung der Bedeutung eigenständiger Informationsverarbeitung durch den Lernenden.
Damit sind wir bei den zentralen Merkmalen, die den gegenwärtigen Wandel des Lehrerbildes ausmachen.

3. Neue didaktische Konzepte: Konsequenzen für das gegenwärtige Lehrerbild

Vor allem waren es in den 80er und 90er Jahren bis in unsere Tage hinein die *innovativen didaktischen Konzepte*, die als neue Herausforderungen der Unterrichtsentwicklung auch zu einem veränderten Verständnis der Lehrerrolle führten. Ob es die Entwicklung von Ansätzen zum Offenen Unterricht, Konzepte des Lernens in Projekten, Freiarbeit oder kleinere Ansätze wie Wochenplan oder Stationenlernen waren, – sie alle sind verbunden mit einem grundlegenden Wandel der Aufgaben der Lehrkraft. Zwar belegen neuere Studien, dass die alten, traditionellen Unterrichtsformen immer noch breiten Raum einnehmen, aber es gibt Hoffnung: Der Dortmunder Schulpädagoge Kanders (2000) hat z. B. herausgefunden, dass Lehrkräfte in der Mehrzahl offene, schüleraktive Unterrichtsformen anstreben, aber sich in der „neuen" Rolle noch sehr unsicher fühlen.
Die genannten neueren didaktischen Konzepte rühren allerdings an einer Grundfeste des Lehrerberufes: Sie verlangen eine Abkehr von der traditionellen Leistungsbewertung in der Form einfacher Noten. (Vielleicht liegt darin auch die Herausforderung, ein Stück Macht der Lehrerrolle abzugeben...) In offenen Unterrichtskonzepten, die fachliches Lernen, methodisch-strategisches Lernen, sozial-kommunikatives Lernen und persönlich bedeutsames Lernen gleichermaßen betonen und Lernen als individuellen Prozess auffassen, bedarf es anderer Formen der Leistungsbeurteilung: Statt traditioneller Klassenarbeiten, mündlicher Prüfungen, Tests, Klausuren usw. gewinnen zum Beispiel Portfolios, Lerntagebücher, Berichte, Dokumen-

tationen u.a.m. zunehmend an Bedeutung.
Solche mehr auf den individuellen Lernprozess und die persönlichen Lernstil des Einzelnen zugeschnittenen Formen der Rückmeldungen über erbrachte Leistungen treffen gegenwärtig vermutlich aber auf heftigen Widerspruch: Der Schock nach PISA, die Forderung nach objektiven Leistungsvergleichen, der Wunsch von 51 % der Eltern nach Abitur für ihre Kinder u.a.m. können zu einem zunehmenden Leistungsdruck führen, der die zarten Pflänzlein einer alternativen schulischen Lernkultur ziemlich brutal wieder zertrampelt...

4. Vom Instrukteur zum Lernberater?

Veränderungen des Unterrichtes in Richtung Offenheit, Selbsttätigkeit, Selbstständigkeit und Selbstverantwortlichkeit der Lernenden verändern die Lehrerrolle und damit das Lehrerbild. Neue Rollenanteile werden wichtig, obwohl diese keineswegs die traditionellen Merkmale des Lehrerberufes einfach vom Tisch fegen. (Giesecke 2001) Das zeigt sich z. B. darin, dass die schön klingende Formulierung. „Vom Instrukteur zum Lernberater“ völliger Unsinn ist. Die Kunst liegt gerade in der *Integration* dieser beiden Rollensegmente: Die Schüler müssen instruiert werden, damit sie selbstständig arbeiten können; nur wenn die Schüler selbstständiges Arbeiten gelernt haben, kann sich die Lehrkraft auf die Lernberatung beschränken. Instruktion und Selbststeuerung des Lernens sind eben kein Gegensatz, sondern sind integrierbar!
Seit der „68er-Zeit“ geistert die Auffassung durch große Teile der Kollegien, dass diejenigen Lehrkräfte bei Schülern besonders beliebt seien, die am wenigsten verlangen, die mit den Schülern fraternisieren, die auf „Führung“ (welch ein Begriff!) weitgehend verzichten und sich immer an den Schülerwünschen ausrichten. Eine unlängst veröffentlichte empirische Studie des Münchener Schulpädagogen Ditton (2002) kommt zu einem völlig anderen, überraschenden Ergebnis: Schüler achten primär auf die Unterrichtsqualität, auf die diagnostische Kompetenz der Lehrkraft, das Verhältnis zwischen Lehrkraft und Schülern sowie auf Klarheit, Interessantheit und Motivierungsqualität des Unterrichts.
Nur unter Beachtung dieser Ergebnisse sollten neue Rollenanteile, die veränderte Unterrichtskonzepte mit sich bringen, betont (und eben nicht verabsolutiert) werden. Einige Beispiele für solche neuen Rollenanteile:

Aspekte einer neuen Lehrerolle

- anbieten (statt vorschreiben), auch wenn die SchülerInnen Kompetenzen erst lernen müssen;
- individuelle Lerngelegenheiten bereitstellen (statt alles im frontalunterrichtlichen Gleichschritt selbst unisono zu leiten);
- Diagnose und Beratung verbinden (statt die Schüler mit ihren Schwächen allein zu lassen und sich auf Ermahnungen zu beschränken);
- begleiten der individuellen und kooperativen Lernprozesse (statt die Schüler libertinistisch ihrer Freiheit zu überlassen);
- rückmelden von Wahrnehmungen (feedback) (statt Tadel, Sanktionen, Strafen, vernichtender Kritik);
- besprechen und ermutigen (statt Lösungen vorzugeben und Vorschriften zu machen).

Diese weniger Beispiele zeigen, wie bereits kleine Veränderungen des Lehrerbildes und des Anforderungsprofils eine erhebliche berufsbiografische Dynamik in Gang setzen: Das in der Ausbildung Gelernte, in der Berufssozialisation Verfestigte, die durch Erfahrung habitualisierten Selbstverständlichkeiten, die mitgebrachten methodischen Vorstellungen, die Muster von Beziehungsgestaltungen, – kurz der ganze gesammelte Schatz von Lehrererfahrungen kann ins Wanken kommen. Da ist es verständlich, wenn manche Lehrkraft vor diesem Wandel des Lehrerbildes kapituliert und dem Druck von innen nachgibt (das schwache Ich flüstert: „Das kannst du alles nicht, du wirst scheitern!“) oder dem Druck von außen erliegt (die Eltern fordern: „Sie werden schließlich dafür bezahlt, dass Sie unseren Kindern viel beibringen!“– Und Schüler stellen fest: „Frontalunterricht ist zwar langweilig, aber da lernt man wenigstens was!“)
Die Lehrer und Lehrerinnen stehen heute also vor einem schwierigen Balanceakt: Neue Rollenanteile sind zu verorten zwischen vier Typen. Wer bist du, Lehrer?

1. Lehrer als Dompteur (der den Unterricht straff führt und die Schüler zum Lernen antreibt) 2. Lehrer als Entertainer (der Lernende eher lockt, anzieht und durch seine geschickte Methodik verzaubert)
3. Lehrer als Neo-Romantiker (der von der natürlichen Neugier und dem unverdorbenen Wissensdurst der Kinder ausgeht und ihnen so viel Freiheit wie möglich gibt),
4. Lehrer als cooler Fachmann (der sein Wissen sachorientiert an Interessenten weitergibt).

Diese etwas griffig formulierte Typik zeigt sehr klar: Alle Elemente gehören zum Lehreralltag, man kann sich nicht auf einen Typus zurückziehen. Genau das scheint mir das zentrale Charakteristikum des Lehrerbildes der Gegenwart zu sein: die

Notwendigkeit der individuellen und sehr persönlichen Integration disparater und widersprüchlicher Anforderungen. In der Lehrerschaft muss jeder einzelne dies tun. Schließlich bringt die seit einigen Jahren den Schulen abverlangte Schul- und Unterrichtsentwicklung gravierende Veränderungen des Lehrerbildes mit sich. Traditionell verstanden die meisten Lehrkräfte ihre Lehrfreiheit als individuelles Recht und individuelle Verantwortung. Kooperation war auf das Nötigste beschränkt. Klassenzimmertür zu – was dahinter passiert, habe ich allein zu verantworten. Schul- und Unterrichtsentwicklung verlangt nun aber von jedem einzelnen, sich auch um die *ganze* Schule kümmern zu sollen. Die Entwicklung eines Schulprofiles, einer verbindlichen Unterrichtskultur und einer corporate identity der Schule bringt einerseits neue Freiheiten, Recht und Autonomie für die Schule. Andererseits findet sich der traditionelle pädagogische Einzelkämpfer plötzlich in Steuergruppensitzungen, Teamsitzungen zur Unterrichtsvorbereitung, Fachkonferenzen zur Entwicklung von Curricula und im Evaluationsteam eingedeckt mit Fragebögen... – kurz: Im Korsett kollegialer Abstimmungsprozesse. Bisweilen macht auch nur ein harter Kern mit, der Rest der Jobmentalisten meckert („schon wieder was von oben"). Aber: Wer Schülern Teamarbeit beibringen will, kann sich diesem Prinzip auf der Kollegiums- und Schulebene nicht verweigern. Damit wird institutionell das Lehrerbild um eine wichtige Variante bereichert: Vom Einzelkämpfer zum teamfähigen Schulreformer.

5. … und tun wir unsere Arbeit

Zahlreiche weitere Veränderungen (nicht zuletzt als Folge gesellschaftlicher Wandlungen) betreffen den gesamten Berufsstand. Nur wenige Beispiele:

- Neue Modelle der Lehrerarbeitszeit versuchen, den unterschiedlichen Tätigkeiten besser gerecht zu werden – und rufen bei den Lehrern wegen verdeckter Stelleneinsparungen (z. B. in Hamburg) wütende Proteste hervor;
- empirisch belegt sind die hohen Krankenstände und die erschreckend hohen Zahlen der Frühpensionierungen – und einige Minister antworten mit Deutatserhöhungen;
- die Anforderungen besonders an Grundschullehrer/innen werden immer schwieriger – und die Politik antwortet mit Rückstufungen in der Gehaltsgruppe und mit Versuchen, die Grundschullehrerausbildung an die billigeren Fachhochschulen zu verlegen;
- das Prestige des Lehrerberufes wird durch medienwirksame Schlagzeilen beschädigt (s.o.) – und die Universitäten ringen um internationale Anerkennung der Lehrerbildung (BA und MA Abschlüsse).

Trotzdem bietet das Nachdenken über den Wandel des Lehrerbildes in der Zeit keinen Anlass zu Pessimismus und Wehklagen. Nicht leicht haben sie es, die Lehrer und Lehrerinnen. Denn kaum ein anderer akademischer Beruf reagiert so sensibel auf gesellschaftliche Wandlungsprozesse. Die Lehrer sind gefragt, wenn es um Beseitigung der Schäden geht, die Politik und Gesellschaft angerichtet haben. Es hat Geschichte, die Lehrer und ihre vermeintlich falsche Wissensvermittlung für alles Unglück des Landes verantwortlich zu machen, klagte doch schon Friedrich Wilhelm IV. gegenüber seinen Seminarlehrern nach der Revolution 1848/49: „All' das Elend, das im verflossenen Jahre über Preußen hereingebrochen ist, ist Ihre, einzig Ihre Schuld, die Schuld der Afterbildung, der irreligiösen Massenweisheit, die Sie als rechte Weisheit verbreiten..."

Lassen wir sie klagen und tun wir unsere Arbeit. Denn es sind zwei Elemente, die heute wie vor 200 Jahren Grundlage unseres Berufes sind: Wir dürfen als Lehrer und Lehrerinnen ein wenig von dem weitergeben, was wir von dieser Welt verstanden haben. Das ist Grund zur Freude. Und: Wir haben es mit Kindern und Jugendlichen zu tun, sie sind die Hoffnungsträger der Zukunft. Und das ist Grund zu Dankbarkeit und Optimismus.

Literatur

Combe, A./Buchen, S.: Belastung von Lehrerinnen und Lehrern. Weinheim und München 1996

Bromme, R.: Kompetenzen, Funktionen und unterrichtliches Handeln des Lehrers. In: Enzyklopädie der Psychologie. Bd. 3, S. 177-212. Göttingen 1997

Ditton, H.: Lehrkräfte und Unterricht aus Schülersicht. In: Z. f. Päd. 2000, 41. Beiheft, S. 73-92

Giesecke, H.: Was Lehrer leisten. Weinheim und München 2001

Gudjons, H.: Belastungen und neue Anforderungen. Aspekte der Diskussion um Lehrer und Lehrerinnen in den 80er und 90er Jahren. In: Bastian, J. u.a. (Hg.): Professionalisierung im Lehrerberuf. S. 33-51. Opladen 2000

Kanders, M.: Das Bild der Schule aus der Sicht von Schülern und Lehrern II. Dortmund 2000

Terhart, E. u.a.: Berufsbiographien von Lehrern und Lehrerinnen. Frankfurt/M. 1994

Ulich, K.: Beruf: Lehrer/in. Weinheim 1996

Gesundheit!
Naivling

14. Arbeitsökonomie und Gesundheit
Kräfte sparen, sinnvoll planen, Stress abbauen

Einleitung: Ist Lehrersein gesundheitsschädlich ?

Natürlich ist das Lehrersein nicht für *alle* Kolleginnen und Kollegen gesundheitsschädlich. Vor allem für die nicht, die ganz bewusst konkrete Maßnahmen für die Erhaltung und Förderung ihrer Gesundheit treffen. Vorsichtig sollte man allerdings sein bei der Einschätzung, man sei doch ein frohgemutes pädagogisches Naturtalent, das die krankmachenden Faktoren der Schule leicht und locker oder aber diszipliniert und selbstbewusst wegsteckt. Allzu leicht landet man dann in der Gruppe der rund 50 % Frühpensionierten...
Dass Lehrkräfte in der modernen Schule hoch belastet sind (Schätzungen vergleichen ihre Grenzbelastungen mit den Beanspruchungen von Fluglotsen oder Formel 1-Rennfahrern, Rohnstock 2003) ist bekannt; dass sie mehr arbeiten als der Arbeitsgeber offiziell vorgibt, ist nachgewiesen; dass ihr Risiko zu Neurosen sechsfach höher ist als in der übrigen Bevölkerung, betonen Mediziner; dass Lehrer und Lehrerinnen überdurchschnittlich oft dem Burnout-Syndrom zum Opfer fallen, pfeifen die Spatzen inzwischen von allen (Schul-)Dächern. Halten wir uns also nicht lange bei der krankheitsfördernden Gesamtlage auf, sondern wenden wir uns praktischen und erprobten Hilfen für das Gesundbleiben zu. Aber nur unter zwei Bedingungen. Erstens: Alle individuell sinnvollen Hilfen dürfen nicht die berechtigte Empörung über schlechte Arbeitsbedingungen, gesellschaftliche Missstände oder strukturelle/bildungspolitische Unzulänglichkeiten am Arbeitsplatz vernebeln oder klein reden. Zweitens: Ernsthafte körperliche oder psychische Erkrankungen dürfen auf keinen Fall mit den hier vorgestellten Mitteln „auskuriert“ werden.

1. Eine gute Arbeitsökonomie – Grundbedingung für das Gesundbleiben

1.1 Von der Wirtschaft lernen ...

Arbeitsökonomie als Grundbedingung für das Gesundbleiben zu nennen, – das klingt überraschend: Sollte man nicht Ferienerholung, Kuren, Entspannungskurse und psychologische Trainings an erster Stelle nennen? Oder wenigstens eine gesunde Ernährung? Nein, denn in einer umfassenden Gesundheitsprophylaxe müssen die Maßnahmen zunächst dort ansetzen, wo jeder in der Unterrichtspraxis täglich betroffen ist. Dort wo es keinen zusätzlichen Aufwand, sondern Entlastung bedeutet, wenn man etwas verändert, und wo das Ganze nichts kostet... Und das ist zunächst einmal eine vernünftige Organisation des täglichen Berufsgeschehens, ein erholsamer Umgang mit der Zeit und eine Steigerung der äußeren Arbeitszufriedenheit.

Wer sich mit Arbeitsökonomie im Lehrerberuf beschäftigt, muss allerdings auch die institutionellen, von außen an die Lehrkräfte heran getragenen Bedingungen und Gründe mit im Blick haben: Was nützen die plausibelsten Empfehlungen zur Optimierung der persönlichen Arbeitsorganisation, wenn die Flut von Anforderungen (Schulprogrammarbeit, Schulentwicklung, Steuergruppe, Pisa-Konsequenzen, Mehrbelastung durch veränderte Arbeitszeiten, schwieriger gewordene Schüler, leistungsfixierte Eltern u.a.m.) auch mit der besten persönlichen Arbeitsorganisation einfach nicht mehr zu bewältigen ist?

Andererseits ist manches auch hausgemacht: Stress, Zeitknappheit, Chaos am Schreibtisch, Strukturlosigkeit im Abarbeiten der unterschiedlichen Aufgaben, Kampf gegen Papierberge, Ertrinken im Internetschrott u.a.m. ließen sich abmildern, wenn man zunächst individuell eine vernünftige, rationelle Arbeitsorganisation hätte. Kommt dann noch eine gute Planung der organisatorischen Abläufe und ein gutes Zeitmanagement in der *ganzen* Schule dazu, dann mehren sich die Chancen, in der steigenden Flut von Anforderungen und Ansprüchen gesund zu bleiben (statt die Neurologien der Krankenhäuser zu bevölkern), seine Arbeit mit Sinn zu füllen (statt sich mit Routinen über Wasser zu halten) und die inzwischen erprobten Verfahren zur Verbesserung der Arbeitsökonomie in den persönlichen Alltag zu integrieren (statt über Managementverfahren der Wirtschaft die Nase zu rümpfen).

Dabei muss deutlich gesehen werden, dass die in der Wirtschaft inzwischen hoch entwickelte Kultur der Arbeits- und Zeitökonomie, wie sie in zahllosen Trainings für viel Geld vermittelt und in Büchern mit schwindelerregenden Auflagenhöhen propagiert wird (Seiwert 2000, 19. Aufl., Seiwert 2001, 23. Aufl.), keineswegs bruchlos zur Lehrerarbeit passt. Zu unterschiedlich ist das Berufsbild, zu heterogen sind die Tätigkeiten, zu divergent das Berufsethos, als dass man einfach die

Ökonomisierungstipps und -prinzipien aus der Wirtschaft auf den Lehrerberuf „anwenden“ könnte. Erziehung, Bildung, Umgang mit Kindern und Jugendlichen, pädagogische Beziehungen sind nicht einfach ökonomisierbar. Andererseits: Auch eine Lehrkraft muss organisieren, Arbeitsprozesse rationalisieren, Abläufe optimieren, Konflikte minimieren, den Schreibtisch zu Hause pflegen und mit der Materialfülle zurecht kommen u.a.m. Dazu folgende Anleitungen zur persönlichen Arbeitsorganisation.

1.2 Hilfreiches Selbstmanagement

Zu hohe Ansprüche senken

Der erste Bereich, für den einige praktische Ideen aus der Wirtschaft durchaus nützlich sein können und für Lehrer und Lehrerinnen übernehmbar sind, ist die Arbeit am *eigenen Anspruchsniveau*. Eine Besinnung auf das rechte Maß des eigenen Anspruchsniveaus ist dringend nötig. Viele Lehrer und Lehrerinnen möchten alles perfekt machen, – ein ehrenwerter, aber nicht einlösbarer Anspruch. „Der Versuch, alle Arbeiten bis ins letzte Detail perfekt zu erledigen, ist nicht nur einer der größten Zeitfresser, sondern auch eine Erfolgsbremse, die Sie professionell Gelassenheit und Selbstvertrauen kostet.“ (Koenig/Roth/Seiwert 2001, 19). Wenn Sie z. B. für das Protokoll einer Fachkonferenz einen halben Nachmittag brauchen, so bedeutet das nicht, dass Ihr Ergebnis auch tatsächlich den Wert der Hälfte eines Arbeitsnachmittags hat. Perfektionismus bremst, er macht im Grunde unzufrieden und kostet viel zu viel Zeit. Die Empfehlung lautet daher: „Gut statt perfekt“. (Ebd. 21) Ich will meine Arbeit gut machen, aber das genügt eben auch.

Den Druck verringern

Erste Praxis-Konsequenz: Nehmen Sie sich einige Augenblicke Zeit. Überdenken Sie Ihre eigenen Ansprüche vor dem Hintergrund Ihrer momentanen Unterrichts- (und Schul-) Bedingungen: Notieren Sie drei Erwartungen, die sie loswerden möchten, weil Sie diese doch nicht erfüllen können. Zerknüllen Sie den Zettel genüsslich und werfen ihn in den Papierkorb. Freuen Sie sich, dass Sie gut sind – statt perfekt. Denken Sie weiter über ein wirklich leistbares Maß nach, das Ihnen Aussicht auf Erfolgserlebnisse bietet.

Zweite Praxis-Konsequenz: Entsorgen Sie auf die gleiche Weise Ihre persönlichen Schuldgefühle. Sie sind nicht als Einzellehrkraft für alle gesellschaftlichen und schulischen Bedingungen und Veränderungsnotwendigkeiten verantwortlich.

Dritte Praxis-Konsequenz: Ordnen sie Ihre persönlichen Ansprüche neu, indem Sie sich klar machen, wie alt Sie sind, welche Kraftreserven Sie haben oder nicht mehr haben. Lehrer mit Herzinfarkt werden nicht bewundert, sondern mitleidig belächelt.

Praktisch zeigt sich diese Leitlinie „gut statt perfekt" auch z. B. bei der Beantwortung von Post oder e-mails: Warum nicht den erhaltenen Brief mit einer recht kurzen Antwort einfach zurückfaxen, warum nicht e-mails unkorrigiert abschicken (der Absender tut es doch auch!); ein Horror für Lehrkräfte, die das Korrigieren von Klassenarbeiten unter Gesichtspunkten der Rechtschreibung gewohnt sind... Trotzdem: Perfektionismus ist eher eine Schwäche als eine Stärke. Der Perfektionist träumt von Fehlerfreiheit, die Angst vor Fehlern dominiert, statt sich zu sagen: „Fehler kann man machen, aber nicht wiederholen – aus Fehlern kann man lernen." (Ebd. 23) Also hilft es ganz grundsätzlich, sich realistische Standards zu setzen, statt alles perfekt zu machen.

Das Priorisierungsprinzip

Eine weitere wertvolle Hilfe liegt darin, sich in der *Priorisierung* von Arbeiten zu üben. Die entscheidende Frage ist: Dringend oder wichtig? Das muss man unterscheiden. „Bei dringenden Dingen reagieren wir nur, bei wichtigen Dingen hingegen agieren wir." (Ebd. 29). Dringende Arbeiten entstehen durch externen Druck (vom Schulleiter, von Kollegen, von Schülern, vom Schulrat), sie überrollen uns, sind kurzfristig. Wichtige Arbeiten hingegen haben mit Ihnen selbst zu tun: mit Ihren Lebenszielen, mit ihren grundsätzlichen pädagogischen und didaktischen Vorstellungen, mit Schlüsselzielen ihres Berufes. Die Konsequenz liegt darin, sich nicht von kurzfristigen Ereignissen überrollen zu lassen, sondern Prioritäten stets zugunsten langfristiger Ziele zu setzen. Wie macht man das? (Rohnstock 2003)

- *Ziele setzen*: Ausgehend von Ihrem persönlichen Leitbild und Ihrer Vision vom Lehrerberuf formulieren Sie selbst für sich zunächst Etappenziele für ihre berufliche Arbeit. Welche halbjährlichen Großziele folgen daraus für Sie? Setzen Sie dann monatliche Eckpfeiler, wöchentliche Schwerpunkte, die Sie in Tagesziele münden lassen. Sie haben z. B. eine sozial sehr schwierige Klasse, dann könnten aus dem übergeordneten Ziel der Verbesserung des Lern- und Umgangsklimas als Einzelziele erwachsen: gegenseitiger Respekt rivalisierender Cliquen, Integration eines Außenseiters, schließlich die konkrete Umsetzung in integrationsfördernde und gemeinschaftsbildende Aktivitäten wie Klassenfeste, verstärkte Gruppenarbeit, Abend mit Eltern u. a. m.
- *Masterlisten*: Einer klaren Zielorientierung und erleichternden Priorisierung dienen auch die Masterlisten mit A-, B- und C-Arbeiten sowie Belohungen. Äußerst nützlich ist der tägliche Überblick. Zunächst legen Sie zuerst die dringlichen, äußerst wichtigen Aufgaben fest (das sind die A-Aufgaben, Beispiel: die Mathearbeit für die 10a morgen zusammenstellen); dann die zwar wichtigen, aber weniger dringlichen (das sind die B-Aufgaben, Beispiel: Unterrichtsstunde in Deutsch 7b

noch mal genauer planen); zuletzt die relativ unwichtigen, aber oft zeitraubenden Routinearbeiten (die C-Arbeiten, Beispiel: Unterkünfte für die Klassenreise in 8 Monaten raussuchen). Schreiben Sie die ungefähren Zeitschätzungen hinter die anstehenden Arbeiten. Bearbeiten sie gnadenlos zuerst die unbedingt zu erledigenden A-Aufgaben oben auf ihrer Liste. So haben Sie alles für den nächsten Tag unter Dach und Fach und entlasten sich von dem Gefühl, nie fertig zu sein. Dann erst folgen die B- und C-Arbeiten. Wichtig: Streichen sie mit Genuss Erledigtes durch! Unerledigtes wird auf die Liste für den nächsten Tag übertragen.
- Jede Masterliste enthält einen Abschnitt *„Belohnung“* (Spaziergang, Zeitung lesen, Musik hören), der nicht streichbar ist! Die Belohnungen sind bereits Teil des Anfertigens der Liste und werden konsequent eingehalten. Nach Beendigung des Tagewerkes wird auf der Masterliste mindestens ein Erfolg eingetragen. Geben Sie als Lehrkraft Ihrem Tag dann eine Schulnote...

Direkt-Prinzip statt „Aufschieberitis“

Von größter Bedeutung für eine gelungene Arbeitsökonomie ist ein gutes *Zeitmanagement.* Empfohlen wird das „Direkt-Prinzip“: „Alle zeitlich überschaubaren Aufgaben sollten Sie am besten direkt ausführen, denn alles direkt Erledigte ist zehnmal besser als penibel Notiertes.“ (Koenig/Roth/Seiwert 2001, 9) Der Todfeind dieses Prinzips ist die „Aufschieberitis“. Aber: Was nicht länger als drei Minuten dauert, kann durchaus sofort erledigt werden. Sinnvoll ist es auch, Aufgaben zu bündeln (z. B. wenn sie demselben Bearbeitungsschema folgen). Ferner können realistische Wochen- und Tagesplanung enorm viel Zeit einsparen (s.o. Masterlisten), weil Sie den Überblick nicht verlieren.

„Aufschieberitis“ kann auch dazu führen, dass wir ständig zaudern, alles auf morgen vertagen, ausweichen und am liebsten niemand mehr in unser Arbeitszimmer lassen. Hält dieser Zustand über längere Zeit an, so empfinden wir Scham (ich bin einfach unfähig zu Entscheidungen, zur Strukturierung und zur – vielleicht harten – Konsequenz); wir werden mitunter depressiv (es hat ja doch keinen Zweck), resigniert (mir raubt das einfach die Kraft), verlieren unsere Selbstachtung (ich kann nichts, andere sind besser, ich bin eben ein Versager). Hier liegen Wurzeln für psychische Erkrankungen, die sich schleichend einstellen. Die „Aufschieberitis“ zu überwinden ist also ein aktiver Beitrag zur Gesundheitsvorsorge!

1.3 Ökonomie im Arbeitszimmer

Unzählige Lehrkräfte fühlen sich angesichts der Überflutung von Materialien und Unterlagen in ihrem häuslichen Arbeitszimmer unzufrieden und gereizt, unsicher, hilflos, ärgerlich. Die Berge türmen sich, es wird immer mehr, die Übersicht geht verloren, die Heterogenität der Materialien macht es schwer, ein vernünftiges und zufriedenstellendes System der Ablage, Einordnung und Aufbewahrung zu entwickeln, das einen schnellen und zielsicheren Zugriff ohne Zeitverlust durch Suchen und Wühlen ermöglicht. (Zum Folgenden vgl. ORG 2003)

Ablage
Hier hilft eine durchdachte *Ablagetechnik* mit folgenden Grundregeln:

- Über den Ort der Ablage wird entschieden nach den Kriterien Zugriffshäufigkeit, Umfang der Unterlagen und räumliche Möglichkeiten.
- Feste Plätze für die Dinge! Gleiche Dinge werden am selben Ort aufbewahrt, feste Ablagesysteme z. B. für Zeitungsartikel etc., die immer auf dem neuesten Stand gehalten werden, für Post, für demnächst zu erledigende Tätigkeiten wie Korrekturen, Tagesordnung für die Fachkonferenz u.a.m.,
- regelmäßiges Aussortieren von wertlos gewordenen Informationen (vernünftiges Zeitlimit setzen: z. B. Ablage innerhalb eines Monats, sonst wegwerfen).
- Es ist auch zweckmäßig, die Dinge in der Nähe des Ortes aufzustellen (oder aufzubewahren), an dem sie gebraucht werden; was man am häufigsten braucht, sollte in Reichweite sein. Schachteln und Kartons müssen gleich am Anfang deutlich beschriftet werden, damit man weiß, was darin ist.
- Alles, was an privatem Schrott das Arbeitszimmer verstopft (Weihnachts- und Geburtstagskarten, Urlaubskarten, Prospekte u.ä.) wird gnadenlos sortiert, nur das persönlich wirklich Wichtige wird bewahrt, der Rest kommt zum Papiermüll.
- Es ist besser, nicht gelesene Zeitschriften zu verschenken (Freunde, Krankenhäuser, Altersheime) als sie endlos in der Hoffnung aufzubewahren, gelegentlich doch noch einen flüchtigen Blick hinein zu werfen.
- Nur *ein* Ort für die gesuchte Information, statt Ablagestapel aufzutürmen: Dokumente sofort ablegen.
- Keine Stapel auf dem Schreibtisch, Mut zur Selektion und zum Wegwerfen haben.
- Eine Liste mit Stichworten anlegen, wenn man ein umfangreicheres Archiv aufbaut.

Der Hauptfeind für diese klare Entscheidung über Trennung oder Aufbewahrung ist die allzu menschliche Tendenz zum Verschieben. Fehlender Mut zur Trennung beruht in der Regel auf Angst: Ich könnte es doch irgendwann noch mal gebrauchen, was ist, wenn ich die Unterrichtseinheit, das Material, die Kopiervorlagen doch zu schnell weggeworfen habe, wenn ich Briefe in den Papierkorb entsorgt und Erlasse des Ministeriums in den Müll geworfen habe. (Nur: Sie stehen ohnehin beim Schulleiter im Aktenschrank.) Nicht-Wegwerfen-Können wächst sich manchmal sogar zu einem angstvollen Zwang aus.

Der Lehrerschreibtisch
Besondere Sorgfalt beim Aufbau eines guten Selbstmanagements kommt dem *Schreibtisch* zu:

- Stets genug freie Fläche zum Arbeiten (Experten empfehlen den Halbkreis eines ausgestreckten Armes!);
- unbedingt das „Parken" von Informationen vermeiden („das muss ich mir später noch mal genau ansehen"), möglichst viel weiterleiten;
- was nicht sofort bearbeitet wird, kommt in die Ablage;
- keine losen Notizzettel oder Klebezettel verwenden, sondern ein Schreibbuch;
- nur aktuell zu bearbeitende Unterlagen gehören auf den Schreibtisch;
- hilfreich sind auch Körbe (Eingehendes, Ausgangskorb, laufende Vorgänge);
- bei einem sehr kleinen Schreibtisch eventuell die Kapazität aufstocken z. B. durch einen Beistelltisch oder eine zweite Ebene o.ä..
- Ein probater Tipp ist auch, den Schreibtisch sofort nach Beendigung der Arbeit aufzuräumen, damit man stets an einem aufgeräumten Schreibtisch seine Arbeit wieder beginnt. Es ist für die Seele erquicklicher, an einem aufgeräumten Arbeitsplatz mit der Arbeit zu beginnen statt von Bergen von Papierkram deprimiert zu werden, bevor man eigentlich angefangen hat.

Arbeit für die Schule sollte wenn irgend möglich auf das Arbeitszimmer und den häuslichen Schreibtisch beschränkt werden. Auf dem Esszimmertisch die Kunstmappen der Schüler auszubreiten, den Couchtisch mit Büchern voll zu stapeln oder die Utensilien für den Bio-Versuch im Flur zu sammeln, dürfte nicht nur die Lehrerfamilie wenig begeistern, sondern zerstreut auch Energie, statt sie zu bündeln und zu konzentrieren.

1.4 Erleichterungen in der täglichen Unterrichtsarbeit ausloten

Zahlreiche Tätigkeiten von Lehrkräften sind Routinearbeiten. (Rohnstock 2003) Dabei ist es wichtig, den notwendigen Qualitätsgrad einer Tätigkeit angemessen einzuschätzen: So können z. B. Hausaufgabenkontrollen oder Unterrichtsvorbereitungen zu bekannten Inhalten in unproblematischen Klassen reduziert werden; die Vorbereitung neuer Projekte oder wichtiger sozialer Aufgaben erfahren hingegen besondere Sorgfalt. Eine solche Kosten-Nutzen-Bilanz hilft, wertvolle Kräfte und Ressourcen angemessen einzusetzen.

- Durchforsten Sie also Ihre vielfältigen Arbeiten und setzen Sie klare *Schwerpunkte*: Welche müssen besonders genau und gründlich erarbeitet werden und für welche reicht ein unteres Qualitätsniveau?

- Verwenden Sie bei der Unterrichtsvorbereitung verstärkt einfache *visuelle Hilfen*, z. B. die *Mind-Map-Technik*, mit der Sie das Hauptziel in den Mittelpunkt rücken und die weiteren Unterrichtsabschnitte in leicht ablesbaren Bildern darstellen können.
- In manchen Fächern ist auch die Arbeit mit sog. *Unterrichtsmodulen* sinnvoll. Verschiedene Unterrichtsabschnitte werden flexibel miteinander kombiniert, sortiert z. B. nach Hauptteilen, Lernspielen zur Auflockerung, Freiarbeitsaufgaben, Übungsteilen und Ausklängen u.a.m. Je nach Klasse, Leistungsstand und Vorkenntnissen können diese Elemente miteinander verbunden oder gegeneinander ausgetauscht werden.
- *Checklisten* helfen bei der Organisation immer wiederkehrender Abläufe oder Vorbereitungen wie Klassenreise, Elternabend, Feste etc.
- Ökonomisieren Sie *Korrekturarbeiten* z. B., indem Sie multiple-choice-Aufgaben, Kurzantworten, Ankreuzaufgaben dort in Tests, Klassenarbeiten o. ä. einbauen, wo es um die bloße Wissensüberprüfung geht. Schablonen, Lückentexte, Vervollständigungen etc. sind weitere Möglichkeiten.
- Moderne PC-Programme können auch bei der Auswertung von *Klassenarbeiten* und bei der Führung von *Notenlisten* erheblich von Nutzen sein z. B. (www.mywordonline.de/schule/downloads.htm) oder auch einfache Excel-Tabellen.
- *Delegieren* Sie so oft wie möglich Aufgaben an einzelne Schüler und Schülerinnen oder an Teams: Materialbeschaffungen, Bedienung von Musikanlagen, Listen führen bis hin zu den klassischen „Ämtern" sind sinnvolle Beispiele.
- Geben Sie all Ihren Schülern und deren Eltern bekannt, dass Sie *feste Sprechzeiten* (in der Schule oder telefonisch zu Hause) haben. Private Anrufe vor Schulbeginn oder um Mitternacht sollten Sie mit einem freundlichen, aber klaren schriftlichen Hinweis auf ihre Sprechzeiten beantworten.

Natürlich sind diese Vorschläge nur eine Auswahl. Nützlich und spannend wird es aber erst richtig, wenn man mit Kollegen und Kolleginnen einmal diese Punkte und die Erfahrungen diskutiert.

2. Stress abbauen – gesund bleiben

2.1 Was ist Stress?

„Stress ist die Folge eines Ungleichgewichtes zwischen den tatsächlichen und/oder vermuteten Anforderungen und den subjektiven Fähigkeiten... Er manifestiert sich als erlebte Überforderung bzw. Bedrohung, als Spannungszustand, der das Wohlbefinden merkbar beeinträchtigt." (Linneweh 2002, 37) Stress ist Ergebnis einer subjektiven Interpretation: Es kommt immer darauf an, wie jemand eine Situation bewertet (als Herausforderung, einmalige Chance, Zumutung, Zusatzbelastung). Wir könnten (!) also anstrengende Bedingungen unseres Berufes auch positiv deuten. Und genau hier liegt die Möglichkeit verborgen, Stress abzubauen, nicht mehr bloßes Opfer zu sein, sondern aktiv Stress zu verringern. Denn: Entscheidend für das Stresserleben sind nicht die objektiven Faktoren, sondern unsere Deutung, indem wir an eine Situation bereits mit der Überzeugung herangehen, sie nicht kontrollieren zu können.

Stress auslösend sind in der Schule nicht die seltenen dramatischen Ereignisse (Lehrer wird von Schüler bedroht). Vielmehr entsteht Stress am Schulvormittag durch die „daily hassels", jene „Tag für Tag zu bewältigenden kleinen Herausforderungen, Ärgernisse, Sticheleien oder Angriffe, durch die zahllosen Entscheidungen, die man an einem Schulvormittag zu treffen hat, die Vielzahl von Terminen oder die vielen kleinen Konflikte, die der Schulalltag bereithält." (Kretschmann 2002, 16) Einzeln wären sie alle kein Problem. Aber die Fülle und die rasche Häufung haben zur Folge, dass sich zu noch nicht ganz abgeklungenen Stressreaktionen sogleich neue hinzu addieren, so dass es zu einem „Sich-Aufschaukeln-Effekt" kommt. Und damit werden die schulischen Stressoren höchst wirksam, bis in den Nachmittag hinein.

1.2 Warnsignale

Diese Daueranspannung und das Sich-Aufschaukeln haben spürbare Auswirkungen auf Wohlbefinden und körperliche wie seelische Gesundheit (Linneweh 2002, 46):

- Man fühlt sich hilflos und merkt, dass einem die Kontrolle über sich selbst zu entgleiten droht.
- Die Stimmung schwankt zwischen Depression und gelegentlicher Euphorie, man erlebt sich als unsicher, nervös, gereizt und emotional angespannt.
- Andern gegenüber reagiert man gereizter und aggressiver als früher, häufig auch misstrauischer.
- Das Vertrauen in die eigene Antriebskraft und Leistungsfähigkeit geht verloren, die Weltsicht wird pessimistischer, die Grundstimmung depressiv-negativ.
- Ängste nehmen zu: Ich schaffe das nicht mehr, die Anforderungen wachsen mir über den Kopf, ich bin ein Versager, habe Angst vor ständigem Misserfolg, vor Krankheiten bis hin zu Selbstmordgedanken.

Körperlich gibt es eine Art „Frühwarn-System" bei Stress (ebd. 27). Achten Sie darauf, ob sich dieses Frühwarn-System bei Ihnen wiederholt und über längere Zeit z. B. mit den folgenden Symptomen meldet:

- Kopfschmerzen, Schwindelgefühle, Fahrigkeit, Nervosität;
- Muskelverspannungen, Nacken-, Schulter- und Rückenschmerzen;
- Atembeschwerden, Atemnot, trockener Mund, Kloß im Hals;
- frösteln, schwitzen, Hitzewallungen;
- Magen-Darm-Probleme, Schlafstörungen, Herzschmerzen, Herzjagen, Schmerzen in der Brust.

1.3 Bewältigungsstrategien

Jeder hat individuell seine mehr oder weniger erfolgreichen Vorgehensweisen bei Stress. Sie werden Coping-Strategien genannt.

Falsche Bewältigungsversuche sind z. B.:

- die Flucht ergreifen (wir gehen nervigen Kollegen aus dem Weg),
- der Versuch, das Problem zu negieren (indem wir es mit Alkohol, Zigarettenkonsum, viel Kaffee oder Medikamenten zudeckeln);
- wir bemühen uns, uns von der Anforderungssituation zu distanzieren (ich war schließlich nicht verantwortlich für die misslungene Konferenz);
- wir spielen die Sache herunter und befreien uns vom Druck (jedem passiert mal eine Fehleinschätzung und Ungerechtigkeit in der Notengebung);
- wir planen den Unterricht noch penibler und aufwändiger (ich werde jede mögliche Störung von vornherein einkalkulieren);
- wir versuchen, Konflikte mit Gewalt und Macht zu lösen;
- manche biedern sich bei Schülern und Schülerinnen an in der trügerischen Hoffnung, dann werde der Umgang mit ihnen entspannter u.a.m.

Besser geeignet sind z. B. folgende Bewältigungsstrategien:

- Wir suchen soziale Unterstützung (wir treffen uns mal nachmittags mit einigen Kollegen und rede über unsere Probleme);
- wir versuchen, das Problem mit organisatorischen Maßnahmen zu entschärfen (die langen Flure, die Kinder zum Rennen, Rutschen und Lärmen verleiten, werden mit Pflanzen und Ausstellungen „verkehrsberuhigt“);
- der ärgerlich unbefriedigende Informationsfluss in der Schule wird dadurch beseitigt, dass pro Jahrgang eine Person für die Weiterleitung von Informationen zuständig ist;
- unverzichtbar für Stressreduzierung oder -vermeidung ist kollektives Handeln: Zu einzelnen Problembereichen veranstaltete das Kollegium eine Zukunftswerkstatt, um die Situation zu analysieren und Lösungsmöglichkeiten zu entwickeln;

- in Kleingruppen wird innerhalb einer Konferenz zielgerichtet an der Stressvermeidung gearbeitet: Was hätten wir an unserer Schule gern anders? Was können wir aus eigener Kraft verändern? Womit fangen wir an? Wer macht wobei mit? Wann fangen wir damit an? (Kretschmann 2002, 18);
- an einem kollegiumsinternen Fortbildungstag werden spezifische Übungen und Techniken zur Entspannung, Beruhigung und inneren Sammlung erprobt;
- das Gleiche kann man zur Einführung von hilfreichen Ritualen veranstalten;
- insgesamt kann das gesamte Kollegium daran arbeiten, dass Betriebsklima, Arbeitsorganisation und Kommunikation durch stressreduzierende Maßnahmen verbessert werden.

So wichtig diese kooperativen Initiativen zur Stressreduzierung sind, so unverzichtbar ist der Aufbau einer persönlich-individuellen Stresskompetenz. (Linneweh 2002) Dazu gehört als Grundprinzip: „Agieren statt reagieren!" Stressmanagement heißt zu aller erst: Nicht länger mit den eignen Kräften Raubbau treiben, sondern alle persönlichen Ressourcen gezielt zur Bewältigung der gestellten Herausforderungen aktiv einsetzen. Also: Sich nicht treiben lassen, nicht in der Opfer-Haltung verharren, sondern die eigene Lebensweise zielstrebig ändern. Erfolgreiches Stressmanagement schließt die ganze Person ein: Änderung krankmachender Einstellungen (s. u.), Gelassenheit, soziale Unterstützung, Achten auf körperliche Gesundheit, Beziehungen, Pflege der geistig-emotionalen Ressourcen, Entspannung und Erholung, gesunde Ernährung usw. (s.u.), aber auch Beherrschung konkreter Techniken im Umgang mit Stress im akuten Fall.

Akut-Hilfe: Stress-Immunisierungstechnik
Tritt Stress in Belastungssituationen überraschend auf und erwischt Sie auf „dem falschen Fuß", so ist es äußerst nützlich, wenn man vorher bereits eine kleine Technik eingeübt hat, sich gegen Stress zu „immunisieren". Grundgedanke ist dabei, dass ruhiger Atem, entspannter Körperzustand und angenehme innere Bilder mit akuten Stressreaktionen inkompatibel (unvereinbar) sind. Das ist dann besonders wichtig, wenn man die äußeren Faktoren einer Situation nicht ändern kann (z. B. Eltern stellen an einem Elternabend auf grob unfaire Weise meine Kompetenz in Frage). Die folgende Übung (nach Hennig/Keller 1995, 47 f.) – täglich eine viertel Stunde lang an einem ruhigen, angenehmen Ort zu Hause praktiziert – dient zur Stress-Immunisierung.

Anleitung: Stress-Immunisierung

1. Nehmen Sie eine bequeme Sitz- oder Liegehaltung ein.
2. Atmen Sie einige Male tief und gleichmäßig, bis hinunter in den Beckenboden und schließen Sie die Augen. Richten Sie Ihre Aufmerksamkeit mehr und mehr nach innen. Sollten Sie in irgendwelchen Körperregionen verspannt sein, so spannen Sie diese kurz an und lassen anschließend wieder locker.
3. Gehen Sie in Ihrer Phantasie an einen realen oder ausgedachten Lieblingsort (von der Badewanne mit warmem Wasser bis zu einer Landschaft im Gebirge o.ä.). Sehen Sie sich dort intensiv um, nehmen Sie Farben, Formen, Stimmen, Gerüche, die ganze Atmosphäre intensiv wahr. Nehmen Sie dann eine Körperhaltung ein, die sich üblicherweise an ihrem Lieblingsort einstellt. Wiederholen Sie diesen Schritt drei- bis viermal.
4. Stellen Sie sich vor, Ihr Lieblingsort würde von einer Lichtkuppel umspannt und ist gegen jedes Eindringen von außen abgeschirmt. Sie sind an diesem Ort absolut sicher und geborgen. – Geben Sie Ihrem Lieblingsort einen Code-Namen, ein Erkennungswort. Ankern Sie während der intensivsten Vorstellung Ihres Lieblingsortes das Code-Wort mit einer Körperbewegung (z. B. die Fingerkuppen von Daumen und Zeigefinger einer Hand fest zusammenpressen).
5. Verabschieden Sie sich in aller Ruhe von Ihrem Lieblingsort und machen Sie sich bewusst, dass Sie jederzeit, wenn Sie es für notwendig erachten, an diesen Ort zurückkehren können. Wenn Sie dies ausreichend geübt und fest verankert haben, testen Sie zunächst einmal in einer Situation außerhalb der Schule diese Zustandsunterbrechung: Atmen Sie einige Male tief durch, sagen Sie innerlich das Code-Wort und führen Sie die Körperbewegung aus. Ein wichtiger Hinweis: Ausreichende Einübung ist Voraussetzung für den Erfolg!

Eine Fülle von sehr alltagsnahen Vorschlägen als „Wege aus dem Teufelskreis“ hat Rudolf Kretschmann (2002, 17) vorgelegt, aus denen ich hier nur wenige Appetitmacher nennen kann: „Ich lege mir am Vorabend alles zurecht, damit ich am nächsten Morgen nicht in Hektik gerate... Ich plane kleine Unterbrechungen am Schulvormittag ein, um mich zurückzuziehen. Ich genieße diese Pausen bewusst... Nach dem Unterricht nehme ich mir in der Schule noch zehn Minuten Zeit, indem ich mich (auch innerlich) vom Vormittag 'verabschiede'... Ich ziehe mich nach der Schule um und schlüpfe in meine 'Wohlfühl-Bequem-Kleidung' ... u.a.m.“ Im Praktizieren solcher Ideen vollzieht sich mit der Zeit auch eine gesundmachende Veränderung ehemals krankmachender Einstellungen.

3. Krankmachende Einstellungen verändern

3.1 Was Stress ist, bestimme ich selbst

Nicht jeder, der unter Stress leidet, wird zwingend seelisch oder körperlich krank. Zwischen der äußeren Belastung und der eigenen Reaktion durch Krankwerden liegt nämlich die *individuelle Verarbeitung* (persönlich-subjektive „Re-Definition" der belastenden Anforderung). Damit ist eine der grundlegenden Bedingungen für das Gesundbleiben genannt: Es kommt entscheidend darauf an, ständig an der eigenen *Einstellung* zu arbeiten, vor allem gegenüber Faktoren, die ich nicht ändern kann (wie z. B. eine sich wandelnde Schülergeneration mit ihren neuen Problemen). Bei Lehrern und Lehrerinnen sind häufig u.a. folgende Einstellungen, Denk- und Gefühlsmuster, die unbewusst zu handlungssteuernden „Imperativen" werden, zu beobachten:

- „Ich muss in jeder Situation richtig reagieren."
- „Ich muss im Unterricht alles wissen."
- „Ich muss von möglichst vielen Personen (Schüler, Kollegen, Eltern, Schulleiter) geliebt und anerkannt werden."
- „Es ist katastrophal, wenn die Dinge nicht entsprechend meiner idealen Annahmen laufen."
- „Ich bin für das Wohlergehen der Schüler allein verantwortlich und muss mich für sie aufopfern." U.a.m.

Wie kommen Sie solchen – dem Bewusstsein nicht immer präsenten – „Glaubensätzen" bei sich selbst auf die Spur? Sie können z. B. mit einer kleinen Übung aus dem Awareness-Training Ihre Aufmerksamkeit und Ihre Wahrnehmung schärfen.

Anleitung: Imperativen auf die Spur kommen

Machen Sie folgendes Experiment und lesen Sie langsam und laut (mit Ihren eigenen Ergänzungen, für die Sie sich bitte einige Momente Zeit zum Einfügen lassen) den folgenden Text:

„Jetzt denke ich ... (stopp: nicht weiterlesen, erst einfügen) ... jetzt fühle ich ... jetzt will ich ... jetzt vermeide ich ...Ich muss immer... Ich darf auf keinen Fall... Am schlimmsten für mich ist...– Entdecken Sie, wie Sie den Atem anhalten; wie Sie sich selbst weder Raum noch Luft gönnen; wie Sie krumm gehen unter der Last dieser inneren Befehle; wie Sie sich klein machen, indem Sie den Kopf zwischen die Schultern ziehen..."

Vielleicht haben Sie sich eben seit langem wieder einmal einige Augenblicke nur für sich selbst genommen. Das ist der Anfang auf dem Weg, gesund zu werden und gesund zu bleiben.

Grenzen ziehen

Eine immense Bedeutung hat für das seelische Gesundbleiben die persönliche Grenzziehung: „Was von dem, was mich in der Schule belastet, habe ich persönlich zu verantworten? Und was nicht?" Die Konsequenz: Lehrer und Lehrerinnen können lernen, sich nicht mehr für alles verantwortlich zu fühlen, klare Grenzen zu ziehen und auf diese Weise sich gesundheitsfördernd selbst zu schützen. Das hat mit einer Aufforderung zur Beliebigkeit oder gar zum Schlendrian nichts zu tun. Im Gegenteil: Klare Grenzen zu ziehen schafft ein gestärktes Realitätsbewusstsein.

Realistische Erwartungen einüben

Denn ein Haupthindernis für eine gesundes Stressmanagement sind unsere idealistisch überhöhten Erwartungen, wie z. B. „Alle Schüler lernen gern und freudig, wenn man ihnen nur die richtigen Angebote macht ... Wenn ich die Schülerinnen und Schüler respektiere, dann werden sie auch mich respektieren... Ein guter Lehrer, eine gute Lehrerin hat keine Probleme..." (Kretschmann 2002, 19) Praktisch erfahren wir aber täglich das Gegenteil. Dennoch halten wir an diesen idealistischen Überhöhungen fest. Den Widerspruch zwischen Ideal und Realität lösen wir dann so: Wir „programmieren" uns durch negative Botschaften an unser Unbewusstes, z. B. „Es geht ja doch nicht!" Wir entwickeln keine Wünsche nach realitätsangemessenem Neuen.

Aus dem „Neurolinguistischen Programmieren" (NLP) aber weiß man, dass es entscheidend von der Art und Weise abhängt, *wie* man Wünsche nach Neuem entwickelt. Wünsche müssen in *realistische Erwartungen* umformuliert werden. Dazu aus dem NLP einige Hilfen:

1. Das, was wir wollen, soll messbar sein. (Nicht: „Ich will mir mehr Ruhe gönnen." Sondern: „Ich genieße täglich meine 20 Minuten Zeit für mich alleine.")
2. Was wir wollen, soll realisierbar und aufrecht erhaltbar sein. (Also keine unrealistischen Wünsche entwickeln, z. B.„Ich will, dass jede Störung in meinem Unterricht aufhört.")
3. Der Wunsch kann auch in Etappen verwirklicht werden (z. B. in *einer* Klasse mit Veränderungen beginnen, dann Schritt für Schritt andere Klassen einbeziehen).
4. Der Wunsch soll mit den Sinnen erfassbar und konkret sein. (Nicht: „Ich möchte endlich einmal Geduld haben." Wirksamer ist es, sich selbst die Instruktion zu geben: „Ich höre, wie ich morgen in der dritten Stunde in der Klasse 9a mit ruhiger Stimme auf meine Schülerinnen und Schüler eingehe. Ich empfinde dabei körperlich Wohlbehagen und Gelassenheit" – und dies intensiv zu meditieren (d.h. in „die eigenen Mitte hineinzunehmen"). Es ist dann hilfreich, sich zu fragen, woran man merkt, dass der Wunsch in Erfüllung gegangen ist.

5. Der Wunsch soll sprachlich möglichst so formuliert sein, dass er keine pauschalen Nominalisierungen enthält. Statt: „Ich will Anerkennung“, ist es besser, genau die Einzelheiten anzugeben: „Ich möchte, dass die Tatsache, dass ich mich regelmäßig und intensiv auf meinen Unterricht vorbereite, anerkannt wird.“
6. Im Wunsch sollen keine Vergleiche und Negationen vorkommen. Es sollte also nicht formuliert werden: „Ich will mich nicht mehr so viel wie früher ärgern“, sondern möglichst genau im Detail das Positive betont werden: „Ich sehe mich ruhig und gelassen auf die Äußerung Peters reagieren.“

Diese Kriterien sind eine hoch effektive und in der Praxis bewährte Methode, genau herauszufinden, was man will, Wünsche praktisch umzusetzen und dabei negative Selbst-Zuschreibungen zu verhindern.

3.2 Gesundbleiben – ein ganzheitliches Konzept

Die beste Gesundheitsvorsorge ist ein ganzheitliches Konzept. Es umschließt

- eine zweckmäßige persönliche Arbeitsökonomie,
- ein gutes Zeitmanagement, das Zeitfresser ebenso vermeidet wie es ausreichend Zeit für erholende Bereiche schafft,
- eine vernünftige Organisation von Arbeitsabläufen sowie die bewusste Pflege des häuslichen Arbeitsplatzes,
- die Berücksichtigung hilfreicher Arbeitsgrundsätze wie Priorisierungsprinzip, Direkt-Prinzip, Vermeidung von „Aufschieberitis“,
- Schwerpunktsetzungen durch Zielklärungen, tägliche Masterlisten, Ausloten von Erleichterungen in der täglichen Arbeit.

Trotz hilfreicher Entspannungstechniken und mentaler Übungen darf Gesundheitsvorsorge im Lehrerberuf nicht nur als technische Trickkiste verstanden werden, denn Gesundheit wird umfassend verstanden und schließt daher auch ein

- Pflege des körperlichen Bereiches durch Sport, Fitnesstraining, gesunde Ernährung,
- gezielte Beeinflussung des kognitiv-emotionalen Bereiches durch Veränderung krankmachender Einstellungen und persönlicher Normen, vor allem die Anpassung idealistisch überhöhter Auffassungen an die Realität, Kenntnis und Beachtung einschlägiger Warnsignale vor Stress,
- Aufbau eines individuellen Repertoires von Bewältigungsstrategien, das von Immunisierungstechniken bis zu einzelnen kleinen Regeln und Ritualen im persönlichen Alltag reicht, das aber auch die Planungsfähigkeit zur Realisierung eigener Wünsche einschließt,
- gezieltes Handeln im kooperativen Zusammenhang, sei es in einer Kollegiumsgruppe oder einer Supervisionsgruppe, sei es mit dem ganzen Kollegium und der

Schule, damit sich soziale Unterstützungssysteme bilden können, die über das individuelle Vermögen hinaus reichen,
- schließlich die konsequente Balance zwischen hoher beruflicher Beanspruchung und festen Erholungs- und Entspannungszeiten, eine scharfe Trennung und strenge Rhythmisierung von Arbeit und Freizeit sowie die Berücksichtigung des eigenen Bio-Rhythmus.

Gilt das alte Sprichwort: „Die Gesundheit ist die Tochter der Arbeit" auch für den Lehrerberuf? Zweifellos nicht! Es sei denn, Sie betreiben umfassende Gesundheitsvorsorge im beschriebenen Sinn...

Literatur

Gudjons, H. (Hg.) : Entlastung im Lehrerberuf. Hamburg 1993
Ders.: Methodik zum Anfassen. Bad Heilbrunn 2000, 2. Aufl. 2005
Henning, C./Keller, G.: Anti-Streß-Programm für Lehrer. Donauwörth 1995
Koenig, D./Roth, S./Seiwert, L. J.: 30 Minuten für optimale Selbstorganisation. Offenbach 2001
Kretschmann, R.: Wie man vorbeugt, wie man sich schützt. Stressmanagement für Lehrerinnen und Lehrer. In: PÄDAGOGIK H. 7/8 2003, S. 14-20
Linneweh, K.: Stress-Kompetenz. Weinheim und Basel 2002
ORG: Der persönliche Organisations-Berater. Herausgegeben von D. Koenig. Bonn u.ö. 2003
PÄDAGOGIK H. 11/2003: Arbeitsökonomie im Lehreralltag
Rohnstock, D.: Mit Ökonomie und Realismus zu mehr Arbeitszufriedenheit. In: PÄDAGOGIK H. 11/2003
Seiwert, L. J.: Mehr Zeit für das Wesentliche. Landsberg 2000, 19. Aufl.
Ders.: Das neue 1 x 1 des Zeitmanagement. Offenbach 2001, 23. Aufl.

Anhang

Checkliste: Kleine Vorsorgeuntersuchung für Lehrkräfte

Nehmen Sie sich bitte fünf Minuten Zeit. Notieren Sie (kurz) schriftlich Ihre Antworten.

- Durch welche Maßnahmen habe ich heute etwas zur Erhaltung meiner Gesundheit getan? Zum Beispiel Einhaltung guter Arbeitsökonomie, wo konkret? Erholung und Entspannung? Überwindung krankmachender Einstellungen? Essen, Trinken, Freunde, Bewegung? Anderes?
- Was hat dem heutigen Tag Sinn gegeben, was war der Höhepunkt? Wofür kann ich dankbar sein?
- Womit habe ich mir heute Mut gemacht, mich selbst verstärkt, mich belohnt oder mir Gutes getan?
- Habe ich für morgen Ziele, Erwartungen oder Vorhaben, auf die ich mich freue?

Besprechen Sie die Ergebnisse mit Ihrem/r Partner/in oder einem guten Freund!

Checkliste: Stresstest – bin ich stressanfällig?

- Ich rege mich über Dinge auf, die es eigentlich gar nicht wert sind ☐ ja ☐ nein
- Es fällt mir schwer, mich ganz auf eine Sache zu konzentrieren. ☐ ja ☐ nein
- Auch wenn ich viele Stunden geschlafen habe, wache ich meistens nicht erholt auf ☐ ja ☐ nein
- Ich mache oft mehrere Dinge gleichzeitig ☐ ja ☐ nein
- In letzter Zeit bin ich vergesslicher als früher ☐ ja ☐ nein
- Auch kleine Probleme erfordern zunehmend viel Kraft von mir ☐ ja ☐ nein
- Vor lauter Schulpflichten komme ich kaum noch zu schönen Dingen ☐ ja ☐ nein
- Ich werde leicht ungehalten, wenn etwas langsam geht oder wenn ich warten muss ☐ ja ☐ nein
- Früher hat mir die Schule mehr Spaß gemacht als heute ☐ ja ☐ nein
- Ich ertappe mich öfter dabei, dass ich Dinge vor mir herschiebe, die ich eigentlich dringend erledigen müsste ☐ ja ☐ nein
- Ich bin unausgeglichen und oft nervös ☐ ja ☐ nein
- Ich habe Mühe, mich von der Schule zu lösen und innerlich zur Ruhe zu kommen ☐ ja ☐ nein

Je weniger Sie bei JA ein Kreuz gemacht haben, desto weniger sind Sie momentan von Stress gefährdet. Wenn Sie mehr als sieben Mal JA angekreuzt haben, leiden Sie vermutlich erheblich unter Stress und sollten unbedingt etwas dagegen tun. (Nach Linneweh 2003, 41)

Checkliste: Ein „TÜV" für die eigene Arbeitsökonomie

	gut	zufrieden	mangelhaft
• Ich habe heute zu hohe Ansprüche abgebaut	☐	☐	☐
• Ich habe heute realisiert: Statt „Perfekt sein" (Zeitfresser Nr. 1) „Gut sein" (Entlastung Nr. 1)	☐	☐	☐
• Ich habe mir klare Ziele gesetzt,			
a) langfristig,	☐	☐	☐
b) kurzfristig	☐	☐	☐
• Ich habe meine Arbeiten priorisiert	☐	☐	☐
• Ich habe dazu Masterlisten angefertigt und abgearbeitet.	☐	☐	☐
• Ich habe mich für meine Erfolge hinreichend belohnt.	☐	☐	☐
• Ich habe so gut es ging das Direkt-Prinzip verwirklicht.	☐	☐	☐
• Ich habe konsequent meine Ablagetechnik eingehalten.	☐	☐	☐
• Meinen Schreibtisch habe ich klar strukturiert	☐	☐	☐

Jetzt haben ich jahrelang Unterricht gehabt und den Sinn nicht erkennen
Jetzt haben ich jahrelang Unterricht gegeben und den Sinn nicht erkennen

15. Am Ende des Lehrerberufes
Lohnender Rückblick und optimistischer Ausblick ins Alter

Die Zahlen sprechen eine eindeutige Sprache: In der nächsten Jahren (vor allem bis 2010) kommt eine enorme Pensionierungswelle auf die Schulen zu. (Vgl. PÄDAGOGIK H. 7/8 2005) Die Pension ist ein Ereignis, das nicht nur die „abgebende" Schule betrifft, sondern vor allem die Kollegen und Kolleginnen, die sich von der beruflichen Tätigkeit verabschieden. Irgendwann ist es soweit: Ob mit lachenden oder weinenden Augen – oder mit beidem – der Abschied vom Lehrerberuf wird Wirklichkeit.

1. Übergang und Abschied

1.1 Vorfreude und Erschrecken

Man kommt als Vorpensionär/in nicht mehr umhin: Seit längerem schon warfen Anzeichen von Veränderungen ihre Schatten voraus. Die Vorfreude auf die Freiheit nach der Pensionierung, auf die Erfüllung so lange liegen gebliebener Wünsche und die viele Zeit wechselt mit Erstaunen, manchmal auch Erschrecken. Das Gedächtnis lässt nach: Namen von Schülern sind auf einmal weg, es fallen einem Begriffe und passende Wörter nicht mehr so schnell ein… Auch die Korrekturen brauchen länger, der Vormittag führt zur kaum gekannten Erschöpfung. Gelegentlich kommen Zweifel auf, ob man den Anforderungen noch gewachsen ist. Man spürt seine Grenzen bei der Aufnahme von Neuem, kriegt nicht mehr jeden Redebeitrag in der Konferenz so schnell mit. Und dann die sich einschleichenden Hörprobleme: Nuscheln die andern heute mehr als früher – oder höre ich etwa schlecht? Man wird langsamer, die braunen Flecken auf der Haut verschwinden nicht mehr, bleibende körperliche Beeinträchtigungen kündigen sich an. Und wenn dann noch das Gefühl hinzukommt, eigentlich nicht mehr so recht gebraucht zu werden, zeigt sich, dass diese Veränderungen eine erhebliche Kränkung bedeuten können.

Sind Alte weniger intelligent?
Die Altersforschung (Berk 2005, 794) erklärt diese mit zunehmendem Alter wachsenden Probleme mit einem Nachlassen der sog. „fluiden Intelligenz“ (die biologisch bedingt ist, für Flexibilität sorgt und mit der schnellen Aufnahme und Verarbeitung von Informationen sowie deren rascher Umsetzung zu tun hat). Die sog. „kristalline Intelligenz“ hingegen (die kulturell erworben ist und der längerfristigen Verarbeitung angeeigneter Wissensbestände, dem differenzierten Umgehen mit früher erworbenen Wissen sowie dessen Anwendung auf andere Konstellationen dient) nimmt kaum ab, sie ist weitgehend konstant und kann sogar verbessert werden!

Doch oft wird ein „Schongang“ bereits in der Vorpensionsphase eingelegt: „Wenn das Datum näher rückt (und mögen es auch noch ein bis zwei Jahre sein), dann ändert sich für viele langsam und unmerklich ihr Verhältnis zum Beruf… (Es) scheint oft eine gewisse Lebendigkeit verlorenzugehen“, hat Eva Jaeggi (1996, 30) in Interviews festgestellt. Insbesondere, wenn die Schule zur großen Belastung geworden ist oder wenn man (als unbeliebte) Lehrkraft seinen Beruf eher heute als morgen an den Nagel hängen würde, breitet sich Lustlosigkeit aus. In einer Gesellschaft, die Beweglichkeit, ständige Bereitschaft, sich auf Neues einzulassen, und Mobilität auf allen Ebenen verlangt (und dieses an Jugendlichkeit bindet), kann man nicht mehr alles durch Erfahrung und Ausdauer kompensieren. Da ist es dann verständlich, wenn ältere Menschen dies spüren und ihre Energie dem Beruf schon vor der Pensionierung entziehen, – nach dem Motto: Bitte keine Belastungen mehr, schont mich! Und manche Schulleitung gibt sich ihrerseits dabei große Mühe, Vorpensionäre keinen größeren Anforderungen auszusetzen. Die Probleme des Vorpensionsalters werden dadurch kaum gelöst, vor allem nicht, wenn man an die notwendige innere Verarbeitung der letzten Berufsphase denkt.

1.2 Pensionierung als Prozess

Wie bei jedem Übergang, bei jedem Abschied und jedem tiefen Wandel verläuft auch die Pensionierung individuell in unterschiedlichem Tempo, mit unterschiedlichen Gefühlen und unterschiedlichen Verarbeitungsstrategien. In jedem Fall aber ist die Pensionierung nicht ein einmaliger Akt, der mit der Entlassungsurkunde abgeschlossen ist, sondern ein innerer Prozess, der sich über längere Zeit erstreckt und in verschiedenen Phasen abläuft. (Kast 1983, Schönfelder 1995, Lehr 2000, Berk 2005)

- Am Anfang steht eine *erste Phase*, die ich *„Wechselbad der Gefühle und Erlebnisse“* nennen möchte: Man freut sich auf das Dasein als Pensionär, kann es kaum abwarten, nährt Fantasien von Freiheit, Faulheit und Wohlsein. Dann wieder glaubt man kaum, dass es wahr ist, fühlt sich ängstlich und unsicher. Widerstand regt sich: Eigentlich wollte ich doch noch gar nicht gehen… Auch Skepsis macht sich breit: Komme ich finanziell klar? Wie komme ich aus ohne den lebendigen Kontakt zu meinen Schüler und Schülerinnen, ohne die Kollegen? Oder ganz anders: Man ist so beschäftigt, hat so wenig Zeit, dass man die anstehenden Veränderungen gar nicht wahrnimmt. Auffällig war in diesem Zusammenhang, dass ich bei meinen Recherchen zu diesem Beitrag ungewöhnlich viele Absagen von Kollegen und Kolleginnen bekommen habe, als ich um einen kurzen Erfahrungsbericht über das eigene Ergehen in dieser letzten Phase bat. Standardantwort war: „Ach du liebe Zeit, daran habe ich noch gar nicht gedacht. Ich habe im Moment einfach keine Zeit für die Reflexion …"

- Langsam geht diese Phase über in eine *zweite: Ernüchterung und Traurigkeit.* Spätestens wenn sich das Personalamt wegen der zu treffenden Regelungen beim Eintritt in den Ruhestand meldet, wird es zur nüchternen Gewissheit: Meine Zeit in der Schule geht zu Ende. Einerseits: Man beginnt, das Ausscheiden nüchtern zu planen: Wohin mit meinem Material, wie gestalte ich meine Abschiedrede, muss ich meine Krankenversicherung umstellen u.a.m. Andererseits verstärkt sich das Gefühl der Traurigkeit und der Wehmut über den Abschied. An der Endgültigkeit ist nicht mehr zu rütteln. Vor allem diejenigen Kollegen (hier sind bewusst die Männer gemeint), die sich vorwiegend in ihrer Identität über den Beruf definiert haben, geraten in eine Krise: Ich verliere Ansehen, Macht, Status mit dem Ende meiner beruflichen Tätigkeit. Und für beide Geschlechter gilt: Meine Bühne, auf der ich im Umgang mit den Schülern und Schülerinnen immer auch mich selbst inszenieren konnte, verschwindet. – Außerdem bin ich als Lehrer und Lehrerin ferner gewohnt, sozusagen gratis per Rolle von Schülern und Schülerinnen wahrgenommen zu werden. Wer nimmt mich nach der Pension noch wahr? Das kann auch zum Jammern führen… Doch es ist ein Unterschied zwischen jammern und trauern: Wer ständig jammert (z. B. dem/der Partner/in gegenüber) provoziert beim Gegenüber das „Wegtrösten" oder auch Ablehnung; wer wirklich trauert, weckt Anteilnahme und Mitgefühl. (Canakakis 1989, 43) Trauer über den unvermeidlichen Abschied darf nicht unterdrückt werden, sonst wirkt sie im Verborgenen subversiv weiter wie ein Partisan und verhindert den Durchbruch zum Fröhlichsein in der neuen Lebensphase. (Ebd. 82)

Ein besonderes Problem liegt darin, dass sich beim Abschied gelegentlich auch Schuldgefühle regen: Wo habe ich versagt in der Schule, in welchen Situationen sind Kinder zu kurz gekommen? Wo habe ich meine Ideale verraten? Auf diese Fragen gibt es keine Patentantwort. Vielleicht kann eine Lehrkraft mit ihrem Versagen versöhnt werden, wenn sie den Schmerz darüber annimmt, zulässt, durch ihn hindurch geht und schließlich loslässt. Nur was angenommen wird, kann sich verändern. Andererseits: Was wissen wir schon darüber, welche Wirkungen wir unabsichtlich gehabt haben? Mehr noch: Vielleicht hat sogar ein Versagen gute Wirkungen und ein vermeintlicher Erfolg schlechte Wirkungen hinterlassen? Wir sind gerade als Pädagogen und Pädagoginnen Menschen, die schuldig werden und die zugleich immer noch meinen, wir könnten die Schuld vermeiden. Eine bewusste Auseinandersetzung mit solchen Gefühlen und Gedanken ist nötig, weil sich andernfalls das befreienden Gefühl: „Es ist vorbei, es ist unabdinglich, Vergangenheit" nicht einstellen kann und die endgültige Trennung im Sinne eines Loslassens blockiert werden kann.

- Das nämlich ist die *dritte Phase*: Ein inneres *Loslassen* und die *Neuorientierung*. Ein akzeptierendes Bejahen der Trennung vom Lehrer-Beruf ist etwas anderes als bloßes Hinnehmen. Akzeptierend und bejahend bleibe ich der Bestimmende, wahre meine Autonomie, auch wenn der Staat mich zum Abgang veranlasst, ja (bei Ablehnung meines Verlängerungsantrages z. B. als Schulleiter) sogar zum Abgang zwingt. Bloß hinnehmend fühle ich mich als Objekt und Opfer, bleibe hängen im Gefühl, fremdbestimmt zu sein. Gefährlich ist das mit Ohnmacht verbundene Gefühl: Es geschieht eben… – Loslassen ist aktiv, hinnehmen passiv. Das war und ist ein schwieriges Problem vor allem bei Entlassungen von Lehrkräften in der ehemaligen DDR im Rahmen der Wiedervereinigung.

1.3 Rituale

Zur aktiven Gestaltung des Abschiedes, des Loslassens und Überganges helfen auch ganz bewusst geplante Rituale: die Feier, das Begehen der Räume zum letzten Mal mit einem leise gesprochenen Wunsch für den Raum; das bewusste Schreiben des letzten Zeugnisses mit einem kurzen, innerlich gesprochenen Satz für den Schüler; die letzte Unterrichtsplanung mit dem Gefühl: Hier fließt die gesamte Erfahrung eines langen Lehrerlebens ein; die letzte Unterrichtsstunde in einem feierlichen Rahmen; der letzte Elternabend mit einem Gläschen Sekt; und vor allem natürlich die sorgfältige Vorbereitung der offiziellen Verabschiedung in der Schule.

1.4 Planung hält gesund

Eine solche gezielte Gestaltung der Zäsur hilft auch zu einer Neuorientierung. Erst wenn ich das Alte (so gut es mir möglich war) hinter mir gelassen habe, kann ich mich dem Neuen zuwenden. In der Altersforschung konnten die günstigen Effekte einer bewussten Neuorientierung und Planung der Zukunft empirisch belegt werden. (Lehr 2000, 232) Menschen, die konkrete Pläne für die Zeit nach der Pensionierung hatten, die sich persönlich wertgeschätzte Ziele setzten, begegneten der Zukunft mit mehr positiven Erwartungen und mit mehr Zufriedenheit als Menschen, die sich mit ihrer Zukunft wenig auseinandergesetzt hatten. (Berk 2005, 853)

2. Rückblick und Bilanz

2.1 Integrität versus Lebensekel

Hilfreich und für die innere Bewältigung der Pensionierung unabdingbar ist ein Rückblick auf den hinter einem liegenden Beruf, die eigene Lehrtätigkeit. Hier geht es nicht um Nabelschau, nicht um Idealisierung oder romantische Verklärung, sondern um nüchterne Analyse und Bilanz von oft 40 Jahren und mehr an beruflicher Tätigkeit. Nicht primär die gesellschaftlichen oder bildungspolitischen Entwicklungen sind das Thema (so notwendig die Beschäftigung damit auch ist), sondern was sich auf meinem ganz persönlichen Konto angesammelt hat. Wie der berühmte Psychoanalytiker und Entwicklungspsychologe Erikson (1973) betont hat, ist ein gelingendes Altwerden gebunden an die Integration der Erfahrungen in die eigene Lebensgeschichte und Persönlichkeit. Es geht darum, mit dem eigenen Leben ins Reine zu kommen. In der Altersforschung wird betont: Erwachsene, die dieses Gefühl von Integrität erarbeitet haben, fühlen sich gut und zufrieden mit den Ereignissen ihres Lebens, auch wenn diese schwer, unangenehm und problematisch waren. Sie fühlen mehr Zufriedenheit und Glück im Alter. (Berk 2005, 810f.) Misslingt dieses Ringen um Integrität, das Verarbeiten jener Mischung von Erfolgen und Enttäuschungen, steht am Ende der Lebensekel und die Verzweiflung über all das Negative und Unverarbeitete. Gefühle der Niederlage und der Hoffnungslosigkeit breiten sich aus. Für die Schule kann das bedeuten: Enttäuscht verachtet man die „Jugend von heute“, „früher waren die Kinder anders“, wird aber auch neidisch auf diese Jugend, alles wird chronisch verächtlich gemacht, – Gefühle, die die eigene unbewusste Selbstverachtung verschleiern sollen. Zu Eriksons Theorie konnte auch empirisch nachgewiesen werden, dass Generativität (also das Gefühl, etwas im Leben bewirkt, hervorgebracht, „generiert“ zu haben) und die Ich-Integrität der letzten Lebensphase größtenteils für den Zusammenhang zwischen Alter und psychischem Wohlbefinden verantwortlich waren. (Sheldon & Kasser 2001)

Ein roter Faden im Leben?

Beim Rückblick und bei der Bilanz geht es um die Frage: „Was ist der rote Faden in allem?“ (Arndt 2004, 38) Gibt es etwas, das vom Anfang meines Lehrerdaseins in allen Phasen unverwechselbar zu mir gehört? Welches sind meine Ideale und was habe ich daraus in den wechselnden beruflichen Abschnitten gemacht? Gerade für die heute ausscheidende „68er Generation“ wird diese Frage brennend. Für was habe ich unterrichtet, gelebt in der Schule? Wenig hilfreich ist dabei die Stammtisch-Mentalität: „Ich war schon immer ein Mensch, der…“ Solche schnelle Selbstdefinition dient nur dazu, sich selber in ein gutes Licht zu rücken. Muss man wirklich noch jemandem etwas beweisen?

2.2 Früher war alles besser…

Nicht gemeint ist das Schwelgen in Erinnerungen, das zur Vernachlässigung des Heute führt. Bekannt ist auch der Typus des/der „nörgelnden Alten“: Mozart ist einfach nicht mehr so gut wie früher… Solche Alten sind ein Bündel bitteren Jammerns: Man wird in Fragen der Pädagogik rechthaberisch, bisweilen zänkisch, für die eigene Meinung wird widerspruchslose Autorität reklamiert. Aber nur was innerlich wirklich abgeschlossen wurde, braucht uns in unserer Erinnerung nicht immer wieder zu beschäftigen. Im Gegensatz dazu hilft die beschrieben Integration des Gestern zur Freiheit für Neues.

Thea Schönfelder, emeritierte Kinder- und Jugendpsychiaterin an der Hamburger Universitätsklinik, hat darauf aufmerksam gemacht, dass Pensionär/innen in dieser Freiheit für Neues eigentlich dem Kind gleichen. (Schönfelder 1995, 104f.) Alte Menschen sind wie Kinder… Negativ an dieser Sicht ist, dass alte Menschen dann kindisch werden können und wie unmündige Kinder behandelt werden. Aber positiv ist daran, dass Kinder wie Alte über eine faszinierend intuitive, wie selbstverständliche Verbundenheit mit der Welt verfügen, über die man als berufstätiger, in Zwänge und Pflichten eingespannter Mensch nur staunen kann. Vielleicht ist es gerade eine große Chance des Alterns, ein Stück weit wieder so zu werden wie die Kinder mit ihrer heiteren Gelassenheit gegenüber der Welt und ihren Rätseln. Ich habe als Großvater jedenfalls dieses heimlich-freudige Einverständnis zwischen meiner Enkeltochter und mir oft gespürt, so als wollten wir gemeinsam sagen: Lass sich die Erwachsenen doch abrackern, lass sie doch kämpfen und sich ärgern, – wir, die ganz Jungen und die ganz Alten wissen, worauf es eigentlich und letztlich ankommt… (Vgl. auch Wais 1992, 190)

Doch um aller Euphorie vorzubeugen: Dieser Lebensrückblick und die damit einhergehende Berufsbilanz kann auch degenerieren zur Lebenslüge, denn wir sind allzu leicht den Gefahren der Verleugnung, Verdrängung und Nicht-Wahrhaben-Wollens ausgesetzt. (Goleman 1998)

3. Blick nach vorn

3.1 Wie geht es weiter?

Man kann nach der Pensionierung auf sehr unterschiedliche Weise die Altersphase gestalten. Der Göttinger Emeritus für klinische Gruppenspychotherapie Karl König (1995, 91) hat auf vier Grundtypen alter Menschen hingewiesen:

- Da sind zunächst die „*Weitermacher*“; sie führen das fort, was sie schon immer getan haben. Das ist für Lehrkräfte nur begrenzt möglich, aber immerhin wird vielleicht statt am Gymnasium nun an der Volkshochschule unterrichtet.
- Dann gibt es die „*Anknüpfer*“, sie wechseln das Tätigkeitsfeld, aber nicht ihre

Interessen. Sie knüpfen an das Vergangene an und führen es in anderer Weise fort. Der pensionierte Deutschlehrer geht vielleicht häufiger als früher ins Theater und besucht öfter Lesungen. Anders die „Befreiten", sie fühlen sich von allen Verpflichtungen entbunden und genießen die Freiheit, tun und lassen zu können, was man will. Ihr Leben hat kaum benennbare Schwerpunkte. Pädagogik interessiert nicht mehr.

- Schließlich die „*Nachholer*", die nun endlich das tun, wofür sie sich schon immer interessiert haben, was sie aber bisher z. B. aus Zeitmangel nicht haben tun können: Musik machen, Malen, Reisen.

In der Realität wird jeder von allem etwas haben. Dennoch können solche Typisierungen helfen, den eigenen Schwerpunkt für das Altern zu klären und bewusster zu leben.

3.2 Theorien zum Altern

Anspruchsvoller als solche Typologie ist die Fülle der Theorien über den Prozess des Alterns, die die Altersforschung hervorgebracht hat. (Lehr 2000, 46 ff., Berk 2005, 826) Veraltet sind das Defizitmodell (Hauptkennzeichen des Alterns ist Abbau) und der disengagement-Ansatz (Rückzug ist dem Alter angemessen). Völlig konträr dazu wurden Aktivitätstheorien entwickelt (glückliches Altern heißt etwas leisten, aktiv sein, gebraucht werden). Dafür hat sich z. B. Betty Friedan – 1997 – mit ihrer Auffassung vom „vitalen Altern" nachdrücklich eingesetzt und wohl die Forderung von Leistungskraft und Unternehmungsgeist überzogen. Bedeutend sind auch Wachstumstheorien (Kennzeichen des Alterns ist das innere Wachstum und die Reifung) und schließlich kognitive Theorien (die „objektive" Situation des Alters ist überhaupt nicht entscheidend, sondern die subjektive Wahrnehmung und Interpretation, die eigene Erkenntnis und Deutung). In jedem Fall ist Skepsis angebracht gegenüber allen Konzepten, die eine „anti-aging"-Linie vertreten nach dem Motto: „Erfolgreiches Altern ist Nicht-Altern" und damit das Altwerden eher bekämpfen als annehmen. (Jaeggi 1996, 151)

Chancen des Alterns

Generelle Tendenz der modernen Altersforschung – so kann man zusammenfassend feststellen – ist das Herausarbeiten der Chancen, die insbesondere das Alter bietet: Weisheit entwickeln; nicht „weitermachen", sondern „weiter-werden"; aber nicht nur sich selbst genügen, sondern sich als Teil der Menschheit begreifen mit der Konsequenz, sich durchaus auch einzumischen; kein Sendungsbewusstsein mehr haben, aber eine Ausstrahlung; statt „gebraucht zu werden" andern eine Wohltat sein; Planung und Struktur des Alltags mit Offenheit und Beweglichkeit vereinbaren. Aus dem Feierabend wird die Feier des letzten Lebensabschnittes.

3.3 Einschränkungen

Diesen Chancen und Möglichkeiten stehen allerdings auch die in der Alterforschung mit enormer Materialfülle belegten einschränkenden Lebensbedingungen gegenüber. Wenngleich auch die Krisentheorien für den Übergang ins Alter heute weitgehend überholt sind (Lehr 2000, 236, Berk 2005, 851), so darf man doch die Probleme des Altwerdens nicht schönreden. Gesamtgesellschaftlich zeigt der demografischen Befund eine enormes Anwachsen der Altersgruppe der 80-Jährigen und älteren, von derzeit vier Prozent der Gesamtbevölkerung Deutschlands in wenigen Jahren auf zwölf Prozent; die Lebenserwartung der Europäer und Amerikaner wächst jährlich um drei Monate (Schirrmacher 2004, 16 f., 23). Die ökonomischen Folgeprobleme werden die beamteten Lehrer und Lehrerinnen in Kürze mit den beschlossenen Pensionskürzungen zu spüren bekommen.

Darüber hinaus zeigen Forschungen zur körperlichen Entwicklung (Berk 2005, 806) bei erheblicher individueller Unterschiedlichkeit folgendes auf: Verlust von Nervenzellen in der Großhirnrinde (der allerdings durch Bildung neuer Synapsen kompensiert werden kann!); Zunahme von Seh- und Hördefiziten; Abbau von Muskeln, Knochen und Gelenken, dadurch tendenzielle Einschränkung der Mobilität; durch ein weniger effizientes Immunsystem größere Anfälligkeit für Krankheiten; Veränderungen in der kognitiven Entwicklung (z. B. in der Sprachproduktion: richtige Wörter finden und das Was und Wie einer Aussage zu planen); vor allem im Gedächtnisbereich Einschränkungen des sog. „Arbeitsgedächtnisses", d.h. reduzierte Kapazität für das gleichzeitige Behalten unterschiedlichen Materials bei komplexen Aufgaben, wobei die oft behauptete steigende Qualität des Langzeitgedächtnisses empirisch nicht belegt werden konnte (ebd. 797). Auch scheint die Demenzproblematik zuzunehmen, inzwischen sind von den über 80-Jährigen nahezu 50 % von der Alzheimer-Krankheit betroffen. (Berk 2005, 786)

Schließlich zeigt auch die soziale und emotionale Entwicklung Veränderungen: das Selbstkonzept wird zwar im Alter sicherer und komplexer, das Beziehungsnetz wird jedoch quantitativ dünner (qualitativ aber oft dichter); bisweilen reagiert die Umwelt auf Einschränkungen falsch, indem Abhängigkeiten zu schnell beantwortet und unterstützt werden, unabhängiges Verhalten hingegen leicht ignoriert wird; es gibt riesige soziale und finanzielle Unterschiede, die sich unmittelbar auf Gesundheit und psychische Verfassung auswirken; schließlich kann auch eine körperliche Hilfsbedürftigkeit zunehmend Angst machen, nicht zuletzt weil sie das Lebensende unzweideutig signalisiert und zur Vorbereitung auf den Tod mahnt.

3.4 Erfolgreiches Altern

Gleichwohl geht der Tenor der Forschung eindeutig dahin, die Bedingungen für „erfolgreiches Altern“ zu benennen, also zu zeigen, wie man die Verluste minimieren und die Gewinne maximieren kann. Obwohl es keine allgemeingültigen Rezepte gibt, lässt sich das Ergebnis in der Formel „Weisheit“ zusammenfassen, verstanden als „Fachwissen in der Führung und Bedeutung des Lebens“, ein entscheidender Prädiktor für die Zufriedenheit im Alter! (Baltes & Staudinger 2000, 124) Der bekannte Altersforscher Paul Baltes, Direktor des Max-Planck-Institutes in Berlin, hat für die notwendige Bewältigung der geschilderten Probleme des Älterwerdens ein „Programm“ entwickelt, das inzwischen sehr bekannt geworden ist und hilfreich erscheint. (Baltes 1997) Mit den Begriffen „Optimierung“, „Selektion“ und „Kompensation“ wird es umrissen. Man kann es gut erläutern am Beispiel des greisen Pianisten Artur Rubinstein, der noch mit 89 Jahren in New York vor ausverkauftem Haus spielte. *Optimierung* meint, dass man im Alter besonders hart arbeiten muss, um bestimmte Leistungen zu erbringen: Rubinstein übte im Alter mehr als je zuvor und optimierte so seine Energie; *Selektion* bedeutet, dass man den Kreis dessen, was man tut oder übt, einschränkt: Rubinstein schränkte sein Repertoir ein und konzentrierte sich auf weniges; *Kompensation* schließlich heißt, dass man ausfallende oder eingeschränkte Kompetenzen durch andere ersetzt: Rubinstein kompensierte den Rückgang seiner Spielgeschwindigkeit dadurch, dass er vor einer schnellen Passage besonders langsam spielte, so dass die schnelle Passage den Zuhörern viel schneller erschien.

Doch, wer hat nun Recht? Der alte Römer Seneca (gest. 65 n. Chr.): „Senectus insanibilis morbus“ = Alter ist eine unheilbare Krankheit. Cicero (gest. 43 v. Chr.) hingegen meinte: „Die Alten sind es, die Verstand und Vernunft und Überlegung besitzen.“

Literatur

Arndt, M.: Mit Gewinn alt werden. Petersberg 2004

Baltes, P. B.: On the incomplete architecture of human ontogeny: Selection, optimization, and compensation as foundation of developement theory. In: American Psychologist, 52 (1997), pp 366-380

Baltes, P. B. & Staudinger, U. M.: Wisdom: A metaheuristic (pragmatic) to orchestrate mind and virtue toward excellence. In: American Psychologist 55 (2000), pp 122-136

Berk, L. E.: Entwicklungspsychologie. München 2005, 3. Aufl.

Canacakis, J.: Ich sehe deine Tränen. Stuttgart 1989

Erikson, E. H.: Identität und Lenbenszyklus. Frankfurt 1973

Friedan, B.: Mythos Alter. Reinbek 1995

Goleman, D.: Lebenslügen. München 1998

Jaeggi, E.: Viel zu jung, um alt zu sein. Reinbek 1996

Kast, V.: Trauern. Stuttgart 1983

König, K.: Kleine Entwicklungspsychologie des Erwachsenenalters. Göttingen 1995
Lehr, U.: Psychologie des Alterns. Wiebelsheim 2000, 9. Aufl.
PÄDAGOGIK H. 7/8 2005: Pensionierung
Schirrmacher, F.: Das Methusalem-Komplott. München 2004, 3. Aufl.
Schönfelder, T.: Der Lebensübergang ins Alter. In: Egner, H. (Hg.): Lebensübergänge oder Der Aufenthalt im Werden. Düsseldorf 1995, S. 97-113
Sheldon, K. M. & Kasser, T.: Getting older, getting better? Personal strivings and psychological maturity across the life span. In: Developmental Psychology 37 (2001), pp 491-501
Wais, M.: Biographie-Arbeit, Lebensberatung. Stuttgart 1992

Quellenverzeichnis

1. Neue Unterrichtskultur – veränderte Lehrerrolle.
   Überarbeitete Fassung aus: forum bildung. Erfolgreich lehren und lernen: Ansätze und Wege in der Bildungsreform. Frankfurt 2005

2. Methoden im Wandel – Auf dem Weg zum Selbstgesteuerten Lernen.
   Überarbeitete Fassung aus: Pädagogik UNTERRICHT H.1/2005

3. „Da lernt man wenigstens was!" – Sieben Merkmale effektiven Unterrichtes nach Ergebnissen empirischer Forschung. Erweiterte Fassung aus: Praxis Schule 5-10, H. 3/2004

4. Was ist eigentlich „offen" am Offenen Unterricht? – Eine Warnung vor Naivität.
   Überarbeitete Fassung aus: PÄDAGOGIK H. 12/2004

5. Handlungsorientierter Unterricht – Begriffskürzel mit Theoriedefizit?
   Erweiterte Fassung aus: PÄDAGOGIK H. 1/1997

6. Kleine Schritte zu Freiarbeit und Projektunterricht – Kein Verrat am Ziel.
   Erweiterte Fassung aus: PÄDAGOGIK H. 11/2000

7. In Gruppen lernen – warum nicht? Überarbeitete Fassung aus: PÄDAGOGIK H. 1/2002

8. Frontalunterricht im Wandel – Integration in offene Unterrichtsformen.
   Stark überarbeitete und erweiterte Fassung aus: PÄDAGOGIK H. 1/2004

9. Die gute Schüler-Präsentation : „Man lernt ja nicht für sich allein!" – Ein neues Verständnis von Lernen. Überarbeitete Fassung aus: PÄDAGOGIK H. 3/2004

10. Feedback-Techniken – Wege zu Schülerbeteiligung und Unterrichtsentwicklung. Originalbeitrag

11. Üben und Wiederholen – Von öder Routine zu intelligenten Strategien.
    Überarbeiteter Beitrag aus: PÄDAGOGIK H. 11/2005

12. Die Angst vor der Prüfung abbauen – Wie Lehrkräfte helfen können.
    Überarbeitete Fassung aus: Das Lehrerhandbuch. Raabe Verlag. Stuttgart 2000

13. Das Lehrerbild im Wandel der Zeit – Vom Unterrichtsbeamten zum Lernberater?
    Überarbeitete Fassung aus: SPRIT H.8/2004 (Staatliches Realschullehrerseminar Schwäbisch Gmünd)

14. Arbeitsökonomie und Gesundheit – Kräfte sparen, sinnvoll planen, Stress abbauen.
    Stark überarbeitete Fassung aus: Sicher durch den Schulalltag. Handbuch des Raabe Verlages. Berlin 2003

15. Am Ende des Lehrerberufes – Lohnender Rückblick und optimistischer Ausblick ins Alter.
    Überarbeitete Fassung aus: PÄDAGOGIK H. 7/8 2005